FERNWEH

exclusiv

WHO'S WHO der Strandhotels
Die besten Urlaubsplätze
Afrika · Asien · Südsee und Australien

Herausgeber: IPD-Tours GmbH, Wessling
Projektleitung: Eduard Hartl

Autoren: Peter Jamin, Christine Metzger, Lutz Wolfgramm

FERNWEH
exclusiv

Impressum

Vertrieb an den Buchhandel
durch Umschau Verlag
Breidenstein GmbH, Frankfurt am Main

1. Auflage 1989

Projektleitung:
Eduard Hartl

Autoren:
Peter Jamin, Christine Metzger,
Lutz Wolfgramm

Gesamtgestaltung:
Walter Werbegrafik, 8883 Gundelfingen

Umschlaggestaltung:
Gerd Aumann, Kreativ Design, Wiesbaden

Satzherstellung:
E. Bähr, 3300 Braunschweig

Offsetproduktion:
Lithoscan GmbH, 3300 Braunschweig

Bindung und Druck:
R. Oldenbourg Grafische Betriebe GmbH
8011 Kirchheim bei München

Printed in West Germany

ISBN 3-524-85002-2

CIP-Titelaufnahme der Deutschen Bibliothek:
Jamin, Peter:
Fernweh exclusiv: (Who's who der Strandhotels, Afrika, Asien, Südsee, Australien) / (Autoren: Peter Jamin; Christine Metzger; Lutz Wolfgramm). Hrsg. von Eduard Hartl. (Projektleitung: Eduard Hartl). – 1. Aufl. – Frankfurt am Main: Umschau, 1989
ISBN 3-524-85002-2

NE: Metzger, Christine; Wolfgramm, Lutz; HST

Vorwort

Fernweh – Sehnsucht nach anderen Ländern, anderen Welten. Raus aus dem Alltag, aus der Großstadt, weg von den täglichen Eindrücken, bekannten Bildern.

Mit ›Fernweh exclusiv‹ können Sie, wenn Sie wollen, auch im Schaukelstuhl verreisen, sich hineinträumen in ferne Länder, an weiße Sandstrände, in üppige tropische Vegetation. Aber ob Sie das wollen?

Viel eher wird es passieren, daß Sie beim Lesen und Schauen erst richtig ›fernwehkrank‹ werden, daß Sie ein Land, eine Insel, ein Hotel entdecken, die allen Ihren Wünschen entsprechen. So wird das Buch Wegweiser und Kompaß, hilft Ihnen, den für Sie passenden Reiseort zu finden und Enttäuschungen zu vermeiden.

Sechs erfahrene und bekannte Reisejournalisten von Funk, Fernsehen und Zeitungen haben für Sie die Welt bereist, Wissenswertes über Land und Leute notiert und vor allem die schönsten Strandhotels getestet und detaillierte Informationen darüber gesammelt: über Lage und Ausstattung, Service und Küche, Freizeitaktivitäten und Sportangebote. Sie schrieben ihre Berichte neutral und unbeeinflußt – genau so, wie sie alles erlebt und gesehen haben.

Ich selbst habe mehr als zwölf Jahre am Reisebürocounter gearbeitet und kenne alle Fragen, Wünsche und Bedürfnisse meiner Kunden. Vor allem weiß ich, daß kein noch so engagiertes Reisebüro über jedes Hotel ausreichend Auskunft geben kann und auf dem neuesten Informationsstand ist. Man sollte auch nicht vergessen, daß die Prospekte von Veranstaltern und Hotels Werbemittel sind, dem Verkauf dienen – ebenso wie Prospekte von Waschmaschinen- oder Automobilherstellern. Und haben Sie in einem Prospekt eines PKW-Herstellers schon einmal etwas über die Nachteile des angebotenen Wagens gelesen?

Oft ist es einem Reiseberater unmöglich, die einfachsten Fragen zu beantworten. Einmal wollte ein Kunde von mir wissen, ob es in dem Ort, wo er sein Hotel buchen wollte, Surfmöglichkeiten gibt. Im Reiseprospekt des Veranstalters fand ich keinen Hinweis. Ich telefonierte mit dem Veranstalter, der verwies mich an das Fremdenverkehrsbüro, das mich wieder an den Veranstalter zurückverwies.

Mangelnde oder falsche Informationen sind zum Teil daran schuld, daß 53 % der Urlauber – nach einer Umfrage der Wickert Institute – mit ihrem Urlaub unzufrieden sind, ja, daß für nicht wenige die schönste Zeit des Jahres geradezu zum ›Alptraumurlaub‹ wird.

Ich beschloß, aus der Reisebüroerfahrung heraus, etwas zu schaffen, was dem Kunden hilft und den Reisebüros die Arbeit erleichtert. Die Idee und der Name ›Fernweh exclusiv‹ waren schnell geboren – wesentlich schneller als das, was nun vor Ihnen liegt.

Über 200000 Kilometer haben die sechs Autoren auf ihren Reisen zurückgelegt – mit Flugzeug und Eisenbahn, in Jeeps und per Schiff. Mitgereist sind Tonbandgerät, Notizblock, Fragebogen und Fotoapparat. Jeder Autor hat in 30 bis 50 verschiedenen Hotels übernachtet, sich die Häuser vom Keller bis unters Dach genau angesehen. Alle Hoteldaten wurden in einem 40-seitigen Fragebogen festgehalten und stehen Ihnen als Buchkäufer in Form unseres Redaktionsservices kostenlos zur Verfügung.

Für diesen ersten reich bebilderten Band haben Peter Jamin, Christine Metzger und Lutz Wolfgramm die Zielgebiete Afrika, Asien, die Südsee und Australien erkundet. Im folgenden Band berichten Hans-Horst Skupy, Albert Krogmann und Angelika Hermann-Meier über die Karibik, USA mit Hawaii sowie Mittel- und Südamerika.

›Fernweh exclusiv‹ bietet Ihnen eine Fülle von Tips und Hinweisen, detaillierten Informationen, spannenden Beschreibungen und schönen, aussagekräftigen Bildern.

Wir glauben, mit ›Fernweh exclusiv‹ ein Buch geschaffen zu haben, das Sie mit Genuß und Gewinn lesen und anschauen und mit Freude verschenken werden

Eduard Hartl

Inhaltsverzeichnis

FERNWEH *exclusiv*

Stranddestinationen

Band 1 = Schwarz
Band 2 = Rot

Japan
Okinawa
Taiwan
Indien
Goa
Sri Lanka
Reethi Raa
Farukolufushi
Villi Varu
Bi Ya Doo
Cocoa
Nika
Malediven
Thailand
Pattaya
Hua Hin
Ko Samui
Phuket
Penang
Pangkor
Cherating
Kuatan
Malaysia
Calatagan
Cebu
Philippinen
Saipan
Guam
Palau
Kenia
Mombasa
Bird Island
Denis Island
Praslin
La Digue
Seychellen
Nosy Be
Madagaskar
Mauritius
Réunion
Südafrika
Natal
Kapregion
Garden Route
Bali
Papua-Neuguinea
Arovo Island
Salomon Inseln
Lizard Island
Port Douglas
Dunk Island
Bedarra Island
Great Barrier Reef
Hayman Island
Brampton Island
Great Keppel Island
Gold Coast
Fiji
Neukaledonien
Australien
Neuseeland

Klima-Informationen

Freundlicherweise von der Lufthansa und Condor
zur Verfügung gestellt

Afrika

Abidjan
1 Côte-d'Ivoire
2 5 m/16 ft
3 5° 15' N
4 3° 56' W/O

	I	II	III	IV	V	VI	VII	VIII	IX	X	XI	XII
○	31	32	32	32	31	29	28	27	28	29	31	31
●	23	24	25	25	24	23	23	22	23	23	24	24
☼	6	8	7	7	6	4	4	4	5	6	8	7
☂	1	5	7	9	14	21	13	6	8	9	11	6
≈	27	27	28	28	28	27	26	24	25	25	27	27

Accra
1 Ghana
2 59 m/194 ft
3 5° 36' N
4 0°10' W/O

	I	II	III	IV	V	VI	VII	VIII	IX	X	XI	XII
○	32	32	32	32	31	28	27	27	29	30	31	31
●	23	23	24	24	23	22	21	21	22	22	23	23
☼	7	7	7	7	7	5	5	5	6	7	8	8
☂	1	2	4	7	7	13	8	6	7	6	3	1
≈	27	27	28	28	28	27	26	24	25	25	27	27

Dakar
1 Senegal
2 24 m/79 ft
3 14° 44' N
4 17° 30' W/O

	I	II	III	IV	V	VI	VII	VIII	IX	X	XI	XII
○	25	25	25	25	27	29	30	30	30	30	29	27
●	18	17	17	18	20	23	24	25	24	24	23	20
☼	8	8	10	10	10	8	7	6	8	8	9	8
☂	1	0	0	0	1	2	3	3	7	2	0	0
≈	21	20	20	21	23	25	27	27	27	27	27	24

Durban
1 Rep. of South Africa
2 5 m/16ft
3 29° 50' S
4 31° 02' O/E

	I	II	III	IV	V	VI	VII	VIII	IX	X	XI	XII
○	27	28	27	26	24	23	22	22	23	24	25	26
●	21	21	20	18	14	12	11	13	15	17	18	20
☼	6	7	6	7	7	7	7	7	6	5	6	6
☂	9	8	9	7	4	3	3	4	7	10	11	10
≈	24	24	24	23	22	21	21	20	21	21	22	23

Kaapstad
1 Rep. of South Africa
2 17 m/56 ft
3 33° 54' S
4 18° 32' O/E

	I	II	III	IV	V	VI	VII	VIII	IX	X	XI	XII
○	26	26	25	22	20	18	17	18	19	21	23	25
●	16	16	14	12	10	8	7	8	9	11	13	14
☼	12	10	9	8	6	6	6	7	8	9	10	11
☂	4	3	4	8	9	10	11	11	7	7	3	4
≈	18	19	19	18	17	16	15	14	15	16	17	18

Lomé
1 Togo
2 20 m/66 ft
3 6° 10' N
4 1° 15' O/E

	I	II	III	IV	V	VI	VII	VIII	IX	X	XI	XII
○	31	31	32	31	31	29	27	27	28	30	31	31
●	23	24	24	24	24	23	22	22	23	23	23	23
☼	7	7	7	7	6	5	4	5	5	7	8	7
☂	1	1	5	5	8	14	9	6	6	6	3	1
≈	27	27	28	28	28	27	25	24	25	26	27	27

Mauritius
1 Mauritius
2 55 m/180 ft
3 20° 26' S
4 57° 40' O/E

	I	II	III	IV	V	VI	VII	VIII	IX	X	XI	XII
○	29	29	29	28	26	25	24	24	24	25	27	29
●	22	23	22	21	19	18	17	17	17	18	20	21
☼	8	8	7	7	6	6	6	6	7	7	8	8
☂	17	16	18	17	14	15	16	16	10	8	9	12
≈	27	27	27	27	25	24	23	22	23	23	24	25

Mombasa
1 Kenya
2 55 m/180 ft
3 4° 02' S
4 39° 37' O/E

	I	II	III	IV	V	VI	VII	VIII	IX	X	XI	XII
○	32	32	33	31	29	29	28	28	29	30	31	32
●	23	23	24	24	23	21	20	20	21	22	23	23
☼	9	9	9	8	6	8	7	8	9	9	9	9
☂	4	2	5	10	14	9	11	10	9	12	10	6
≈	27	28	28	28	28	27	25	25	27	27	27	27

Port Elizabeth
1 Rep. of South Africa
2 62 m/203 ft
3 33° 59' S
4 25° 36' O/E

	I	II	III	IV	V	VI	VII	VIII	IX	X	XI	XII
○	25	26	25	23	22	20	19	20	20	21	22	24
●	16	17	16	13	10	8	7	8	10	12	14	15
☼	8	8	8	8	7	7	7	8	7	8	8	9
☂	5	5	5	5	5	5	5	6	7	7	6	6
≈	21	20	19	18	18	18	17	16	16	16	18	20

Seychelles
1 Seychelles
2 3 m/10 ft
3 4° 37' S
4 55° 27' O/E

	I	II	III	IV	V	VI	VII	VIII	IX	X	XI	XII
○	28	29	29	30	29	28	27	27	28	28	29	28
●	24	25	25	25	25	25	24	24	24	24	24	24
☼	6	6	7	8	8	7	7	7	7	7	7	7
☂	15	10	11	10	9	9	8	7	8	9	12	15
≈	27	28	28	29	28	27	26	26	26	26	27	27

Tananarive
1 Madagascar
2 1.310 m/4.297 ft
3 18° 54' S
4 47° 32' O/E

	I	II	III	IV	V	VI	VII	VIII	IX	X	XI	XII
○	25	25	24	23	21	19	18	19	21	24	25	25
●	16	16	15	14	12	10	9	9	10	12	14	15
☼	6	7	6	8	7	7	7	8	8	9	8	7
☂	14	12	14	5	2	2	4	3	3	5	12	19
≈	–	–	–	–	–	–	–	–	–	–	–	–

Asien

Bangkok
1 Thailand
2 12 m/39 ft
3 13° 44' N
4 100° 30' O/E

	I	II	III	IV	V	VI	VII	VIII	IX	X	XI	XII
○	32	33	34	35	34	33	32	32	32	31	31	31
●	20	23	24	26	25	25	25	24	24	24	23	20
☼	8	8	8	10	8	6	5	5	5	6	7	8
☂	1	2	3	4	13	14	15	15	17	13	4	1
≈	26	27	27	28	28	28	28	28	28	27	27	27

Colombo
1 Sri Lanka
2 7 m/23 ft
3 6° 54' N
4 79° 53' O/E

	I	II	III	IV	V	VI	VII	VIII	IX	X	XI	XII
○	30	31	31	31	30	30	29	29	30	29	29	30
●	22	22	23	24	25	25	25	25	25	24	23	22
☼	6	6	7	7	4	4	4	5	5	6	6	5
☂	7	6	8	14	19	18	12	11	13	19	16	10
≈	27	27	28	28	29	29	28	27	27	28	27	27

Denpasar
1 Indonesia
2 1 m/3 ft
3 8° 45' S

	I	II	III	IV	V	VI	VII	VIII	IX	X	XI	XII
○	30	30	30	31	31	30	30	31	31	32	32	30
●	22	23	23	23	23	23	22	22	22	23	23	23
☼	8	10	10	10	9	9	9	10	11	10	10	10
☂	12	10	7	4	3	3	3	3	2	3	5	10
≈	28	28	28	29	28	28	27	27	27	27	28	29

Goa
1 India
2 58 m/190 ft
3 15° 29' N
4 73° 49' O/E

	I	II	III	IV	V	VI	VII	VIII	IX	X	XI	XII
○	32	32	30	33	33	30	29	29	29	31	33	33
●	20	20	23	25	26	24	24	24	24	24	22	20
☼	10	9	10	10	9	4	2	4	6	7	9	10
☂	0	0	0	1	6	25	29	25	17	8	3	0
≈	27	27	28	29	29	28	27	27	27	28	28	27

Kuala Lumpur
1 Malaysia
2 34 m/112 ft
3 3° 07' N
4 101°42' O/E

	I	II	III	IV	V	VI	VII	VIII	IX	X	XI	XII
○	32	33	33	33	33	33	32	32	32	32	32	32
●	22	22	23	23	23	23	22	23	22	23	23	22
☼	6	7	7	6	6	7	7	6	6	5	5	5
☂	11	10	15	17	15	11	10	12	14	19	18	13
≈	–	–	–	–	–	–	–	–	–	–	–	–

Manila
1 Philippines
2 16 m/52 ft
3 14° 35' N
4 120° 59' O/E

	I	II	III	IV	V	VI	VII	VIII	IX	X	XI	XII
○	30	31	33	34	34	33	31	31	31	31	31	30
●	21	21	22	23	24	24	24	24	24	23	22	21
☼	6	7	7	9	7	5	4	4	4	5	5	5
☂	2	1	1	4	7	15	22	20	20	11	9	7
≈	26	26	27	28	28	29	29	28	28	28	27	27

Penang
1 Malaysia
2 3 m/10 ft
3 5° 18' N
4 100° 16' O/E

	I	II	III	IV	V	VI	VII	VIII	IX	X	XI	XII
○	31	32	32	32	31	31	31	31	30	30	30	31
●	23	23	24	24	24	24	23	23	23	23	23	23
☼	8	8	8	8	6	7	7	6	5	6	6	6
☂	7	5	9	13	15	10	10	13	17	21	18	8
≈	27	28	28	29	29	29	28	28	28	28	28	27

Phuket
1 Thailand
2 6 m/20 ft
3 8° 07' N
4 98° 19' O/E

	I	II	III	IV	V	VI	VII	VIII	IX	X	XI	XII
○	31	32	33	33	31	31	30	30	30	30	30	31
●	22	22	23	24	24	25	24	25	24	24	23	22
☼	9	9	8	8	7	6	6	6	6	5	5	7
☂	4	4	7	15	20	19	17	18	20	20	15	8
≈	27	28	29	29	29	29	28	28	28	28	28	27

Taipei
1 Taiwan/China
2 9 m/30 ft
3 25° 02' N
4 121° 31' O/E

	I	II	III	IV	V	VI	VII	VIII	IX	X	XI	XII
○	19	18	20	25	28	31	33	32	30	27	23	20
●	12	12	13	17	20	22	24	24	22	19	16	13
☼	3	3	3	4	4	6	7	7	6	5	4	3
☂	7	10	10	10	10	14	10	9	11	7	7	8
≈	20	20	21	24	25	27	28	28	27	25	22	21

Ozeanien

Auckland
1 New Zealand
2 26 m/85 ft
3 36° 47 S
4 174° 39' O/E

	I	II	III	IV	V	VI	VII	VIII	IX	X	XI	XII
○	23	23	22	20	17	15	14	15	16	17	19	21
●	16	16	15	14	11	9	8	8	10	11	12	14
☼	8	7	6	5	4	4	4	5	6	6	7	7
☂	10	8	10	13	12	15	12	13	13	9	10	8
≈	19	20	20	18	17	17	16	15	15	16	18	18

Nouméa
1 Nouvelle-Calédonie
2 9 m/30 ft
3 22° 16' S
4 166° 37' O/E

	I	II	III	IV	V	VI	VII	VIII	IX	X	XI	XII
○	30	29	29	28	26	25	24	24	26	27	28	30
●	22	23	22	21	19	18	17	16	17	18	20	21
☼	7	6	6	6	5	5	5	6	7	7	8	8
☂	8	9	10	10	9	8	7	7	4	3	2	5
≈	27	26	26	26	24	23	23	23	22	23	24	25

Papeete
1 Tahiti
2 2 m/7 ft
3 17° 33' S
4 149° 37' W/O

	I	II	III	IV	V	VI	VII	VIII	IX	X	XI	XII
○	30	30	30	30	29	29	28	28	28	29	29	29
●	23	23	23	23	22	21	20	20	21	21	22	23
☼	6	6	7	8	7	7	8	8	8	7	7	7
☂	15	15	16	11	9	6	8	6	6	7	12	15
≈	27	27	27	28	28	27	26	26	26	26	27	27

Sydney
1 Australia
2 41 m/134 ft
3 33° 52' S
4 151° 12' O/E

	I	II	III	IV	V	VI	VII	VIII	IX	X	XI	XII
○	26	26	24	22	19	16	16	17	19	22	23	25
●	18	18	17	14	11	9	8	9	11	13	16	17
☼	7	7	6	5	5	4	5	6	6	7	7	7
☂	7	8	8	7	5	9	5	7	7	9	8	8
≈	23	24	23	20	18	18	16	17	18	19	19	21

Townsville
1 Australia
2 5 m/16 ft
3 19° 15' S
4 146° 45' O/E

	I	II	III	IV	V	VI	VII	VIII	IX	X	XI	XII
○	31	31	30	29	27	25	24	25	27	28	30	31
●	25	24	23	22	19	17	16	16	19	21	23	24
☼	7	7	7	9	7	8	9	9	9	10	9	8
☂	11	14	12	6	4	2	2	2	2	3	4	8
≈	27	28	27	26	24	23	22	22	24	25	26	27

Zeichenerklärungen

1 Land
2 Höhe
3 Breite
4 Länge

○ Tagestemperatur
● Nachttemperatur
☼ Sonnenscheinstunden
☂ Niederschlagstage
≈ Wassertemperatur

Die Klimabelastung wurde im Rahmen der Tagestemperaturen durch folgende Farbskala dargestellt:

- Heiß und trocken
- Zeitweise schwül
- Schwül
- Sehr schwül

Regenperioden wurden folgendermaßen kenntlich gemacht:

- Mehr als 7 Tage
- Mehr als 15 Tage

I = Januar
II = Februar
III = März
IV = April
V = Mai
VI = Juni
VII = Juli
VIII = August
IX = September
X = Oktober
XI = November
XII = Dezember

Afrika

Safaris und Sonnenuntergänge, Großwildherden und Savannen, Strand-Spaß, Trommelklänge und Gesänge sind wieder ›in‹ – seit ›Out of Afrika‹.

Dieser Kinofilm hat die Herzen vieler Menschen in aller Welt wieder einmal für Afrika bewegt. Allerdings für ein Afrika, das außerhalb der bekannten Touristenzentren liegt, in denen sich die Afrikaner manchmal wie Ausländer im eigenen Land vorkommen.

Es ist ein Afrika, in dem khakifarben Gekleidete noch mit Elefantenbüchse und Zielfernrohr die Savanne durchstreifen, der Abendsonne die romantischen Minuten abtrotzen und in der Stille der Zeltstadt ihren Herzen wieder Gefühle gönnen. Die Safaris außerhalb der Traumfabrik Hollywoods haben damit nichts mehr gemein. Das Zielfernrohr wurde gegen ein Teleobjektiv ausgetauscht. Zum Segen der Tierwelt, denn dort, wo man sie läßt, in den Wildreservaten, entwickelt sie wieder ihre üppige Pracht und Macht. Große Büffelherden stampfen über die Savanne – wie im westafrikanischen Parc National de la Pendjari in Burkina Faso, das bis 1984 noch Obervolta hieß. Der Parc des Oiseaux du Djoudj in Senegambia zählt zu den größten Vogelschutzgebieten der Welt – hier finden sich noch so seltene Vogelarten wie Fischadler, Kronenkraniche und Marabus. Doch in erster Linie bestimmen Antilopen und Flußpferde, Elefanten und Giraffen, Löwen und Hyänenhunde, Husarenaffen und Paviane die Bilder, die sich der Reisende von Afrika macht.

Hemingway, der alte Jäger, läßt grüßen. Doch das Afrika von heute hat auch mit der zwischen Buchdeckeln gepreßten Welt des Schriftstellers nicht mehr viel gemein: Die Kontraste sind stärker geworden. Den modernen Stadtzentren von Mombasa oder Abidjan stehen die Slums in den Vorstädten gegenüber. Im Schatten prächtiger Hotelanlagen neigen sich die Wellblechhütten Einheimischer in den braunen Staub. Der Ziegenhirte mit seiner kleinen Herde wird auf der Straße vom Stammesbruder im Mercedes Benz überholt.

Afrikanische Bilder im 20. Jahrhundert: Da sind die feinsandigen Strände auf den Seychellen, der Tropenregen auf Mauritius, das Feilschen der Händler am Strand in Kenia, da ist ein verwahrloster Flughafen im gambianischen Banjul, der farbenprächtige Markt in Dakar, der immergrüne Golfplatz von Abidjan. Da sind aber auch die Bilder der Apartheid in Südafrika, die die unbestrittenen Schönheiten dieses Landes so oft trübe bedecken. Da sind korrupte Zöllner, die dem Touristen im Flughafen die Dollarnoten aus der Tasche ziehen, da sind Taxifahrer, die vom ahnungslosen Fahrgast für zwei Kilometer Fahrstrecke 20 Dollar verlangen.

Eine Reise nach Afrika bedeutet, sich auf eine Welt voller Gegensätze und Überraschungen einzulassen. Vor dem modernen Interconti Golf Hotel in Abidjan/Elfenbeinküste führen Stammestänzer stolz ihr Können den Finanzministern der afrikanischen Welt vor, die ihren Luxuskarossen zustreben und eigentlich nur weltpolitische Wirtschaftssituationen analysieren wollen.

Afrika ist eben nicht mehr nur Natur pur. Afrika ist zwar eine ›dritte‹, aber eine eigenständige, zu respektierende Welt, in der Kolonial-Gehabe glücklicherweise nicht mehr akzeptiert wird. Was den Reisenden sicherlich besonders interessiert: Afrikas Hotels unterscheiden sich – auch in der First-Class-Stratosphäre – erheblich in der Qualität. Das Hotel Pullman de la Paix in Togo präsentiert sich standardisiert, ein Leisure Lodge Club in Kenia gibt sich individuell-elegant, ein Royal Palm Hotel auf Mauritius zeigt sich von seiner fürstlichen Seite, und das Palm Beach Hotel auf Madagaskar paßt sich der herb-schlichten Schönheit der Insel Nosy Be harmonisch an.

Gemeinsam haben sie – natürlich immer mit dem Hang zum besonders Positiven – gute Küchen und Bars, Freizeitangebote wie Strand und Swimmingpool, gepflegte Zimmer und zuvorkommenden Service. Nicht überall gleich ist das Angebot an Golf- und Tennisplätzen, Disco, Nightclubs und Showprogramm, Surfen und Segeln und all den anderen kleinen und großen Vergnügungen, die einen Urlaub so angenehm machen.

Reisen nach Afrika, Reisen in Afrika. Die Verbindungen von Europa aus zu dem Schwarzen Kontinent entsprechen denen in die übrige Welt. Charter- und Linienflug-Unternehmen haben die wichtigen afrikanischen Zentren erschlossen. Innerhalb des Kontinents bieten Fluglinien der afrikanischen Länder ein gut ausgebautes Streckennetz – meist die einzige akzeptable Verbindung zwischen weit entfernten Reisezielen. Die meisten afrikanischen Länder verfügen außerdem über einen mehr oder weniger gut organisierten inländischen Lufttaxi-Dienst. Im regionalen Reiseverkehr bilden Taxen und Mietwagen – neben oft überfüllten Sammeltaxen und Bussen – für den Touristen die wichtigsten Verkehrsmittel. Selbst bei Ganztags-Ausflügen oder weiten Entfernungen über 100 und mehr Kilometer ist es meist preiswert, ein Taxi samt Fahrer zu mieten. Wichtig ist nur, daß der Preis vor Antritt der Fahrt ausgehandelt wird – in manchen Ländern gibt es staatlich vorgeschriebene Preistabellen für bestimmte Entfernungen. Mietwagen können dagegen nur jenen Fahrern empfohlen werden, die sich auf ungewöhnliche Fahrweisen der Einheimischen, in manchen Ländern auf Linksverkehr und auf abenteuerliche Straßenverhältnisse und ungenaue Beschilderung einlassen wollen. Die Eisenbahn hat sich in Afrika als Verkehrsmittel nur in wenigen Ländern durchgesetzt.

Das Klima in Afrika ist nicht nur von der Sonne geprägt. Extreme Unterschiede auch hier. Ostafrika ist kühler und trockener als das tropische Westafrika, wo es wiederum starke Unterschiede im Wetter gibt: In der Sahel-Zone regnet es seit nunmehr über zehn Jahren immer weniger, und die Bewohner werden von einer Hungersnot in die nächste getrieben. Dagegen wird im küstennahen Gebiet von Togo die feucht-heiße Luft erst durch frische Meeresbrisen erträglich. Der südafrikanische Sommer findet zum Beispiel von Dezember bis Februar mit hohen Temperaturen und geringer Luftfeuchtigkeit statt. Die Inseln im Indischen Ozean, die Seychellen zum Beispiel, bieten ein feucht-tropisches Klima mit zweimal im Jahr wechselndem Monsunwind. Der Südost-Monsun von Mai bis September beschert das schöne Wetter, den Nordwest-Monsun von November bis März charakterisieren seine Regenschauer.

Apropos Regenzeit: Sicher will die Wasserflut an manchen Tagen nicht enden. Doch es muß unbedingt vermerkt werden, daß Afrika zum Ende seiner Regenzeit oft beste Reisezeit bietet. Das Wetter ist milder, nicht von sengender Sonne bestimmt. Es kommt nur noch gelegentlich zu Regenschauern, die als Wohltat empfunden werden, und weil sich die meisten Touristen vor der Regenzeit und ihren angeblich nicht enden wollenden Wasserfluten fürchten, versuchen die Hoteliers und Reiseveranstalter mit Niedrigpreisen zu locken.

Afrika und der Tourismus. Was bietet einer dem anderen? Afrikas Naturverbundenheit wird oft mit Armut verwechselt, die lockere Mark, der gern verschenkte Dollar des Touristen mit Reichtum. Die Bewohner der Alten Welt können den Afrikanern die ihnen gebührende Menschlichkeit und Anerkennung zukommen lassen, denn sie selbst haben in Afrika die Chance, neben Sonne und Strand die Wurzeln des Menschseins zu erleben. So manche Stammesfeste zeugen noch immer von der Beständigkeit traditioneller Dorf- und Familiengemeinschaften, im Kunsthandwerk spiegelt sich immer noch afrikanische Geschichte wider. Architektonisch kunstvolle Lehmbauwerke – von Öko-Architekten in der westlichen Welt heute wiederentdeckt – machen bewußt, daß die Menschheit nicht in Betonburgen das Licht der Welt erblickte. Das Leben der Afrikaner wird weitgehend noch geprägt vom Ringen um die eigene Existenz. Hütten aus einfachem Reisig bieten ein Dach über dem Kopf, Trinkwasser wird nicht selten zu Fuß von kilometerweit entfernten Wasserstellen geholt, mit neuester Technik lernt das moderne Afrika gerade erst umzugehen. Magie und Feuerzauber, Götterglauben und Körperbewußtsein, Naturverbundenheit und Menschlichkeit – das alles fühlen, riechen, sehen und erleben zu können ist ein Geschenk.

Senegal

Afrika zeigt sich zur Begrüßung nicht von seiner besten Seite. Der Taxifahrer am Flughafen in Dakar verlangt für die Fahrt zum Hotel Meridien 15 Dollar. Viel zuviel, wie der ahnungslose Tourist schon nach wenigen Minuten feststellt, als der Wagen nach rund zwei Kilometern Fahrt vor dem Portal des Hotels haltmacht.

Taxifahrer sind eben überall auf der Welt gleich – sie sind freundlich und mürrisch, fair und gerissen, hilfsbereit und stur. Kurz gesagt: Manche sind gut, andere böse. So auch in Senegambia – ein Name, den sich die westafrikanischen Staaten Senegal und Gambia seit einigen Jahren teilen.

Anfang 1982 haben sich die beiden Länder zu einer Konföderation zusammengeschlossen. Seitens Gambia geschah dieser Schritt allerdings nicht ganz freiwillig. Bei einem Putschversuch in der Gambia-Hauptstadt Banjul rief Staatschef Dawda Jawara, der einem Ondit zufolge gerade auf der Hochzeit des britischen Thronfolgers Prinz Charles und seiner Lady Diana munter das Tanzbein schwang, die Senegalesen zu Hilfe. Deren Truppen beendeten zwar den Aufstand, verließen aber das Land erst wieder, nachdem sie durch den Zusammenschluß neue ›Brüder‹ gewonnen hatten. Senegal, rund 196192 Quadratkilometer groß, umschließt Gambia seitdem nicht nur geographisch, sondern auch politisch.

Aber keine Angst – der Tourist spürt kaum etwas von den Auswirkungen dieser ungewöhnlichen Freundschaft. Erst recht nicht, wenn er in einer der komfortablen Hotelanlagen wohnt, in denen er Afrika durch die rosarote Brille serviert bekommt. Im Hotel Meridien Diarama muß der Gast nicht einmal unbedingt an den Strand gehen, so heimelig ist die Stimmung am Pool, an dem gelegentlich Gäste aus Haiti alte Elvis-Songs zur Gitarrenmusik zum besten geben. Und im Club Med Les Almadies faszinieren die afrikanische Architektur, inklusive klimatisierten Zweibettzimmern, und das umfangreiche Sportangebot ›Made im Club Med‹ so sehr, daß es schon Gäste gegeben hat, die keinen Tag ihres Urlaubs außer bei der An- und Abreise vor die Hoteltür gekommen sein sollen.

»Jeder nach seiner Façon«, wie die Franzosen zu sagen pflegen, die immer noch zehntausendfach in Senegal vertreten sind. Wie viele andere afrikanische Staaten hat auch Senegal eine bewegte Kolonialzeit hinter sich. Die weißhäutigen Eroberer gaben sich praktisch diese Tür zum afrikanischen Kontinent in die Hand, seitdem der Venezianer Cada Mosta 1455 im Auftrag des portugiesischen Prinzen Heinrich dem Seefahrer die Küste erkundete und sich seine handelsumtriebigen Landsleute bis zum 16. Jahrhundert im ganzen Land breitmachten. Und anschließend stritten sich dann

Leben in Senegal: Einheimische Fischer (links), Markt in Dakar

Briten, Franzosen und Holländer um das Land, in dem es neben Sklaven immerhin auch Gold, Elfenbein, Leder und Gummiarabikum zu plündern gab.

Reiseführer geben Afrika-Touristen gern den Ratschlag mit auf den Weg, nicht in den herrischen Umgangsstil der Kolonialzeit zu verfallen und die Bewohner der Gastländer von oben herab zu behandeln. Eine Empfehlung, die hoffentlich irgendwann einmal überflüssig wird, wenn der Weißhäutige gelernt hat, sich nicht durch eine dunkle Hautfarbe zu geringschätzigen Reaktionen herabzulassen. Ein Besuch in Senegal regt eher an, darüber nachzudenken, warum Menschen anders sind als man selbst. Warum sie eine andere Hautfarbe haben, warum sie anders sprechen, denken, fühlen, feiern, tanzen und sich anders kleiden.

Hier wird dem Touristen die Chance geboten, wieder einmal über sich selbst, über die Existenz der Menschen in einem großen Ganzen nachzudenken. Schließlich symbolisiert kaum ein anderer Kontinent den Überlebenskampf des Menschen, das Ringen um die tägliche Existenz so stark wie Afrika. Und unter diesem Gesichtspunkt kann man vielleicht verstehen, warum ein Taxifahrer am Flughafen von Dakar die höchste Summe aus einer Fahrt herausschlägt, die er eben bekommen kann.

Es heißt, daß Dakar die einfachste Möglichkeit bietet, sich mit Afrika und seiner Lebensweise vertraut zu machen. 1945 war Dakar – der westlichste Teil des afrikanischen Kontinents – noch ein kleines Fischerdorf namens Ndakaru. Heute leben in dieser Stadt über eine Million Menschen, und sie gilt als Zentrum des wissenschaftlichen Nachwuchses und der westafrikanischen Kultur. Mehr darüber erfährt der Besucher im Ifan Museum in Dakar mit einer Sammlung afrikanischer Möbel, Masken und königlicher Paraphernalien. Und auf Ile de Gorée, der rund drei Kilometer entfernt vor Dakar liegenden Insel, wird mit der alten Sklavenstation, einem historischen Museum und den alten Herrscherhäusern eine Kolonialzeit dokumentiert, an die wohl niemand gern erinnert wird. Wer über die Schwelle seines Komforthotels stolpert, hat hoffentlich auch einen Blick für die aufregenden Naturparadiese dieses Landes. Da wäre der Niokolo-Koba-Nationalpark, in dem u.a. Antilopen, Büffel, Flußpferde und Elefanten eine kleine Freiheit gefunden haben. Und nicht vergessen werden soll der Parc des Oiseaux du Djoudj, eines der größten Vogelschutzgebiete der Welt, in dem unter anderem Fischadler, Kronenkraniche und Marabus beheimatet sind. Ornithologen – auf nach Afrika!

Hotel Meridien-Diarama

Ravioli und Romantik

Das Hotel Meridien in Dakar empfängt den Besucher zwar mit einem großen Portal – aber das ist dann auch schon alles, was in diesem ungepflegten Kasten aus den 50er Jahren beeindruckt. Anders sieht es im Schwester-Hotel Diarama aus. Das Diarama macht einen gepflegten Eindruck, im großen Foyer stehen Holzschnitzereien, und an den Wänden hängen farbenprächtige, phantasievolle Wandbehänge. Die gemütlich eingerichteten Zimmer liegen alle an der Gartenseite. Was der gelegentlich mit Seetang bedeckte Strand am Hotel nicht bieten kann, findet der Gast in den Parkanlagen rund um den Swimmingpool und den anderen Freizeiteinrichtungen: Spaß und Sportmöglichkeiten.

An der Poolbar werden exotische Drinks serviert, im Restaurant direkt am Wasser stehen Speisekarte und Musikkapelle auf Highlife, und wer beim Tennisspiel nicht die stärkste Hand hat, kann beim Bogenschießen oder beim Hochseefischen seine Sportlichkeit beweisen.

Am Abend sollte man sich einen Besuch im Restaurant, dort wo Strand und Gartenanlage ineinanderführen, nicht entgehen lassen. Genießen Sie die Ravioli von Shrimps – vor allem aber die romantische Stimmung!

Hotel Med Les Almadies

Afrikanische Architektur

Rund zehn Kilometer von Dakar entfernt liegt auf einer Halbinsel der Club Med Les Almadies: Afrikanische Architektur direkt an einem hellen Sandstrand. Das Vergnügen, in diesem Hotel seinen Urlaub zu verleben, beginnt in klimatisierten Zweibettzimmern und endet nicht beim Clubleben mit mindestens 220 Volt Wechselspannung: Tennis auf acht Hartplätzen, Segeln, Windsurfen, Schnorcheln, Tischtennis, Bogenschießen, Aerobic oder – sind wir wirklich in Afrika? – Fahrradtouren. Wer bei diesem Sportangebot immer noch nicht ins Schwitzen gerät, für den haben die Animateure ein paar Extras auf Lager – Hochsee-Sportfischen beispielsweise.

Club Med Cap Skirring

Platz für verträumte Stunden

Ein Golfplatz mit neun Loch auf 3000 Metern, sechs Tennis-Hartplätze, Segeln und Windsurfen – was will man noch mehr?! Im Club Med Cap Skirring an der Atlantikküste im Südwesten Senegals ist damit noch lange nicht das Ende der Fahnenstange erreicht. Entdekkungstouren durch den Busch oder längs der Ufer der Casamance stehen auf dem Safari-Programm – wer Afrika draußen vor der Tür läßt, findet rund um den Pool mitten in üppiger Vegetation gemütliche Bungalows zum Schlafen und in der Bar oder unter hohen Palmen immer einen Platz für verträumte Stunden zu zweit. Ein großer Strand rundet das positive Bild dieser Clubanlage ab – Cap Skirring soll einer der schönsten Club Meds in der Welt sein. 205 Bungalows für jeweils zwei Personen mit Bad und WC, ein Hauptrestaurant, eine Bar, die von morgens 9 bis abends 24 Uhr geöffnet ist, ein Swimmingpool und ein feiner Sandstrand gehören zur exklusiven ›Grundausstattung‹ dieser Anlage. Dazu gehören außerdem eine Club-Boutique, Basar, Bibliothek, Friseursalon, Nightclub und ein Atelier für Kunsthandwerk.

Letzter Tip: Der Einführungskurs auf dem drei Kilometer vom Clubdorf entfernten Golfplatz ist kostenlos.

Gambia

So richtig berühmt geworden ist Gambia eigentlich erst vor wenigen Jahren, als sich ›Roots‹-Autor Alex Haley aufmachte, für Buchleser und TV-Serien-Zuschauer die Wurzeln seiner Existenz zu erforschen und zwangsläufig im gambianischen Juffure landete.

Seitdem entdecken auch immer mehr Touristen die Reize dieses kleinsten afrikanischen Staates, der in der Länge zwar rund 500 Kilometer mißt, in der Breite jedoch nicht mehr als 16 bis 25 Kilometer zu jeder Seite des Flusses Gambia breit ist.

Deutsche, Holländer, Portugiesen und vor allen Briten und Franzosen haben sich in Gambia – zum Leidwesen der Einheimischen – in den letzten Jahrhunderten immer wieder wakker geschlagen. Glaubt man dem Briten Sir Richard Burton, dann waren es seine Landsleute, die 1816 auf einer sumpfigen Insel Gambias Hauptstadt Banjul, damals noch Bathurst genannt, gründeten.

Seitdem ist viel Wasser den Fluß Gambia, nach dem dieser Staat benannt worden ist, hinuntergeflossen. Banjul liegt heute auf einer Halbinsel; die Gebäude dokumentieren noch immer die verblaßte Existenz britischer Kolonialherren, die hier einst das Sagen hatten. Die rund 80000 Bewohner der Stadt leben in der Hauptstadt noch immer wie in einem Dorf. Das stellt der Besucher spätestens dann fest, wenn er den größten Markt des Landes, den Albert Market an der Marina Parade, besucht.

Der Flughafen von Banjul ist – leider – die erste Station, die den Touristen nach einem rund achtstündigen Flug von Europa aus erwartet. Der Airport Yundum spiegelt die Armut dieses Landes wider. An der Küste außerhalb von Banjul stehen mehrere meist einsam gelegene Hotelanlagen wie das Senegambia, Bungalow Beach und Novotel Kombo.

Hier lebt der Urlauber autark vom Rest der afrikanischen Welt. Das Angebot – so im direkt am Atlantik gelegenen Hotel Senegambia – reicht von Clubveranstaltungen wie Sportwettbewerben und Theateraufführungen bis hin zur Discothek, eine großen Bar, an der jeden Abend Stimmung herrscht und – besonders wichtig – einer ausgezeichneten Küche. Die bietet im First-Class-Restaurant sogar internationalen Standard, was angesichts der Versorgungsprobleme mit Nahrungsmitteln wirklich eine Leistung ist.

Der Sandstrand vor dem Senegambia Beach und den anderen Hotels ist zwar 50 Kilometer lang, doch wer aus der Hotel-Idylle und seiner Pool-Sphäre ausbrechen will, muß seine Expedition nicht unbedingt im Sand beginnen. Ornithologen schätzen den gambianischen Vogelreichtum mit seinen rund 400 Arten. Im Naturschutzgebiet Abuko Park, der sich in zwei Stunden durchwandern läßt, ist die gefiederte Tierwelt zahlreich vertreten, u.a. durch Störche und Geier, Papageien, Reiher und Pelikane.

Gambia – 50 Kilometer Strand breit und 500 Kilometer Land lang

Hotel Bungalow Beach

Küche unter Palmen

Schon nahezu preußisch streng mutet die Gliederung der Gebäude in der Hotelanlage Bungalow Beach an. Das Hotel verfügt über 110 Appartements, in denen für Gäste, die gern die afrikanische Küche nachkochen möchten, eine eigene kleine Küchenzeile eingebaut ist. Doch keine Angst: Das Essen ist hier wirklich nicht so schlecht, daß der Tourist unbedingt zu Kochtopf, Pfanne und Rezeptbuch greifen muß. Die Hotelanlage liegt – nur durch einen kleinen Palmenhain getrennt – direkt am Koto-Strand. Das ist ein feines Fleckchen an dem nur 48 Kilometer langen gambianischen Atlantik-Strand. Im Haupthaus mit dem Hotelfoyer befinden sich Bar, Restaurant, Boutique, Frisiersalon und ein kleiner Supermarkt. Auf dem Weg zu ihren Zimmern passieren die Gäste immer den Swimmingpool, der in diesem Hotel offensichtlich Mittelpunkt des gesellschaftlichen Lebens ist. Wer der Ruhe im Bungalow Beach Hotel entfliehen und Afrika erleben will, dem bietet der Tour Operator eine ganze Reihe attraktiver Ausflugsmöglichkeiten. Wie wär's zum Beispiel mit einer Bootsfahrt zum Ort Mandinari, wo original afrikanisches Dorfleben erhalten ist und die Holztür zum Lehmbau gern geöffnet wird?

Hotel Kombo Beach Novotel

Wohnen à la carte

Dieses Hotel gehört zur Novotel-Kette, die mit rund 200 Häusern in buchstäblich aller Welt vertreten ist. Das Angebot entspricht denn auch dem der Novotel-Welt, die sich durch sachliche Perfektion und unaufdringliche, aber korrekte Organisation auszeichnet. Der Swimmingpool, auch hier Mittelpunkt des Hotels, liegt rund 20 Meter vom Strand entfernt. Um ihn gruppieren sich 258 vollklimatisierte Zimmer in der weitläufigen Gartenanlage. Auf die Sportler warten – neben Schwimm-Möglichkeiten im Meer oder Pool – zwei Tennisplätze, Volleyballanlage, Tischtennis, Windsurfing, Segeln und ein Golfplatz. Das gesellschaftliche Leben findet im Kombo Beach Novotel tagsüber im Lekukai- oder im Kudula-Restaurant und abends im A-la-carte-Restaurant Rive Gauche statt, wo französische Küche bevorzugt wird. In der hellen, geschmackvollen Atmosphäre dieses Restaurants, in dem sogar Kronleuchter von der Decke hängen, haben die Hotelgäste oft Mühe, einen Platz zu bekommen. Zu gern nutzen auch Geschäftsleute aus dem nahegelegenen Banjul diesen exklusiven Service, bevor sie im Nightclub Bellengo das Tanzbein schwingen.

Clubhotel Senegambia Beach

Action in Afrika

Die schönste Hotelanlage, die meiste Action, das beste Essen, bester Service und umfassende Information – diese Auszeichnungen gehören dem Hotel Senegambia Beach. Auf den ersten Blick beeindruckend sind das geschmackvoll eingerichtete Foyer mit integrierter Bar, der großzügige, gepflegte Hotelpark und die Swimmingpool-Ebene mit Bar und Restaurant. Überhaupt haben es die Baumeister in diesem Hotel nicht an Großzügigkeit fehlen

lassen. Die Zimmer selbst machen einen – in Afrika schon aufgrund der klimatischen Verhältnisse nicht immer zu realisierenden – gepflegten, sauberen Eindruck und sind geschmackvoll eingerichtet. Am Strand findet der Gast nicht nur eine Beach-Bar, sondern auch eine Windsurfingschule. Und damit wären wir gleich bei der unaufdringlichen Animation im Hotel. Weil die aus Europa stammenden Manager die Vergnügungssucht mancher ihrer Gäste kennen, lassen sie sich zusammen mit ihrem internationalen Animationsteam viel einfallen. Am Tag steht Sport auf dem Programm (u.a. Tennis auf Kunstrasen, Squash, Bogenschießen, Billard), abends ist Showtime. Der Ablauf dieser Freizeitaktivitäten ist allerdings so diskret, daß diejenigen Hotelgäste, die lieber ihre Ruhe haben möchten, nichts von Aktivismus spüren. Als stilvoll bis exklusiv mag man denn auch das Clubleben im Senegambia Beach Hotel beschreiben. Mit zu diesem Prädikat trägt sicherlich das Angebot im A-la-carte-Restaurant bei, in dem die Speisen ebenso First Class sind wie Einrichtung und Dekoration. Das stilvolle gesellschaftliche Leben wird außerdem am Abend an der Bar gepflegt.

Elfenbeinküste

Trommelklänge. Melodischer Sing-Sang. Rhythmisches Klatschen. Ausländische Gäste im Intercontinental Golf Hotel in Abidjan strömen, skeptisch blickend, dem Ausgang zu – Afrika ante portas.

Auf dem Schwarzen Kontinent erlebt es der Besucher immer wieder, wie Tradition und moderne Lebensart auf nahezu groteske Art zusammentreffen. So auch hier: Vor dem Glasportal des vollklimatisierten Luxushotels zeigen die Gesandten verschiedener afrikanischer Stämme ihre Tänze. Junge Männer und Mädchen wiegen ihre Körper ekstatisch zum schneller werdenden Takt der Musik. Ein hagerer Athlet spielt mit dem Feuer, fährt sich mit der brennenden Fackel über die nackte Haut, tanzt unter den Anfeuerungsrufen seiner Begleiter.

Ein Treffen afrikanischer Finanzexperten in der Herberge der Luxusklasse ist der Anlaß für das Traditionsfest zwischen Glaswänden und Beton. Die Gäste des Hotels, auch manche Begleiter aus dem Troß von Ministern und Wirtschafts-Präsidenten blicken skeptisch auf das fröhliche Treiben, wenn sie ihren Fahrzeugen in der Auffahrt entgegeneilen.

Zu ungewöhnlich – vermutlich sogar für die einheimischen Großstadtbewohner – ist dieser Anblick von Ur-Afrika, das man draußen in freier Natur bei Stammesfesten, aber nicht in dieser Umgebung erwartet. Die Republik Elfenbeinküste ist aber nun einmal anders als der Rest von Afrika. Der Neun-Millionen-Staat gehört – zum Beispiel im Vergleich zu seinen Nachbarländern Liberia, Guinea, Mali, Obervolta und Ghana – zu den wohlhabenden des Schwarzen Kontinents. Er besitzt Erdgas- und Ölvorkommen und exportiert unter anderem Kaffee, Kakao und Nutzhölzer.

Wie eine Demonstration des allerdings nicht übermäßig vorhandenen Reichtums mutet Yamoussoukro, die Hauptstadt des Landes, an. Ein ehemaliges Dorf, Geburtsort des Staatspräsidenten Félix Houphouët-Boigny, wurde mit Milliarden für Straßenfluchten und Betontempeln zu einer Stadt aufgeblasen – mit einem Flugplatz, einer Hochschule, einem großen Haus der Partei, mit Luxushotel, Moschee, Universität und, so Spötter auf der Straße, mit mehr Straßenlaternen als Bewohnern.

In Abidjan befindet sich der Tourist schon eher am richtigen Ort – in einer gut entwickelten Großstadt mit einem modernen Straßenbild und einem attraktiven Umland. In Abidjan gibt es ein gelegentlich sogar exklusives Geschäftsleben auf dem Boulevard de la République, den Marché Artisanale mit seinem Kunstgewerbe, das Vergnügungsviertel Treichville, die unzähligen Restaurants, in denen mit der großen Palette afrikanischer Gerichte aufgewartet werden kann, und da gibt es im Luxushotel Ivoire gar eine Eislaufhalle.

Außerhalb der Stadt zieht es den Besucher an die weitverzweigten Ufer der Lagunen am

Luxus- und Landleben: Marktplatz in einem Dorf und Stammestänzer vor dem Golf Hotel

Golf von Guinea. – Barrakudas, rote Karpfen und Karangen begeistern die Angler.

Wer eine ruhige Wohnlage vorzieht, ist im Club Med Assinie gut aufgehoben. Das Clubdorf befindet sich rund 80 Kilometer östlich von Abidjan direkt am Strand. Schon ein kleines Paradies oder besser: eins von vielen stillen Paradiesen dieses Landes. La Foret du Banco heißt zum Beispiel der rund 3000 Hektar große tropische Regenwald, der so dicht ist, daß er kaum zu durchdringen ist.

Im La Réserve de Bouna, dem größten Wildreservat der Elfenbeinküste, unternehmen Touristen gern eine Expedition, im Wildreservat und Jagdgebiet Parc National de la Maraoué leben noch große Elefanten- und Büffelherden, und in Abengourou ist öfter Besuch beim König von Agni angesagt – das Herrscherhaus gewährt den Touristen Audienzen.

In der rund 1000 Meter hoch gelegenen Gebirgsstadt Man erholen sich Einheimische wie Ausländer in frischer Höhenluft von dem schwülen Klima der Savannen. Und knapp 80 Kilometer von hier entfernt, in Danané, zeigt die Elfenbeinküste wieder einmal so richtig Gegensätze: Über eine weit über wilde Schluchten gespannte Lianenbrücke erreicht der Entdecker rauschende Wasserfälle.

Intercontinental Golf Hotel

Spaß am Pool

Gleich gegenüber dieser großzügigen, erstklassigen Hotelanlage liegt – wie könnte es bei einem Hotelnamen wie diesem auch anders sein – der Golfplatz mit 18 Loch. Gäste des Hotels erhalten 50 % Ermäßigung auf den Eintritt ins Clubleben. Das First-Class-Gefühl beginnt für die Gäste des Hotels bereits am Flughafen von Abidjan, wo ein Gepäck-Service sich um die Abwicklung kümmert und ein Taxi-Service den Gast in rund 20 Minuten bis zum Hotel fährt. Auf der Fahrt dorthin stellt der Besucher fest, daß Abidjan die Ausstrahlung einer modernen Großstadt besitzt und sich die Intercontinental-Häuser, das Golf Hotel wie auch das nicht minder exklusive Ivoire International, harmonisch ins Landschaftsbild eingliedern. Das Golf Hotel liegt direkt an einer Lagune, auf der man zwar Windsurfen und Wasserskifahren, in der man allerdings wegen des verschlammten Bodens nicht schwimmen kann. Doch keiner der Gäste käme auf diese Idee – schließlich verfügt das Hotel über einen der schönsten Swimmingpool-Parks der Welt mit einer ausgedehnten Grünanlage, einem gemütlichen Garten-/Pool-Restaurant und einer flotten Rutsche, an der alt und jung ihren Wasserspaß haben. Noch mehr Vergnügen bieten Tennisplätze und andere Sportmöglichkeiten und ein Essen in einem der erstklassigen Restaurants.

Club Med Assinie

Picknick im Kanu

Wer den Club Méditerranée in Elfenbeinküste besucht, lernt zunächst einmal viel, viel vom Land kennen. Denn nach der Landung auf dem Flughafen der Hauptstadt Abidjan führt die Fahrt mit dem Taxi rund 80 Kilometer über Land. Eine Fahrt mit dem Buschtaxi macht auch bei heißem Wetter viel Spaß, wenn man – wie die Tourismusmanager empfehlen – leichte Baumwollkleidung und gegen allzu grelles Licht eine Sonnenbrille trägt.

Wer die dunkel getönte Brille in Assinie abnimmt und genauer Einsieht, findet eine wirklich feine Clubanlage vor: Restaurant, Bar, 20 mal 30 Meter Swimmingpool, ein schöner, direkt am Clubdorf gelegener Sandstrand und 300 klimatisierte Bungalows mit Dusche und WC. Den Sportlern unter den Gästen bietet Club Med u.a. Wasserski mit vier Booten, deren Fahrer Slalom- und Sprungschanzen-Fahren beherrschen, drei Tennis-Hartplätze mit Flutlicht für die aktiven Nachtschwärmer, Bogenschießen mit sechs Zielscheiben auf 30 Meter Entfernung, vier Tischtennisplatten und – last not least – Aerobic, Gymnastik und Volleyball. Wer Ferien vom Sport machen möchte, läßt sich vielleicht – man gönnt sich ja sonst nichts – mit dem Bus spazierenfahren, läßt sich vielleicht zum Picknick im Kanu auf der Lagune einladen, oder er lenkt sich bei Seidenmalerei oder Schmuckherstellung ab.

Land und Leute lernen die Club-Gäste während speziell organisierter Ausflüge kennen. Die Comoe-Safari dauert eineinhalb Tage und führt direkt in den Nationalpark. Die Hauptstadt Abidjan ist bei Tag und bei Nacht einen Besuch wert: Die Tagestour führt auch am Markt von Treichville und den Wäscherinnen von Banco vorbei, die Nachttour beginnt mit Abendshow, Casino- und Nachtclubbesuch und endet in einem auf Pfählen gebauten Hotel. Mit Flugzeug und Buschtaxi findet die Anreise nach Yacouba statt – der Besuch kleiner Dörfer ist angesagt. Auf der Reise durch das Senufo-Gebiet besichtigt man das Dorf der Gorgonen von Koulo-See, und es werden Folklore, Malerei und Kunsthandwerk geboten.

Togo

Es liegt ja gar nicht am Ende der Welt, sondern gerade einmal sechs Stunden Flug von Europa entfernt, dieses Togo. Klein, aber fein schlängelt sich das nur 56000 Quadratkilometer große Land zwischen seinen Nachbarn Ghana und Benin hindurch. Dem Touristen kann das aber eigentlich gleich sein. Ihm geht es schließlich darum, daß die drei Millionen Einwohner dieses Landes mit den Körpermaßen der Schweiz besonders freundlich zu ihm sind (was gern bestätigt wird) und daß das Hotel- und Freizeitangebot dem gehobenen Standard entspricht (was ebenfall mit Vergnügen bescheinigt werden kann). Wer den swingenden Rhythmus Afrikas spüren möchte, muß nicht unbedingt in eine der einheimischen Discotheken oder Bars gehen. Es genügt ein Strandspaziergang. Da flickt der Fischer am rund 40 Meter breiten Strand gegenüber dem Hotel de la Paix in Lomé sein Netz und summt ein Lied im Takt dazu. Einige Meter weiter spielen zwei einheimische Mannschaften auf der Sandpiste Fußball, und – »Hey boy, come on!« – der Tourist, der sich in diese Kickertruppe einreiht, steht wahren Panthern gegenüber.

Fußball ist eine der Leidenschaften der Afrikaner und somit auch der Togolesen. Wer die europäischen Sportsitten im Urlaub gern vergessen möchte, dem bleibt noch reichlich Betätigung: Der Faulenzer findet immer ein paar freie Meter an den kilometerweit unbevölkerten Stränden; von Windsurfen bis Segeln, Boccia bis Tennis haben die Aktiven ihre Gelegenheit zum Sport-Streß; Abendessen im Restaurant unter freiem Himmel mit internationalen und afrikanischen Spezialitäten warten auf die Romantiker unter den Reisenden – das Meer liefert nicht nur das ständige melodische Rauschen und die leichte Brise, sondern vor allem frischen Fisch.

Wer gern Exkursionen unternimmt, wird einen der bunten Märkte, ein Voodoo-Fest oder vielleicht auch einen der 40 Stämme besuchen, die es in Togo gibt. Das große Kennenlernen beginnt allerdings erst bei einer mehrtägigen Rundreise. Sie besuchen ein Fischerdorf, dessen Hütten aus Palmwedeln gefertigt sind, finden den Stamm der Sombas, die ›Nacktgehenden‹ genannt, die in doppelstöckigen Lehmburgen wohnen. Voller Überraschungen ist schließlich auch eine Wanderung durch den Tropenwald bei Kpalimé – da stehen Sie dann plötzlich vor einem über 200 Meter hohen Wasserfall und fragen sich. »Ist das wirklich Afrika?« Keine Bange – es ist, es ist.

Togo – ein touristenfreundlicher Staat zu Land, Wasser und Stadt

Hotel Sarakawa
Flaggschiff des Luxus

Wer das Vergnügen hat, einmal einen Rundflug entlang der Strände von Lomé zu unternehmen, dem fällt sofort auf: Das Hotel Sarakawa ist das Flaggschiff unter den Luxushotels des Landes. Aber natürlich muß man nicht gleich in die Luft gehen, um die Vorzüge des am Stadtrand von Lomé gelegenen Hotels so richtig kennenzulernen. Die großzügigen Ausstattung spürt der Besucher nicht nur in den Grünanlagen rund um den großen Swimmingpool, von dem aus sich ein guter Sprinter in knapp sechzig Sekunden in die Fluten des Atlantiks stürzen kann. Das Hotel verfügt über elf Suiten, 62 Bungalows und 226 Zimmer, die im Stenostil etwa so zu beschreiben sind: Fernseher, Video, kleiner Tisch, zwei Stühle, afrikanische Kunst, Badezimmer blau gekachelt, Doppelbett, Telefon, große Terrasse, Liegestühle, Blick auf Meer und Gartenanlage. Wer genug von sportlichen Aktivitäten (Tennisspielen, Golf mit neun Loch, Wasserski, Windsurfen oder Segeln) hat, wer statt auf die internationale Küche mit französischen, schweizerischen oder togoischen Spezialitäten mehr Appetit auf Arbeit hat – auf den warten drei Konferenzräume inklusive Telex und Telefax. Aber vielleicht gelingt es ja dem freundlichen Personal in drei Bars, im Nachtclub oder im Spielcasino doch noch, einem ›Workaholic‹ die rechte Urlaubsstimmung zu bescheren.

Hotel Du 2 Février Sofitel
Kultur-Palast

Das Hotel Du 2 Février Sofitel liegt zwar nicht direkt am Strand des Atlantiks, trotzdem kommt man um dieses Hotel der internationalen Spitzenklasse mitten im Zentrum von Lomé nicht herum. Es ist einfach Spitze – besonders der Blick von dem rund 100 Meter über der Stadt gelegenen Dachrestaurant ›Le Panoramique‹, in dem sich Togos Staatschef gern mit seinen Gästen zu Tisch setzt. Während im obersten Stockwerk französische Küche erster Klasse serviert wird, bietet das Hotel in anderen Etagen Kongreß-Service erster Wahl mit einer Tagungskapazität bis zu 3500 Personen und – über die Stockwerke verteilt – immerhin 368 Zimmer, davon 52 Luxussuiten und 52 Appartements. Wer Kultur live erleben möchte und lange Wege scheut, ist ebenfalls gut im Du 2 Février aufgehoben. Ballett- und Theateraufführungen, Konzerte und Shows – kurz: Kultur aus Afrika wie Europa findet in diesem hohen Hause statt. Bars, Spielcasino, Nightclub und Discothek gehören ebenso zum Angebot des Hotels wie Swimmingpool und Tennisplätze. Golfspieler finden einen Neun-Loch-Platz acht Kilometer vom Hotel entfernt. Wasserskifahrer und Segler fahren an den 30 Kilometer entfernten Togo-See.

Hotel De la Paix

Bett mit Meer

Dezent roter Teppichboden, Schreibtisch, kleine Sitzecke, Fernsehgerät, Radio und Doppelbett mit Meerblick – in den Zimmern des Vier-Sterne-Hotels De la Paix läßt es sich leben. Um zum Strand zu gelangen, muß der Gast zwar eine breite Küstenstraße überqueren, dafür ist der helle Sandstrand dann aber auch mehrere Fußballfelder breit. Das ist wichtig, denn Einheimische treten hier voller Engagement den Ball, und Touristen sind als Mitspieler gern gesehen. Wer Ruhe sucht, ist hier trotzdem richtig, wer dem Auge ein wenig Abwechslung bieten möchte ebenfalls: Ein Fischer sitzt im Sand und flickt seine Netze, Fußballspieler rennen dem kleinen runden Leder hinterher, ein einsamer Jogger läuft seine Bahnen, Mädchen rennen kichernd mit nackten Füßen durch die auslaufenden Wellen, ein Händler bietet sein Kunsthandwerk an, und ein kleiner Hund sucht ein neues Herrchen. Gäste, die den nicht gerade weiten Weg zum Strand scheuen und es weniger sandig mögen, finden am Swimmingpool einen angenehmen Platz. Von hier aus hat man es schließlich auch nicht so weit bis zum Gartenrestaurant Le Mono und dem Grill, wo internationale Spezialitäten serviert werden. Shrimpscocktail für rund 12 DM, Gulasch in Erdnußsauce für rund 16 DM – akzeptable Preise für akzeptable Gerichte. Am Abend stellt auch das Hotel De la Paix unter Beweis, daß sich das exklusive gesellschaftliche Leben in Afrika sehr häufig im Hotel abspielt: beim Barbecue und am Galabuffet, bei Folkloregruppen und Modenschauen oder beim Besuch im Spielcasino oder im Nachtclub. Auch für den, der am Abend gern noch einmal den Tennisschläger in die Hand nehmen möchte, ist gesorgt. Zwei Tennisplätze mit Flutlichtanlage warten auf die Anhänger des weißen Sports. Der Golfplatz ist allerdings acht Kilometer entfernt, und Segeln, Surfen und Wasserskifahren ist leider nur am rund 30 Kilometer entfernten Togosee möglich. Aber einem Sportfreund, der schon ein paar tausend Kilometer bis Afrika überbrückt hat, den werden doch die wenigen Meter bis zum Ziel seiner Fitness-Träume nicht stören...

Kenia

Gut gebrüllt, Löwe! Die Geschichten der Touristen, die nach einer Safari in ihre Luxushotels an der Küste zurückgekehrt sind, hören sich so farbig und facettenreich an, wie Kenia sich selbst auch darstellt.

Walter Meijer, ein Holländer, der jedes Jahr zweimal seinen Urlaub unter afrikanischer Sonne genießt, erzählt mit dramatischem Tonfall von den Löwen, die nachts um die Zwei-Mann-Zelte geschlichen sind, während er sich bemühte, so leise wie möglich zu atmen. Britta Leganst aus Schweden möchte für ihr Leben gern noch einmal mit einem kleinen Buschflugzeug die Savanne überfliegen. Und Heinrich Drezack, welterfahrener Kaufmann aus der Bundesrepublik, schwärmt von Sonnenuntergang und Lagerfeuerromantik im Camp.

Kaum ein anderes Land unter afrikanischer Sonne bietet so viele, so abwechslungsreiche, so spannende Safaris wie Kenia. Es ist schon eine kleine Industrie, die es sich zur lohnenden Aufgabe gemacht hat, Touristen zu Foto-Shoots und Lagerfeuerromantik in die Wildnis zu führen. Die großen Reiseveranstalter haben mit dazu beigetragen, daß diese Wildnisabenteuer perfekt, im großen Stil und vor allem auch recht ungefährlich durchgeführt werden.

Kenias Wildreservate und Nationalparks erstrecken sich über Seen, Berg- und Buschgebiete. Die Zielgebiete sind mit Safari-Bussen, mit Flugzeugen oder Mietwagen zu erreichen, und komfortable Lodges garantieren einen mehrtägigen Aufenthalt voller lukullischer und atmosphärischer Annehmlichkeiten.

Es gibt so viele Naturschutzgebiete in Kenia, daß ihre Beschreibung nicht Buchseiten, sondern Bücher füllen könnte. Am Ostufer des Turkanasees wurde speziell für Krokodile ein East-Turkana-Nationalpark gegründet, heiße Quellen und ein paradiesisches Vogelleben kennzeichnen den Lake Bogoria Reserve. Flamingos, Pelikane, Büffel und Leoparden gehören zum Wildtier-Bestand des Lake-Nakuru-Nationalparks. Der Tsavo-Nationalpark ist mit 20780 Quadratkilometern der größte Nationalpark Ostafrikas.

Die Tierwelt in den Reservaten ist so artenreich, daß viele Tiere den meisten Besuchern nicht einmal dem Namen nach bekannt sind – ein Grund, einige Namen aus dem Reich der kenianischen Tiere aufzuzählen: Büffel, Elefanten, Leoparden, Pferdeantilopen, Löwen, Schwarznashörner, Grévyzebras, Burchellzebras, Oryxantilopen, Impalas, Grantgazellen, Flußpferde, Giraffengazellen, Beisas, Netzgiraffen, Geparden, Krokodile, Somaliastrauße, Geierperlhühner, Palmnußgeier, Narinatrogon, Rappenantilopen, Trompetenhornvögel,

Fischers Turako, Kräuselhauben-Perlhühner, Klien Kudus, Brazzameerkatzen, Klippspringer, Büschelohrbeisas, Gnus, Servals, Paviane, Guerzas, Wasserböcke, Tüpfelhyänen, Schabrakenschakale, Löffelhunde, Pelikane und Flamingos.

Kenia setzt nicht nur den Maßstab für Safari-, sondern grundsätzlich für Afrika-Tourismus im großen Stil. Der Staat wird von vielen Fluglinien – meist direkt – angeflogen. Kaum ein großer Reiseveranstalter verzichtet auf einige Seiten Keniaangebote in seinem Programm. An den Küsten von Mombasa entstanden wahre Touristen-Hochburgen, die touristische Infrastruktur ist gut ausgebaut.

Schließlich präsentiert sich Kenia als das Land der Abenteuer – der kleinen und großen, der aufregenden und der amourösen. Letztere – wie auch ein Besuch im angeblich berühmtesten Nacht- und Tanzclub ›Bora-Bora‹ in Mombasa – wollen erwähnt, aber dann schnell wieder vergessen sein. Sie sind zu privat und für die Freunde des Landes im Zusammenhang mit einer Beschreibung Kenias eigentlich viel zu unbedeutend.

Charakteristisch ist da eher die Autofahrt vom Flughafen Mombasa zur Nordküste, an der entlang sich Hotelanlagen bis nach Malindi ziehen. Gut ausgebaute Straßen wechseln ohne Vorwarnung mit Schlagloch-Pisten ab, Autofahrer – nicht selten in klapprigen Blechkisten, die die Bezeichnung ›Auto‹ nur verdienen, weil sie mit vier rollenden Rädern ausgestattet sind – überbieten sich in Wagemut. Mombasa, mit rund 350000 Einwohnern eine der wichtigsten Hafenstädte an der ostafrikanischen Küste, liegt auf einer rund 13 Quadratkilometer großen Koralleninsel und ist vom Festland durch den Tudor Creek im Nordosten und dem Kilindini Creek im Nordosten getrennt.

Die Wasser des Indischen Ozeans können Richtung Süden nur mit der Likonifähre überquert werden, die die Verkehrsplaner der Stadt vor große Probleme stellt. Zu Stoßzeiten bilden sich oft kilometerlange Fahrzeugschlangen vor den nur zweispurigen Auffahrten zur Fähre. Schon mancher Ausländer kapitulierte an diesem Brückenkopf vor dem Gerechtigkeits- und Ordnungssinn der Kenianer. Denn jeder Autofahrer, der sich dreist an dem Fahrzeugkonvoi vorbeimogelt, wird vom Kontrollposten unweigerlich wieder an den Ausgangspunkt seiner Tat zurückgeschickt. Dieses ungebührliche Verhalten von Autofahrern wird auf geheimnisvollem Weg an den Kontroll- und Mautpunkt der Fähre weitergeleitet, und dem Betroffenen helfen weder gute Worte noch Bestechungsversuche.

Kenia – viel Natur pur: Die Mehrheit der Bevölkerung lebt von der Landwirtschaft, die Mehrheit der Touristen schwärmt von den Safaris.

In den großzügigen Hotelanlagen spürt der Besucher nichts von den Schwierigkeiten des Landes. Luxushotels wie Leisure Lodge Club, Robinson Club oder Serena Beach bieten ihren Gästen neben gepflegter Raumausstattung, funktionierendem Service, neben Disco, erstklassiger Küche, Pool und Strand vor allem das Gefühl, sich unbeschwert erholen zu können.

Der Tourismus spielt für die Wirtschaft eine große Rolle. Rund 600000 Touristen besuchen Kenia jährlich, für schätzungsweise 60000 Menschen stellt der Fremdenverkehr den Arbeitsplatz. Von wirtschaftlicher Bedeutung ist neben dem Tourismus hauptsächlich die Landwirtschaft. Kenia verfügt zwar über mineralische Bodenschätze, doch rund 80 % der Bevölkerung dient die Landwirtschaft als Lebensgrundlage. Kaffee, Tee, Zucker, Nüsse und tropische Früchte gehören zu den wichtigen Ausfuhrprodukten.

Kenia hat sich mit seinen außergewöhnlichen, erlebnisreichen Safaris einen Namen gemacht, doch darüber hinaus bietet dieses 582646 Quadratkilometer große Land viele weitere attraktive Reiseziele. Nairobi, Kenias Hauptstadt, gilt als einer der wichtigsten Handelsplätze in Ostafrika. Die Stadt wurde erst vor rund 100 Jahren gegründet – vor allem indische Händler und Handwerker siedelten sich am Fluß Ngare Nairobi an, als die Eisenbahnlinie 1899 diese Region erreichte. Heute präsentiert sich die Hauptstadt mit einem modernen Stadtbild – einer Mischung aus Parkanlagen und Hochhaus-Bebauung, zu der auch ein großes Konferenzgebäude, das Kenyatta-Zentrum, gehört. Direkt vor den Toren der Stadt ist der Nairobi-Nationalpark gelegen, in dem vor allem während der Trockenzeit bis zu 20000 Tiere leben. Mombasa, der Überlieferung nach im 11. Jahrhundert von Arabern gegründet, blickt auf eine bewegte Vergangenheit zurück. Portugiesen, Türken und Briten wechselten sich in der Herrschaft ab – Zeugnisse dieser Geschichte finden sich in der sehenswerten alten Araberstadt, dem alten Hafen oder der Mandhry-Moschee.

Neben den Städte-Touren, zu deren Zielen auch Malindi oder Kisumu gehören sollten, warten andere Sehenswürdigkeiten: Der Amboseli-See besteht aus einer großen Salzfläche, unter deren Kruste sich eine tückische Schlammschicht befindet; geübte Taucher finden in den Tewa-Unterwasserhöhlen südlich von Watramu ein Fischparadies; die Insel Lamu bezaubert mit ihren weißgetünchten, mit schmuckvollen Türen verzierten Häusern; der 600 Meter tiefe Ngorongoro-Krater, dessen Bodenfläche rund 260 Quadratkilometer ausmacht, gehört zu den größten Naturdenkmälern.

Nationale Monumente dokumentieren schließlich die Geschichte Kenias. Das Gedi National Monument südlich von Malindi besteht aus einer arabischen Ruinenstadt, die im 13. Jahrhundert gegründet wurde, und im Kariandusi National Monument gibt es prähistorische Fundstellen. Historiker können Kenias Geschichte bis in Urzeiten zurückverfolgen. Knochenfunde von menschenähnlichen Wesen belegen eine bereits zwölf Millionen Jahre alte Besiedlung. In Kenia trifft der Besucher eben nicht nur auf ein Wechselspiel der alten afrikanischen und der modernen westlichen Welt, hier nähert er sich auch den Ursprüngen seines Seins.

Leisure Lodge Club

Edel, edel, edel

Afrika First Class: Zur Begrüßung stehen auf dem Tisch eine Flasche Rotwein Bardelion Classico 1985, ein Blumenarrangement und eine reich gefüllte Obstschale. Der Zimmereinrichtung merkt man das deutsche Management an: elegante Villeroy & Boch-Fliesen und WC-Einrichtung, ein sehr großes Zimmer mit einem hölzernen Schiebetür-Übergang zum Bad, ein Doppelbett, eine große Sitzecke, TV mit Videofilm-Programm (mit täglich wechselndem deutschsprachigen Angebot und somit eine wirkliche Rarität in Afrika), separate Toilette, Kühlschrank und jede Menge Stauraum. Das Schönste offenbart sich dem Hotelgast jedoch draußen vor der Tür: eine kleine Terrasse, Liegestühle, die man nicht suchen muß, eine große Swimmingpool-Landschaft mit integrierter Bar, an der der Gast sich nicht erst aus dem Wasser heben muß, um die exotischen Drinks genießen zu können. So stilvoll, wie es in dieser Ruhezone zugeht, wird der Gast auch im Restaurant empfangen: Auf der Speisekarte stehen hier zum Beispiel – wohl bekomm's – eine Lauchcreme-Suppe, Salat mit verschiedenen Dressings, Truthahn in Erdnußsauce mit Kroketten und verschiedenen Gemüsen und zum Abschluß überbackenes Obst mit Erdbeercreme. Edel, edel geht es auch am Sonntagmorgen beim tropischen Frühschoppen am Pool zu, gepflegt zeigt sich der recht große Strand, an dem sich der Gast die Wohlstandspfunde wieder ablaufen kann, falls er nicht eine Sportart wie Windsurfing oder Tennis bevorzugt. Direkt an den Club, der am Diani Beach eine halbe Stunde Autofahrt von Mombasa entfernt gelegen ist, schließt sich das nicht ganz so exklusive, aber nicht weniger charmante Leisure Lodge Hotel an. Hier gibt es – Clubgäste willkommen – ein großes Foyer mit Empfang, Spielcasino, Shops, Hotelbar, Restaurants, Nightclub, weitere Pools und viele freundliche Menschen, die Spaß miteinander und mit den diskret arbeitenden Animateuren haben.

Robinson Club

Olympia im Urlaub

Als größte Wassersportbasis Kenias lobt sich der Robinson Club Baobab – und das Angebot ist wirklich groß. Auf Surfer warten 25 Bretter und meist ideale Windverhältnisse, die sich durch leichte Brisen am Vormittag und auffrischende Lüfte am Nachmittag kennzeichnen lassen. Für Taucher gibt es eine VDST-Basis und ausgesucht schöne Korallenriffe. Verehrer von Hemingway finden hier Gelegenheit, ihrem Idol – wenn schon nicht in Abenteuern und Männererlebnissen, so doch wenigstens im Hochseefischen – nachzuahmen. Außerdem gehören Pool und Discothek, Tennis und Bogenschießen, Restaurant und Theater, Strandbar und eine ausgedehnte Gartenanlage zum Club, der jede Menge Meisterschaften in den angebotenen sportlichen Disziplinen organisiert.

Die Unterbringung erfolgt in gepflegten Bungalows und in den Zimmern der zwei Haupthäuser; Dusche, WC, Klimaanlage, Balkon oder Terrasse mit Blick aufs Meer oder in den Tropengarten gehören zum Standard. Robinsonaden heißen die mehrtägigen Safaris, die mit Landrovern durch die Taita Hills, Tsavo, Amboseli oder zum Lake Jipe durchgeführt werden. Afrika – wir kommen!

Serena Beach

Leben am weißen Turm

Beeindruckend ist im Serena Beach Hotel in der Nähe von Mombasa zunächst einmal die afrikanische Swahili-Architektur der ein- bis zweigeschossigen Gebäude mit flachen, zum Teil reetgedeckten Dächern. Die Hauptgebäude mit Restaurant, Service-Center, mit Geschäften, Lounge-Bar, Rezeption, kleiner Erfrischungsbar und der Freitanzfläche sind rund um den großen Swimmingpool und dem (bravo!) Kinderpool plaziert, der gar nicht weit entfernt vom Strand des Indischen Ozeans liegt. Das Gelände des Serena Beach Hotels ist so weitläufig, daß man schon einen längeren Spaziergang einplanen muß, um alle Sportangebote besichtigen zu können. Nahe am Strand liegt das Wassersport-Center, in Höhe des Swimmingpools findet der Hotelgast eine Minigolf-Anlage und noch ein Stück weiter am Strand eine Strandbar. Mitten in der Anlage befinden sich ein weiterer Pool und ein kleiner Marktplatz, auf dem Kunsthandwerk und andere Souvenirs verkauft werden. Wahrzeichen und Orientierungspunkt ist ein großer weißer Turm neben dem Spielgelände, in dem der Friseur zur Haar-Parade lädt.

Seychellen

Armer Vasco da Gama! Der berühmte Weltumsegler hat leider nie erfahren, was ihm für eine wunderbare Entdeckung entgangen ist. Auf seiner zweiten Weltumseglung im Jahre 1502 landete er zwar auf den Ilhas do Almirante, den Admiralsinseln, doch die Seychellen passierte er nur auf Sichtweite. Der Seefahrer hätte ein Paradies gefunden, das ähnlich zumindest in irdischen Gefilden kaum zu finden ist.

Historiker vermuten, daß es die Araber waren, die erstmals auf den Seychellen landeten und hier u.a. die Nuß der Kokospalme zurückließen, die sich in den kommenden Jahrhunderten kräftig vermehrte. Heute gehören die Kokospalmen ebenso zu den weltbekannten Wahrzeichen der Seychellen wie das türkisblaue Wasser, die weißen Strände, die Granitfelsen, die Riesenschildkröten – und natürlich die legendäre Coco de Mer.

Diese Meereskokosnuß ist sagenumwoben, und das alles nur, weil sie die Form einer Doppelnuß hat, die vor allem den Mann an ein weibliches Becken erinnert. Nicht zuletzt deswegen galt die Coco de Mer lange Zeit als potenzfördernde Liebesspeise. Kaiser Rudolf II. von Habsburg bot sogar 4000 Goldgulden für eine dieser Liebesnüsse, die sich im Besitz der Erben eines holländischen Admirals befanden. Der Herrscher der Malediven, dem gelegentlich eine Coco de Mer an den schönen Strand gespült wurde, war gar so wild auf die Frucht, daß er seinen Untertanen – bei Androhung der Todesstrafe – verbot, gefundene Nüsse zu behalten.

Heute hat die Coco de Mer ihren Reiz verloren, wenngleich ihre weiblich anmutende Form noch immer Sammler animiert, das kiloschwere Souvenir im Reisegepäck mit in die Heimat zu nehmen. Im Touristen-Office des Naturparks Vallée de Mai auf der Insel Praslin, in dem neun verschiedene Palmenarten wachsen und der berühmte schwarze Papagei zu Hause ist, liegen diese Prachtnüsse, lackiert und natur, zum Kauf bereit.

Wer in das Landesinnere von Praslin vorstößt, ist schon weit gekommen und hat inzwischen wohl schon erkannt, warum Fotomodelle und Millionäre, Globetrotter und Gelehrte, Regisseure und Roboterhersteller sich gleichermaßen in dieses Inselleben stürzen. Immer und immer wieder.

Die Inseln der Seychellen sind ein Pardies für Verliebte, die in vollkommener Harmonie mit Wellenschlag und Windwehen nur eins sein wollen mit sich selbst. Die Inseln sind Oasen für Denker, die der Hektik der Zivilisation entfliehen möchten, sie sind Labsal für Ma-

cher, die dem Streß des ewigen Tuns die absolute Entspannung entgegensetzen möchten.

Die Seychellen liegen mitten im Indischen Ozean und bestehen aus 92 Granitinseln. Im 18. Jahrhundert wurden die Seychellen von weißen Siedlern und ihren dunkelhäutigen Sklaven bewohnt, heute leben auf den insgesamt rund 400 Quadratkilometern Inselfläche gerade einmal 65000 Einwohner, die außer Kreolisch und Französisch vor allem Englisch sprechen. Naturtrip live. Auf Inseln, die Mahé und Praslin, La Digue und St. Denis heißen. Ob sich die Reisenden auf diesen oder auf Bird Island, auf Aride oder Cousin niederlassen, alle Inseln verfügen über einen ungewöhnlichen exotischen Charme.

Hauptsaison – falls man davon angesichts des meist exklusiven Publikums überhaupt sprechen kann – erleben die Seychellen etwa zwischen Dezember und April. Dann herrscht Nordwest-Monsun, und die Touristen müssen schon gelegentlich mit Regenschauern rechnen, die erfahrungsgemäß von den kältere und feuchtere Regionen gewohnten Touristen eher als angenehm empfunden werden. Zu Zeiten des Südost-Monsuns – Juli und August – herrscht angeblich das angenehmste Klima, nachdem von April bis Oktober die Hitze Land und Leuten ordentlich zugesetzt hat.

Das Wetter ist auf den Seychellen so unberechenbar wie überall auf der Welt, und so kommt es eben vor, daß die Hitzewelle ein wenig früher beginnt, die Regenzeit länger dauert. Doch keine Angst, den Zauber der Inselwelt kann kein Wetter trüben.

Auf Mahé, mit 143 Quadratkilometer die größte Insel, leben 90% der Einwohner, in der Hauptstadt Victoria allein rund 24000. 1838 wurde die Stadt zu Ehren der englischen Königin ›Port of Victoria‹ benannt. In Victoria finden sich noch die meisten touristischen Attraktionen: da gibt es seit 1903 den wohl weltberühmten ›Clock Tower‹, der dem Turm an der Vauxhall Bridge in London nachempfunden wurde. Da steht das State House, welches Anfang dieses Jahrhunderts von der Frau des Gouverneurs Davidson – leider ohne Treppen – entworfen wurde. Das Seychelles National Museum erzählt über die politische und die Natur-Geschichte der Inselgruppe, die St. Paul's Cathedrale steht schon seit 1859 an ihrem Platz, noch älter ist der Sir Selwyn Clarke Market.

Doch die Sehenswürdigkeiten gehören auf den Seychellen eher zu den Randereignissen. Dem Herzen des Paradieses im Indischen Ozean, La Digue, nähert man sich zum Beispiel über Praslin. Diese Insel hieß ursprünglich L'Ile de Palme und wurde 1768 nach dem französischen Staatsminister Duc de Praslin benannt. Den Mittelpunkt der Insel bilden rund 300 Meter hohe Berge, von denen aus der Besucher einen weiten Blick über das Land hat. Hier gibt es auch den ›Millionär-Baum‹, der so heißt, weil man gleich den ganzen Baum schlagen muß, wenn man an die süße, eßbare Frucht gelangen will.

Von Praslin aus fährt man mit dem Schiff nach La Digue. Rettung vor der Zivilisation. Im kleinen Hafen ankern wenige Segel- und Fischerboote. Das schnellste Fortbewegungsmittel ist hier inzwischen das Fahrrad, langsam aber sicher kommt man mit den Ochsenkarren ans Ziel, die seit Menschengedenken im Einsatz sind. La Digue – an ihren Stränden wurde ein Kinofilm namens ›Emanuelle‹ gedreht, ›Robinson‹ erlebte hier einige Filmabenteuer, und für einen flotten Rum nebst schönen Männern und Mädchen diente der Palmenstrand als attraktive Werbespot-Kulisse. Die schönsten Sandstrände liegen im Südosten der Insel, sind von Kokospalmen und riesigen Granitfelsen gesäumt und heißen Grand Anse, Petit Anse und Anse Cocos.

Auf La Digue trifft man sich, nicht nur weil die Insel so klein ist, sondern weil sie so beliebt in In-Kreisen ist. Dabei hat sie nicht einmal viel zu bieten – und gerade darum ist es so schön hier. Sicher, da gibt es die Kokosnußfarm, auf deren Gelände der größte Granitfelsen der Insel liegt; das Hotel La Digue Lodge bietet kreolische Küche und Cocktails; und gelegentlich ist auch die Kopramühle in Betrieb, in der wie seit Jahrhunderten ein Ochse im Kreis läuft und den Mahlstein bewegt.

Wer noch weniger als nichts, dafür aber eines der schönsten ›Nichts‹ der Welt erleben möchte, läßt sich mit einem der kleinen Inselhüpfer von Seychelles Air nach Bird Island fliegen. Die Insel ist gerade mal einen Quadratkilometer groß, die Landepiste so schmal und kurz, daß dem unerfahrenen Flugpassagier schon ein wenig die Lust am Inselabenteuer vergehen kann – wenn dann nicht das Leben auf Bird Island wär.

Gleich neben der Landepiste wartet der Assistent Manager auf die neuen Gäste, führt sie in die nahegelegenen Bungalows – und überläßt sie sodann ihrem Schicksal: den trägen Bewegungen der Riesenschildkröte folgen, im kristallklaren Wasser schwimmen, sich im weißen Sand wohlig rekeln. Ruhe genießen, Zeit haben, Natur einatmen, nicht denken, vielleicht philosophieren, spazierengehen oder einen Cocktail an der Bar trinken. ›Paradies Bird‹ gefällig? Eine halbe Unze Wodka, eine halbe Unze Cointreau, eine halbe Unze Marnie, eine halbe Unze Orange Juice und eine halbe Unze Ananassaft.

Die Attraktion der Insel ergibt sich schon aus ihrem Namen: Vogelinsel. Von Mai bis Oktober nisten hier zigtausend Ruß-Seeschwalben, um die Insel im Herbst zusammen mit dem Nachwuchs wieder u.a. Richtung Europa zu verlassen. Der Madagaskar-Webervogel, die braune Noddy-Seeschwalbe und die schneeweiße Feen-Seeschwalbe sind die anderen gefiederten Bewohner dieses Vogelparadieses – manche sind so zutraulich, daß sie Fotografen bis auf einen Meter an sich herankommen lassen oder während der Mahlzeiten im offenen Restaurant der Bird Island Lodge – einziges Hotel der Insel – auf dem Tisch Platz nehmen. Man sieht, die Inseln der Seychellen bieten nun wirklich nicht das sogenannte Highlife der großen Touristenzentren dieser Welt. Es sind die stillen Vergnügen, die den Reiz dieses Landes ausmachen. ›Pink Panther‹-Spezi Peter Sellers ließ sich hier gern zum Urlauben nieder, und der Münchner Regisseur Peter Schamoni, Kunstkenner und Genießer, hat sicherlich nicht wegen irgendeines Oktoberfest-Rummels die Seychellen zum Traumziel erwählt.

Sicher, die Hauptstadt Victoria hat ein Amateurtheater und zwei Kinos zu bieten, an Wochenenden finden in Clubs, Discotheken und unter freiem Himmel die frischen Tanzveranstaltungen statt, bei einheimischer Musik, die einem schon warm ums Herz werden läßt. Und selbstverständlich gibt es Möglichkeiten, Fußball, Squash, Rugby, Tennis oder Golf zu spielen. Aber: Fitness und Fröhlichkeit stehen nur dosiert auf dem Tagesplan.

Vor allen Aktivitäten steht doch für jeden Besucher der Seychellen das reine Naturerlebnis. Einfach nur sehen – und einmal nicht gesehen werden

Fisherman's Cove

Prominenz mit Patina

Der Ruf, das beste Hotel am Platz zu sein, will stets aufs neue verteidigt werden. Das Fisherman's Cove auf Mahé liefert sich ständig ein Wettrennen um die Gunst der Gäste aus aller Welt mit dem benachbarten Hotel Beau Vallon Bay, das zwar über die schönste Anlage, aber weniger attraktive Zimmer verfügt. Auf der kleinen Insel Praslin untergräbt Manager und Besitzer Louis D'Offay durch Flair und Service in seinem Hotel L'Archipel den Spitzenplatz der beiden First-Class-Kandidaten.

Das Fisherman's Cove nahe der Hauptstadt Port Victoria hat halt schon ein wenig Patina angesetzt – der Strand ist stark verschlammt, was besonders bei Ebbe unangenehm ins Auge fällt, und der Swimmingpool ist nun wirklich zu klein für gehobene Ansprüche. Riesig dagegen sind Service und Küche, die offensichtlich auch Ansprüchen wie denen von Ex-Rolling-Stone Mick Jagger und Popstar David Bowie gerecht werden. Neben Reiten, Wasserski, Golf, Hochseefischen, Schnorcheln, Tauchen und Segeln kann sich der Urlauber des Fisherman's Cove vor allem aber noch Lesen ins Freizeitprogramm schreiben. Auf den Zimmern des Cove – alle mit Telefon, TV, Klimaanlage, Schreibtisch und Radio – finden sich Schmöker wie ›Die Erben Kains‹ von John Jakes oder Utta Danellas ›Eine Heimat braucht der Mensch‹. Da vergeht die Zeit bis zum Cocktail an der wirklich reizvollen Freiluftbar wie im Fluge.

Denis Island

Daß mini manchmal ganz schön maxi sein kann, wird durch das nur eine halbe Flugstunde von Mahé entfernte, 1,24 Quadratkilometer große Denis Island bewiesen. Die Insel ist fest in der Hand der ›Seychelles Coconut Estate‹, die den Naturdünger Guano und Kopra produziert. Aber abgesehen von diesen landwirtschaftlichen Produkten, die der einheimischen Bevölkerung den Lebensunterhalt sichern, zeichnet sich Denis Island als Koralleninsel aus. Für Hochseefischer, Schnorchler und Taucher gilt diese Insel als ideale Ausgangsbasis für Exkursionen. Die Schnorchler und Taucher finden vor allem an der Ostseite und dem Südende der Insel interessante Korallenriffe. Rund um die Insel führt ein weißer Sandstrand, Spaziergänger sollten sich nur hüten, die noch lebenden Muscheln und Schnecken zu sammeln – es ist verboten. Obwohl es nicht gerade viele Touristen auf die Insel zieht, sind die Tourismusmanager gut auf Besucher vorbereitet. Für Ausflüge zum Riff stehen Glasbodenboote bereit, so daß man die Korallenreviere nicht unbedingt erschnorcheln muß. Auf Hochseefischer warten leistungsstarke Motoryachten.

Wer sicher gehen und den Überblick über das Inselleben bewahren will, sollte sich schließlich den Schlüssel zum Leuchtturm besorgen – allerdings ist dieser reizvolle Aufstieg nur für Schwindelfreie angesagt. Wer den Weg dorthin nicht finden sollte – was wohl noch nie in der Geschichte der kleinen Insel vorgekommen ist –, kann sich auch eine Briefmarke mit dem Leuchtturm-Motiv kaufen. Damit frankiert er dann vielleicht die vielen Briefe, die er an die Lieben in der Heimat schreibt – denn Zeit zum Schreiben hat der Tourist auf Denis Island zur Genüge.

Denis Island Lodge

Frühstück auf Denis

Wer die Wahl zwischen Denis Island und Bird Island hat, sollte vielleicht die Würfel entscheiden lassen. Während Bird Island landseits die größere Anziehungskraft ausübt, versteckt Denis Island seine Schätze, die Korallenriffe, unter der Wasseroberfläche.

Das Hotel Denis Island Lodge, einzige Herberge der Insel, besteht aus einer Bungalow-Anlage inmitten einer üppig wuchernden Vegetation mit Casuarina- und Takamaka-Bäumen und in Nachbarschaft einer Kokosplantage. Das Hotel liegt direkt am Strand, zwölf Bungalows bieten Seeblick, elf Häuser nur Gartenansicht. Die Einrichtung entspricht dem Standard, den der Besucher auf einer kleinen Seychelleninsel erwarten kann: Casablanca-Ventilator, Doppelbett, Terrasse, Minibar, Tisch und Stühle und ein Badezimmer. Wer ein Dinner for Two bevorzugt, ist in der Denis Island Lodge nicht gut aufgehoben, obwohl das Abendessen auf besonderen Wunsch gelegentlich auch auf der Bungalowterrasse serviert wird. Aber ein Frühstück im Bett ist schließlich auch nicht zu verachten. Das Restaurant im rustikalen einheimischen Stil bietet kreolische Küche und einen wunderschönen Blick auf den rund drei Kilometer langen Strand und aufs Meer. Wer nicht nur sehen, sondern aktiv leben möchte, kann Tennisspielen, Hochseefischen, sich vom Hotel eine Schnorchel-Partie organisieren lassen oder den Catamaran chartern.

Praslin

Natur pur – nur 15 Flugminuten von der Hauptinsel der Seychellen, Mahé, entfernt. Die Insel Praslin muß eigentlich zum Pflichtprogramm eines jeden Seychellen-Besuchers gehören. Mit nur 26 Quadratkilometern ist sie die zweitgrößte Insel der inneren Seychellen. Die höchste Erhebung liegt nur 300 Meter hoch und nur wenig entfernt vom Nationalpark Vallée de Mai. Von der Hügelspitze aus erhält der Besucher einen erstklassigen Überblick über ganz Praslin, im Nationalpark findet er fast nur schattige Plätzchen unter Coco-de-Mer-Palmen, die nur noch auf den Seychellen vorkommen und deren Kokosnüsse wegen ihrer dem Becken einer Frau ähnelnden Form früher als Fruchtbarkeitssymbol in Gold aufgewogen wurden und heute als Sammlerobjekt gegen Dollar erstanden werden. Reizvoll zeigt sich Praslin aber auch von seiner Strandseite, und der Wasserfall im Tal des Nouvelle Découverte Rivers ist mehr als einen kleinen Seitenblick aus dem offenen Jeep, den der Tourist auf der Insel für die Sightseeing-Tour mieten kann, wert. Wer mit seinem Fahrzeug auf Entdeckungsreise durch diese Immergrün-Landschaft fährt und gelegentlich auch einmal von den geteerten Hauptstraßen abweicht, findet – oft hinter Kokospalmen- und Teeplantagen versteckt – wunderschöne kleine Buchten. Die Natur läßt hier ihr romantisches Lied erklingen, genießen Sie's...

Hotel La Reserve

Steg-Restaurant

Eine breite, lange Holzterrasse führt vom Restaurant aus über den Strand bis weit auf das Wasser hinaus – wir befinden uns im Hotel La Reserve auf Praslin. Die einzelnen Bungalows dieser Anlage, insgesamt zwölf, sind geschmackvoll aus Naturstein, Holz und weißgetünchten Wänden gebaut. Vor jedem Haus befindet sich eine große, schattige Terrasse mit Blick auf Meer, Palmen, Sträucher und den Rasen, der das gesamte Gelände der Anlage bedeckt. Im Restaurant wird vor allem sehr schmackhafte kreolische Küche, aber auch internationale Küche nach wechselnder Tageskarte geboten. Der viele Kilometer lange Strand verpflichtet ebenso zum Spazierengehen, wie das türkisblau-grünlich schimmernde Wasser zum Schwimmen einlädt. Touren über die Insel oder zum benachbarten La Dique Island werden über das Hotelbüro organisiert. La Reserve – reserviert für Ruhe und Natur liebende Romantiker.

Hotel L'Archipel

Romantik-Programm

Praslin gehört zum Pflichtprogramm eines jeden Reisenden – nicht nur wegen des außergewöhnlichen Naturparks ›Vallée de Mai‹, sondern vor allem wegen des Hotel L'Archipel, das auf dem besten Wege ist, den Spitzenreitern unter den Hotels der Inselgruppe den Rang streitig zu machen.

Die Hotelanlage im Bungalowstil liegt auf einem großen Privatgelände am Hang, so daß von allen Appartements aus ein freier Blick über die große Bucht möglich ist.

Die Appartements bestehen aus einem großzügig geschnittenen Wohn-Schlafraum, Toilette, Badezimmer mit Doppelwaschtisch, Bidet, Dusche. Der einzige Gegenstand, der auf den ersten Blick im Wohnzimmer aus Plastik besteht, ist das Telefon, und das ermöglicht – in Afrika nun wirklich keine Selbstverständlichkeit – über die Wahl von zweimal Null und die 49 eine Direktwahl nach Deutschland. Die übrige Einrichtung der Zimmer beweist den guten Geschmack des Managers und Besitzers Louis D'Offay. In den Räumen

wurde sehr viel helles Holz verarbeitet, das große Doppelbett ist auf einer Empore gebaut, die Matratze in Holz eingelassen – darüber ein Moskitonetz. Naturfarben und andere warme Farbtöne schmeicheln dem Auge und Gemüt. Alles in allem: stilvolles Wohnen zum Preis von rund 925 Seychellen Rupies für das Doppelzimmer mit Vollpension.

Das offene Restaurant im Hauptgebäude des Hotels bietet nicht nur einen wunderbaren Blick über die dicht grünbewachsene Anlage und die Bucht, sondern vor allem eine Küche erstklassiger Qualität. Internationale und kreolische Menüs stehen zur Wahl. Beispiel: Lauchcremesuppe, überbackene Käseschnitten auf Salat und ein Meeresfrüchte-Gratin mit Reis.

Wer mehr Appetit auf sportliche Betätigung hat, der findet auf Praslin nicht nur ein ideales Tauch- und Schnorchelrevier, sondern auch Surf- und Segelmöglichkeiten. Exkursionen mit einem Buggy, ein Besuch der Freiluft-Disco in Baie Anne, Ausflüge zu den Nachbarinseln wie La Digue, Cousin oder Curicuse oder eine Tagestour zur Vogelinsel Aride sorgen für ein wenig Abwechslung im Natur- und Romantik-Programm auf Praslin.

La Digue Lodge
Feiner Ruhe-Pol

Die Insel La Digue erreicht man nur mit einem Boot entweder von Mahé oder von Praslin aus. Hier scheint die Zeit nun wirklich stehengeblieben zu sein. Touristen werden – immer mit der Ruhe – mit einem Ochsenkarren am Hafen abgeholt, und im Wiegeschritt geht es zum gemütlichsten Hotel der Insel, der La Digue Lodge. Einfach, aber ergreifend – das ist die treffendste Beschreibung für die Appartementhäuser dieser Hotelanlage. Wer aus dem Palmenhain, in dem die kleinen, aber feinen, aus Holz und Rattan gebauten Häuschen stehen, heraustritt, ist schon am Strand. Der ist zwar nicht ganz so schön wie die weltberühmten Postkarten-Buchten Grand Anse, Petite Anse oder Anse Cocos, dafür gibt's hier aber Surf- und Segelmöglichkeiten. Im offenen Restaurant im ersten Stock des Hauptgebäudes steht kreolische Küche auf der Speisekarte und in der kleinen Bar werden von einem der schönsten Mädchen der Seychellen Cocktails oder auch ein einfaches Bier serviert.

Das kühle Gebräu ist fast auch schon das einzige Normale auf dieser Insel. Es gibt keine asphaltierte Straße, glücklicherweise nur wenige Autos, weil man in knapp einer Stunde von jedem Punkt der Insel einen anderen erreichen kann. Wer auf La Digue Urlaub macht, hat schließlich Zeit – und das ist das größte Geschenk, das einem diese Insel und seine rund 2500 Einwohner machen können. Wer es eilig hat, die Paradestrände aufzusuchen, weil er den Sonnenuntergang von einer bestimmten Bucht aus erleben will, benutzt ein Fahrrad.

Rastlose Geister können auf La Digue eine filmreife Strand-Party feiern, wobei die Traumkulisse nicht einmal mehr dekoriert werden muß. Sie können sich aber auch zum Schnorcheln in einem Ruderboot zum Riff vor Anse La Réunion bringen lassen oder den Fischmarkt, den romantisch-verwilderten Friedhof oder den Krämerladen am Hafen besuchen. Nicht unbedingt touristische Attraktionen, aber gerade die Reduzierung der Wünsche auf die einfachen Dinge des Lebens macht den Reiz der Seychellen aus. Grundsätzlich keine Angst: Augen, Magen und Muskeln kommen auf La Digue voll auf ihre Kosten.

Bird Island Lodge

Vogel-frei

Man nehme eine Unze Gin, eine Unze Grand Marnier, mische beides in einer halben Kokosnußschale mit Orangensaft und Kokosnußsaft – und schon kann man einen Bird Island Special genießen. Special sind nicht nur die Cocktails, die auf der kleinen Vogelinsel serviert werden, special ist auch das Ambiente dieses einfachen, aber so wunderschönen, romantischen Hotels. Den besten ›Touristen-Typ‹ stellt man als Flitterwöchner oder frisch Verliebter dar, aber auch die schon länger sich in Zweisamkeit Übenden finden hier noch einmal einen wahren Jungbrunnen für ihre Gefühle. Ein Strand, so weiß wie nirgendwo. Vögel so viele wie kaum irgendwo. Riesenschildkröten, so gemütlich und freundlich wie selten. Ruhe, soviel wie eben noch erträglich. Essen, so schmackhaft und exotisch wie nur möglich. Und eine Unterbringung in Bungalows, die zwar einfach, aber so funktionell wie möglich sind. Bird Island ist eine so kleine Insel, daß man von der Landepiste für das Flugzeug, das nur wenige Male in der Woche zwischen der Insel Mahé verkehrt, nur wenige Meter bis zur Hotelrezeption gehen muß. Die eingeschossigen Bungalows sind alle in Naturstil aus Holz gebaut und reetgedeckt. Das Doppelbett dominiert im Raum, in dem sich der Gast ohnehin nur zum Schlafen aufhält. Einfach auch das Badezimmer, aber die simple Ausstattung der Bungalows wird allemal durch den Blick auf den nur wenige Meter entfernten weißen Strand und das türkisblaue Wasser wettgemacht. Wer unbedingt Action fürs Inselleben benötigt und die Stille wie die Stimmen der Natur nicht ständig ertragen kann, findet Poolbillard, ein Motorboot, Tennisplätze und einen herrlichen Wanderweg, genannt Strand. Zum Lunch gibt es für den erschöpften Sportler eine stärkende kreolische Kost: Fischcurry und Kartoffelsalat mit Lauch und Mayonnaise. Ganz à la Germany.

Mauritius

Mauritius ist eine Perle im Indischen Ozean und immer für etwas Besonderes gut. Bestes Beispiel dafür ist die ›Blaue Mauritius‹, die berühmteste und teuerste Briefmarke der Welt. Sie wäre unter den 200000 verschiedenen Briefmarken unbekannt geblieben, wenn nicht im Herbst 1847 der britische Gouverneur einen großen Ball gegeben hätte. Seine Gemahlin, Lady Gomm, wollte nun dafür ihre Einladungen – ganz so, wie sie es aus ihrer Heimat England kannte – mit einer Briefmarke frankieren. Zu diesem Zweck erhielt der Graveur und Miniaturmaler Joseph Osmond Barnard den Auftrag, zwei Briefmarken in jeweils einer Auflage von 500 Exemplaren zn drucken – dabei gravierte er statt ›post paid‹ ein ›post office‹ in den Druckstock. Zwei mit dem Kopfbild der Königin Victoria versehene Marken – die blaue mit dem Wertaufdruck ›Two Pence‹, eine orangerote mit dem Aufdruck ›One Penny‹ – wurden trotzdem auf Briefen in alle Welt verschickt und gingen den Weg alles Irdischen – bis auf wenige Ausnahmen. 12 blaue und 15 orangerote fehlgedruckte ›Mauritius‹ wurden von Sammlern über die Zeit gerettet und haben jede für sich heute einen Wert von eineinhalb bis zwei Millionen Mark.

Wer nach Mauritius reist, sollte die Geschichte der berühmtesten Briefmarken der Welt schon kennen, denn als Gesprächsstoff ist die Markengeschichte an den Bars der Luxushotels schon lange ›out‹. Dort, wo Prinzessin Stephanie von Monaco, Modeschöpfer Giorgio Armani, Dukes und Herzöge, Stars und Sternchen gern verkehren, geht es nicht um Millionen – auch nicht in Briefmarken- oder Aktienformat – sondern um möglichst viel Spaß an der Freude. First-Class-Hotels wie das Royal Palm, Le Touessrok oder Saint Geran warten denn auch mit einer bunten Palette luxuriösen Lebens auf: Tennis, Golf, Wasserski, Reiten, Surfen, Segeln für die Sportlichen, Chablis, Hennessy, Monte Christo, Lobster und Gänsestopfleber für die Gourmets, Spielcasino, Cabaret, Piano-Bar, Discothek, Nightclub mit Big Band für die Nachtschwärmer und ausgesuchtes Ambiente in Suiten und allen anderen Hotelräumlichkeiten für jedermann.

Die rund 1900 Quadratkilometer große Insel im Indischen Ozean gehört heute zu den beliebten Fernreisezielen von Touristen aus aller Welt. Das war schon immer so, auch wenn in den vergangenen Jahrhunderten die ›Touristen‹ aus anderen Beweggründen als der Suche nach Erholung vom Zivilisationsstreß kamen. 70 % der rund eine Million Einwohner stammen von indischen Emigranten ab, die von den damaligen britischen Kolonialherren engagiert wurden, als 1835 die Sklaverei abgeschafft wurde. Afrikanische und madegassische Kreolen machen 25 %, Chinesen drei und Europäer zwei Prozent der Bevölkerung aus.

Mauritius – ein rauhes, schönes Land mit feinen, schönen Hotelanlagen.

Bis Ende des 16. Jahrhundert war Mauritius gänzlich unbesiedelt. Entdeckt wurde die Insel von dem Portugiesen Pedro Mascarenhas, doch erst die Holländer ließen sich 1598 hier nieder und gründeten einen Stützpunkt für holländische, französische und englische Handelsschiffe. Mit den Holländern kamen die Zuckerrohr-Pflanzer und die Sklaven. 1710 wurden die Holländer von den Franzosen verdrängt, die hier neben Zuckerrohr auch Baumwolle, Indigo, Gewürznelken, Muskat und andere Gewürze anbauten. 100 Jahre später hatte schließlich auch für Frankreich die Stunde geschlagen – die Briten richteten sich kolonialistisch auf Mauritius ein, bis es schließlich 1968 zur Unabhängigkeit kam.
Wie in den meisten afrikanischen Staaten sind die Kontraste zwischen Hotelleben und dem landesüblichen Standard sehr groß. Draußen vor der Tür des Luxushotels findet der Besucher eine außergewöhnlich schöne exotische Landschaft mit üppiger tropischer Vegetation, schier endlos lange, wilde Strände mit manchmal dem schönsten Wasser-Farbspiel der Welt. Mit rund einer Million Einwohnern ist Mauritius doppelt so dicht besiedelt wie die Bundesrepublik, was es schwer macht, der Armut und Arbeitslosigkeit im Lande Herr zu werden. Wichtigstes landwirtschaftliches Produkt ist Zucker, außerdem werden Tee, Kaffee und Reis exportiert.

Land und Leute lernt der Reisende immer noch am besten kennen, wenn er sich ein Land erläuft oder mit eigenem Wagen erfährt. Und gerade letzteres möchte man dem Touristen am liebsten ersparen. Wenn ein Reisender Einheimischen erzählt, er sei mit einem Mietwagen unterwegs, erntet er nur ein mitleidiges

Lächeln. Für eine Fahrt quer über die Insel benötigt ein Ortskundiger maximal eineinhalb Stunden, der Ausländer fährt mehrere Stunden. Die Beschilderung ist – wenn man sich nicht auf den nur wenige Kilometer langen autobahnähnlichen Hauptstrecken bewegt – so schlecht, daß man sich immer wieder verfährt und nach dem Weg fragen muß.

Touristen-Touren: Segeln und Hochseefischen vor der Küste von Mauritius und Sightseeing-Autofahrten zu Tempeln, Dörfern und Naturparadiesen.

Trotzdem: Taxifahren kann zwar bequemer und billiger (rund 50 DM pro Tag inklusive Fahrer) als das Mieten eines Wagens (rund 100 DM pro Tag ohne Fahrer und Sprit) sein, doch man kommt als Autofahrer viel enger mit Land und Leuten in Kontakt, fragt hier den Polizisten vor dem Zentralkrankenhaus nach dem richtigen Weg, plaudert mit dem Tankwart an der Tankstelle, fährt unbeabsichtigt durch Dörfer und Landschaften, die man nie gesehen hätte. Viele Wege und Straßen, oft katastrophal asphaltiert, führen auf Mauritius zu vielen Sehenswürdigkeiten: Der Botanische Garten von Pamplemousses wird zu den schönsten der Welt gerechnet – manche Palmen sind über 200 Jahre alt, und die berühmteste Pflanze ist die Seerose Victoria Regia mit rund 80 Zentimeter großen Blättern. Ein historisches Museum findet der Rundreisende in Mahébourg, der größten Stadt im Süden – im ersten Stock wird die Geschichte der ›Blauen Mauritius‹ dokumentiert. In Souillac findet der Tourist den schönsten Wasserfall von Mauritius – geysirartige Wasserfontänen, die bis zu 30 Meter in die Luft geschleudert werden – und eine Steilküste, an der die Wellen des Indischen Ozeans mit ihrer ungeheueren Wucht ein Naturschauspiel bieten. Überwältigend ist auch der Blick vom Rand des Kraters Trou aux Cerfs aus über den Norden der Insel.

Hotel Royal Palm

Fürstliche Welt

Gratulation! Dieses Haus hat Stil. Kaum hat sich der Gast in seinem Zimmer häuslich eingerichtet, serviert ihm ein Kellner ein Glas Orangensaft und eine Kleinigkeit zum Essen. Und so genußvoll wie die Begrüßung gestaltet sich der ganze Aufenthalt im Royal Palm Hotel. Die 72 Zimmer, vier Suiten und acht Luxus-Suiten – alle mit Blick auf Meer, Strand und die erstklassig gepflegte Parkanlage – sind elegant ausgestattet: Doppelbett, Sitzecke, Schreibtisch, großer Kleiderschrank, Badewanne, Dusche extra, WC extra, Telefon, Radio, Video, Minibar, Balkon. Das Royal Palm befindet sich in Grand Baie, 22 Kilometer von der Hauptstadt Port Louis und 75 Kilometer vom Flughafen entfernt. Wer nicht mit dem Hubschrauber anreist – Landeplatz vorhanden –, kann so wenigstens während der Fahrt die Insel näher kennenlernen. Schließlich fällt es dem Gast schon recht schwer, das Hotel freiwillig zu verlassen – das Angebot ist zu groß. Zur Ausstattung gehören zwei Restaurants, Swimmingpool, Piano-Bar – selbstverständlich mit phantastischem Meerblick. Das Sportangebot reicht von Schwimmen und Wasserski, Windsurfen und Hochseefischen bis zu Segeln, Rudern, Tretboot- und Motorbootfahren, Reiten und Tennisspielen. Ein Spielcasino und der Golfplatz liegen in der Nähe. Viele Gäste zieht es jedoch eher ins Restaurant als dorthin oder an den gepflegten Strand. Ein ausgezeichneter Service, beste französische Küche, ein gut sortierter Weinkeller – was darf es sein? Fein geräucherter Lachs, Lobster in Kräutersauce? Calvados, Hennessy und Monte Cristo Nr. 1 gehören hier zu den Selbstverständlichkeiten. Wer bei so viel Annehmlichkeiten nicht ins Schwitzen gerät, kann im Royal Palm in die Sauna gehen.

Hotel Le Touessrok
Hochzeits-Paradies

Dieses Hotel hat sich allein schon wegen seiner ungewöhnlichen Architektur einige Sterne erworben. Das Touessrok liegt auf einer kleinen Insel und ist durch einen Steg mit dem Festland verbunden. Die in sich verschachtelten, durch Wendelgänge und Treppchen verbundenen Zimmer liegen so romantisch, daß manche Ausländer hierher zu Hochzeit und anschließenden Flitterwochen anreisen. Die Glücklichen wohnen dann zum Beispiel in einer der Junior-Suiten, die so komplett eingerichtet sind, daß nicht nur Verliebte die Welt um sich herum leicht vergessen können: großer Wohnbereich mit Eßtisch, Schlafzimmer, Badezimmer mit großer in den Boden eingelassener Wanne, extra Dusche, TV mit eigenem Videogerät, Telefon, Gästetoilette und eine Terrasse mit Treppe zum kleinen, aber eigenen Privatstrand. Neben diesen kleinen Stränden besitzt das Hotel zwei Swimmingpools und einen Bootsservice, der die Gäste auf die Badeinsel Ile de Cerf bringt. Auf die Sportler unter den Gästen warten u.a. Tennisplätze, Tauchbasis, Segelboote und Wasserskibretter, auf stille Genießer sind die Hotelmitarbeiter in fünf Bars und vier Restaurants bestens eingerichtet. Stephanie von Monaco, der französische Schauspieler und Satiriker Coluche, der Duke of York und seine Gattin wie auch Modeschöpfer Giorgio Armani und viele viel weniger Prominente haben das schon erfahren können.

Saint Geran
Romantik mit Musik

Auf der einen Seite den Indischen Ozean, auf der anderen eine Lagune – das Luxushotel Saint Geran liegt auf einer schmalen Landzunge im Osten von Mauritius. Bei dieser Lage

ist es selbstverständlich, daß Wassersport groß geschrieben wird: Katamarane, Ruder-, Tret- und Motorboote sowie Windsurf- und Wasserskibretter stehen in ausreichender Zahl zur Verfügung. Hochseefischer, Taucher und Schnorchler unter den Gästen werden erstklassig bedient. An Land können sich Golfer, Tennis- und Volleyball-Spieler wohlfühlen. An der Lagune liegt zwar nur ein recht kleiner, weißsandiger Strand, doch dafür kommen die Strandläufer längs des Indischen Ozeans über viele Kilometer hinweg voll auf ihre Kosten. Paradiesisch schön das blau-türkisfarbene Wasser, die Tropenvegetation, die bis an den weißen Strand reicht. Vom Restaurant bis zu den Suiten ist in diesem Haus alles auf Luxus eingestellt. Das Raumangebot en detail: Nachtclub mit einer eigenen Tanzkapelle von Big-Band-Format, Casino, Discothek, mehrere Restaurants, u.a. ein Terrassen-Restaurant, und mehrere Bars.

Réunion

»Nanu? Bin ich etwa in die falsche Maschine gestiegen und in einem französischen Provinznest am Atlantik gelandet?« fragt sich der überraschte Tourist, wenn er am Flughafen Gillot, knapp neun Kilometer von der Hauptstadt St. Denis entfernt, aus dem Flugzeug steigt. Hostessen, charmante Französinnen, weisen dem Fremden den Weg, Soldaten der französischen Armee laufen Sicherheitspatrouillen, und ›mon generale‹ kehrt auch gerade von einer Stippvisite in der Heimat zurück. Frankreichs Tropen im Indischen Ozean geben sich allerdings nur auf den ersten Blick so französisch, wie es das Mutterland wohl gern auf der gesamten Insel sehen würde. Das bombastische Naturgemälde ›Réunion‹ zeigt sich gern exotisch: Das Bild der Insel wird von einem Dreitausender und einer wilden Vulkanlandschaft beherrscht, in der gewaltige Farnbäume und anderes, üppig sprießendes

Tropengrün wachsen. Über 600 Kilometer Trecking- und Wanderrouten warten hier auf den Spaziergänger. An manchen Stränden tosen surftaugliche Brandungswellen, und für das romantische Herz gibt es Lagunen, in denen sich das Türkisblau des Wassers mit dem Pastellblau des Himmels mischt.

Diese Insel, die manche als Miniatur von Hawaii bezeichnen, ist sowohl bei sportlichen wie naturliebenden Reisenden beliebt. Hubschrauberpiloten bieten ein Vulkanhüpfen an und machen sich einen Spaß daraus, in die Wasserfälle hineinzufliegen. Biologen finden in der Bergwelt die verschiedenen Vegetationszonen, in der artenreichen Flora treiben allein die Orchideen in über 100 einheimischen Arten. Und wer an der Geschichte der Insel interessiert ist, muß unbedingt Notre Dame des Laves südlich von Sainte Rose besuchen. Diese Kirche diente Bewohnern beim letzten großen Vulkanausbruch im Jahre 1977 als Zufluchtsort – während fast alle Gebäude der Umgebung zerstört wurden, floß der Lavastrom an den beiden Seiten der Kirche vorbei.

Club Med

Tour de Villa

Das Clubhotel ist eine Villa, liegt an der Westküste der Insel Réunion und ist in eine prächtige Vegetation eingebettet. Klimatisierte Zweibettzimmer, Telefon, kleine Balkons oder Terrassen, Badezimmer mit Dusche gehören zur Ausstattung in dem feinen Haus, das allerdings zu einer Sonderkategorie dieser Edelclub-Reisen gehört – es kann nur im Rahmen einer Rundreise des Club Med gebucht werden. Auf dieser ›Tour de Villa‹ sieht der Tourist viel von der Insel: den Vulkan von Fournaise, die herrlichen Arenen von Cilao, von Salazie und Mafate, Saint Denis und das kreolische Viertel und nicht zuletzt eine üppige und abwechslungsreiche Flora. Die Villa Lagon in Saint Gilles hat alles, was ein erholungssuchender Rundreisender braucht: Restaurant und Bar, Swimmingpool und Videoraum, Bibliothek für Denker und Konferenzraum für Arbeitsstunden. Den Sportlern werden Tennisplätze, Schnorcheln, Volleyball, Tischtennis, Reiten und Golf geboten.

Madagaskar

Madagaskar-Kenner schmunzeln nur, wenn man sich nach einem empfehlenswerten Luxushotel erkundigt – es gibt nämlich keins auf dieser Insel im Indischen Ozean, die mit 587041 Quadratkilometern immerhin rund doppelt so groß ist wie die Bundesrepublik Deutschland und die Schweiz zusammen.

Die Hotels auf Madagaskar und insbesondere jene auf der Tourismus-Insel Nosy Be strahlen vielmehr jenen herben Charme aus, über den die Natur dort weit und breit verfügt. Das ist als Kompliment gemeint – schon 1834 schrieb der Weltreisende Gottlieb August Wimmer begeistert in sein Tagebuch: »...Die Herrlichkeit des Landes, der Reichtum und die Fülle der seltensten Pflanzen ist unermeßlich«.

Fauna und Flora bieten so viel, daß die Inselwelt als Paradies für Naturfreunde gilt – über 300 Schmetterlingsarten, darunter der Komet, der immerhin eine Flügelspannweite von 20 Zentimetern erreicht, 150 Vogelarten und 40 Chamäleonarten sind hier zu finden. Über das Land verstreut gibt es zwölf Naturreservate. Zwar befindet sich fast das gesamte Land in der tropischen Klimazone, doch die Bergkette, die in der Spitze mit dem Tsaratana eine Höhe von 2876 Metern erreicht, teilt die Insel in zwei Vegetations- und Klimazonen: Der Osten ist weitgehend mit tropischem Regenwald bedeckt, im Westen erstrecken sich Savannen und Waldgebiete.

In Madagaskar – sozialistisch regiert – wurden nicht einfach ein paar Luxuspaläste in den Sand gesetzt, die den ohnehin vorhandenen Abstand zwischen Einheimischen und Touristen nur noch vergrößern würden. Die Hotelanlagen passen sich ihrer Umgebung an – auf Nosy Be wirken schon Hotels wie Palm Beach, Les Cocotiers und Andilana Beach wie Paradiese, wenn man sie mit den oft armseligen Hütten in der Nachbarschaft vergleicht.

Was also macht Madagaskar so empfehlenswert? Da gibt es ruhig gelegene Hotelanlagen direkt am Strand mit einheimisch-stilvoll eingerichteten Zimmern oder Bungalows, romantische Vollmondnächte, eine empfehlenswerte Küche, Natur pur und en gros, freundliche, hilfsbereite Menschen, Wanderwege, Möglichkeiten zum Baden, Tauchen, Segeln, Surfen und Fischen – und in der Hauptstadt Antananarivo gibt es den Rova. Das ist ein Palastkomplex, der im Laufe der Jahrhunderte um die alte Festungsanlage der Merinafürsten entstanden ist.

Wer jetzt immer noch nicht das Ticket für den Flug zur viertgrößten Insel der Welt gebucht hat, den mag vielleicht ein Kompliment überzeugen: Auf dem Flughafen von Antananarivo werden die Passagiere von aufmerksamen Mitarbeiterinnen und Mitarbeitern bei der Ankunft und bei der Abreise an den einzelnen Kontrollstationen eingewiesen, bei dem unumgänglichen kleinen Papierkrieg bieten sie – für Europa eine Anregung! – ihre Hilfe beim Ausfüllen der Formulare an. Und – nachträglich vielen Dank – bei Übergepäck müssen die Touristen im Inland nicht zwangsläufig einen Zuschlag zahlen. Da wird ganz unbürokratisch das Einchecken von Fluggästen mit wenig Gepäck und denen mit viel Gepäck zusammengelegt, und schon stimmt das zulässige Gesamtgewicht. Ideen muß man eben – und ganz besondes auf Madagaskar – haben...

Madagaskar – eine Vegetation wie im Paradies und der herbe Charme einer verkannten Schönheit

Nosy Be

Die Madagassen nennen Nosy Be die »wohlriechende Insel«, und der Tourist, der auf dem kleinen Flughafen Fascène aus dem Flugzeug steigt, kann riechen, warum. Es duftet nach Kaffee, Kakao, Vanille und nach Ylang-Ylang-Blüten, die nur auf Madagaskar und den Komoren wachsen und für die Parfumherstellung verwendet werden. Nosy Be, 293 Quadratkilometer groß, ist nach dem Hochland von Antananarivo, der Hauptstadt des Landes, das wichtigste touristische Zielgebiet. Sie ist eine überaus grüne Insel mit zahlreichen Süßwasserseen vulkanischen Ursprungs und einer unbändigen tropischen Vegetation. Auf den großen Plantagen werden die Produkte angepflanzt, die der Insel ihren Geruch geben. Die Küste ist von unzähligen Badebuchten mit langen, weißen Stränden gesäumt, und die Gewässer mit ihren außergewöhnlich schönen Korallenbänken und großen Fischbeständen gelten als Paradies für Taucher.

Palm Beach

Untertauchen in Natur

Das Hotel Palm Beach liegt ungefähr eine halbe Autostunde vom kleinen Fischerhafen Fascène entfernt. Ambatoloaka heißt das Dorf in der Nachbarschaft des Palm Beach.

Die Hotelanlage besteht aus einem großen, gepflegten Areal, das sich längst der Bucht hinzieht. Im Haupthaus sind die Rezeption, die Bar und das Restaurant untergebracht. Davor liegt ein Swimmingpool mit 50-Meter-Becken, der allerdings nicht stark frequentiert ist. Das Wasser in der Lagune ist vor allem bei Ebbe sehr flach, so daß auch Nichtschwimmer hier sorglos ihren Spaß haben können. Die Zimmer sind in Bungalows untergebracht, die rustikal ausgestattet sind. Zwei Einzelbetten, Schreibtisch, Kühlschrank und ein Badezimmer mit Dusche und WC gehören zum Standard. Vor allen Bungalows befindet sich zwar eine kleine Terrasse mit Meerblick, aber da die Häuser praktisch auf dem Strand stehen, ziehen es die Gäste vor, sich auf Liegestühlen vor den Häusern zu sonnen. Das Sportangebot ist groß, doch wird es kaum genutzt. Es gibt Tennisplätze, Surfbretter, Segelboote, und es besteht die Möglichkeit zum Tauchen und Wasserskifahren.

Hotel Les Cocotiers

Herber Charme und Meeresfrüchte

Die kleine Insel Nosy Sakatia mit ihren wilden Orchideen und dichten Bambusgehölzen liegt direkt gegenüber vom Strand des Hotels Les Cocotiers. Ein Paradies für Sonnenanbeter, die Ruhe, Einsamkeit und Verbundenheit mit der Natur suchen. Der in der Nähe gelegene Unterwasser-Nationalpark Nosy Tanikely eröffnet auch ungeübten Schnorchlern eine phantastische Welt in kristallklarem Wasser. In nur zwei bis drei Metern Tiefe breitet sich die farbenprächtige Tier- und Pflanzenwelt eines Korallenriffs aus.

Das Hotel liegt inmitten tropischer Vegetation und direkt am Strand. Es besteht aus kleinen, einfachen Bungalows, die mit Doppelbett, Schrank, Dusche und WC ausgestattet sind. Das Les Cocotiers strahlt den leicht herben Charme aus, der auch der Insel Nosy Be selbst zu eigen ist, und ist besonders für Gäste geeignet, die abseits des touristischen Trubels Erholung suchen. Vom Hotel können allerdings auf Wunsch Segeltörns, Hochseefischen und Ausflüge organisiert werden – zum Beispiel ein Besuch auf der Nachbarinsel Nosy Komba, die von Lemuren, den nur noch auf Madagaskar lebenden Halbaffen, bewohnt ist. Die Küche des Hotels bietet selbstverständlich das madagassische Nationalgericht ›Romazava‹, Huhn in Currysauce, und andere exotische Currygerichte. Doch in erster Linie hat sie sich – wie könnte es auch anders sein, wenn der Koch nur aus dem Küchenfenster hinaus in die Gaben der Natur greifen muß – auf Meeresfrüchte spezialisiert.

Hotel Andilana Beach

Luxuriöser Ruhe-Pol

Die meisten Reiseführer schreiben immer noch vom Holiday Inn, wenn sie das Andilana Beach Hotel nennen. Die internationale Hotelkette hat das gepflegte Hotel auf Nosy Be schon lange aufgegeben, es ist wieder unter einheimischem Management. Andilana liegt im Norden der Insel und war – bevor es Touristenziel wurde – ein unbedeutender Flecken Land. Das Hotel besteht aus einem Hauptgebäude, in dem sich Restaurant, Foyer und Empfang, Spielcasino und Bar befinden, und aus mehreren Seitenflügeln. Hier sind die 122 Zimmer – alle mit Klimaanlage, Balkon, Telefon und Badezimmer – untergebracht. Daß dieses Hotel ehemals ein Holiday Inn gewesen ist, spürt der Gast vor allem an der Ausstattung des Hauses: Es gibt hier sogar Konferenz- und Bankett-Räume. Darüber hinaus bietet das Andilana Beach am Abend Discothek und Tanz mit Live-Musik, Videofilm-Vorführungen und ein Spielcasino mit Roulette, Black-Jack und Spielautomaten. Darüber hinaus hat das Hotel einen Swimmingpool, eine Poolbar, zwei Boutiquen, einen großen, hellsandigen Strand, Ruhezonen unter Palmen und – Grusel- und Überraschungseffekt – ein Gehege mit Krokodilen zu bieten. Für Aktiv-Urlauber stehen Tennis, Volleyball, Tischtennis, Segeln, Tiefseefischen und Ausflüge über die Insel oder mit einem Boot auf dem Programm. Allerdings wird das Angebot kaum wahrgenommen. Die Tourismus-Manager haben festgestellt, daß die Touristen auf Nosy Be vor allem eins suchen: ihre Ruhe.

Südafrika

Wo gibt es ein Hotel, dessen Swimmingpool gerade einmal vier Meter Rasenfläche von den Wellen des Indischen Ozeans entfernt liegt? In Südafrika das Beverly Hills Hotel rund 15 Kilometer von Durban entfernt.

Wo wurde 1905 der größte Diamant der Welt gefunden? Natürlich in Südafrika in Cullinan rund 40 Kilometer östlich von Pretoria; aus diesem 3106 Karat schweren ›Cullinan‹ wurden nach der Spaltung neun große und 96 kleine Edelsteine, von denen einige die Kronjuwelen des britischen Königshauses zieren und einer zum ›Stern von Afrika‹ geschliffen wurde.

Wo leben über 100000 Straußenvögel? Auf den Farmen rund um das Städtchen Oudtshoorn in Südafrika.

Und wo gibt es den wohl berühmtesten Tierpark der Welt? In Südafrika, und er heißt Kruger National Park.

Es ist ein touristisches Paradies, dieses Südafrika – ein Land, so funkelnd und abwechslungs- und facettenreich wie ein Diamant. Seine Luxus- und Strandhotels werden allen noch so gepflegten internationalen Ansprüchen gerecht, und der Ausflugsziele, Sport- und Freizeitmöglichkeiten gibt es so viele, daß das Land sogar einen Massentourismus bequem überstehen würde.

Viele würden gerne nach Südafrika reisen – wäre da nicht die Apartheid-Politik der weißen Südafrikaner, die auf viele Interessierte abschreckend wirkt. Ein Trost: Irgendwann einmal werden die Diskussionen darum verstummen, doch die Schönheiten des Landes weiterhin vorhanden sein. Seit die ersten Europäer, die Portugiesen, Ende des 15. Jahrhunderts den Seeweg zum Indischen Ozean und somit auch das Kap der Guten Hoffnung entdeckten, hat dieses Land die Fremden fasziniert.

Mitte des 17. Jahrhunderts sahen sich plötzlich die Ureinwohner des Landes – die Ke (Buschmänner), die Khoi-Khoi (Hottentotten) und die Bantu – weißhäutigen Besuchern gegenüber: 1652 errichteten Mitarbeiter der holländischen Ostindien-Kompanie die erste Niederlassung von Europäern am Kap der Guten Hoffnung; von dieser Zeit an dehnten die Buren, holländische Afrikaans-Farmer, ihren Einflußbereich beständig aus. Südafrika, wie es heute ist, entstand.

Die Touristen lernen Südafrika meist vom Strand des Indischen oder des Atlantischen Ozeans aus kennen. In Durban beispielsweise, dem touristischen Großzentrum mit knapp einer Million Einwohnern, stehen hauptsächlich große Luxushotels. Aber selbst hier finden sich noch die kleinen, verschwiegenen Badebuch-

ten, und ein Teil der Küste am Indischen Ozean verfügt über eine so große Pflanzenpracht, daß er sich den Namen ›Garden Route‹ erworben hat.

Für viele Reisende stehen in Südafrika, das rund fünfmal so groß ist wie die Bundesrepublik Deutschland, auch die großen Städte auf dem Programm. Da ist Johannesburg mit seiner beeindruckenden Mischung aus Wolkenkratzern und Grünanlagen, mit dem Africana Museum, in dem die Geschichte der Europäer in Südafrika dokumentiert wird.
Kapstadt, die ›Mutterstadt Südafrikas‹, ist die zweitgrößte Stadt des Landes und Sitz des Parlaments. Das Castle of Good Hope, 1666 gebaut, erinnert an die ersten Gouverneure am Kap, die South African Public Library gehört zu den größten Bibliotheken des afrikanischen Kontinents. Pretoria ist wegen ihrer Blumenpracht und des Baumbestands als Gartenstadt berühmt geworden. Die prachtvollen Strände in Port Elizabeth machen diese Stadt – ebenso wie Durban – zu einem der reizvollsten Reiseziele des Landes.

Südafrika präsentiert sich – nicht nur in den großen Städten – als ein Land des Luxus und der Lebensart. Dazu gehört natürlich der Genuß guten Weins, dessen Anbau in Südafrika Tradition hat, seit sich im 17. Jahrhundert deutschstämmige Winzer und Kellermeister niederließen. Der größte Teil der Weinreben wächst in der südwestlichen Kapprovinz; ein beständiges, sonnenreiches Klima garantiert eine gleichbleibende Menge und Qualität an Wein. Der inzwischen weltberühmte Wein, unter dessen Lagen Kenner gar manchen ›edlen Tropfen‹ entdeckten, und nicht zuletzt der bevorzugte Stil des Südafrikaners, der es sich leisten kann, die Gastgeberrolle zu übernehmen, machen in Südafrika ›High Society‹ zu einem immer willkommenen Gesellschaftsereignis. Einen intensiven Geschmack vom exklusiven Lebensstil, der in Südafrika möglich ist, erhält der Urlauber vor allem im Beverly Hills Hotel in Umhlanga Rocks. Dieser ist der beliebteste Badeort der Südafrikaner, und das Beverly Hills zählt zu den geliebten Zielen des internationalen Jet Set. Schon Maurice Chevalier und Marlene Dietrich setzten ihre Füße auf den polierten Marmorboden des Hotels und erfreuten sich an dieser luxuriösen Welt.

Aber eigentlich – so sagen die stilleren Genießer des Landes – geht in Südafrika doch nichts über die Natur. 22000 Arten blühender Pflanzen haben fleißige Botaniker gezählt – allerdings sind in dieser Zahl auch die 730 verschiedenen Bäume enthalten. In den trockenen Regionen des nördlichen Hochplateaus und ebenso in der nordwestlichen Kapprovinz wachsen allein über 3000 wasserspeichernde Pflanzen. Das subtropische Klima in der südlichen Kapprovinz, im östlichen Transvaal und in Natal bietet dagegen die idealen Bedingungen für das Gedeihen von rund 500 verschiedenen Orchideenarten.

Kaum ein Land, in dem es so viele Wildreservate und Nationalparks wie in Südafrika gibt. Das Flaggschiff dieser Form des Naturschutzes ist der Kruger National Park, der sich entlang der Transvaal-Grenze zu Mocambique zieht. Er zählt zu den größten in ganz Afrika. Hier leben Giraffen und Antilopenarten, Leoparden, Geparden, Elefanten und Löwen, und auf die Touristen warten elf Camps, von denen aus Expeditionen ins Tierreich unternommen werden können. Solche Camps gibt es in allen Wildreservaten des Landes. Sie bestehen aus Campgelände zum Zelten, aus Hütten, in denen die Touristen übernachten können, aus Restaurants und Geschäften, in denen der Reisende seine Ausrüstung in letzter Minute vervollständigen kann.

Der Golden Gate Highlands National Park liegt an der Nordgrenze Lesothos, hier leben unter anderem Kuhantilopen, Weißschwanzgnus, Blesböcke und Springböcke. Der zweitgrößte Park in Südafrika heißt Kalahari-Gems

bock-Nationalpark und liegt an der Grenze zwischen Namibia und Botswana.

Bizarr geformte Bäume verleihen einem der größten Wildreservate der Welt, dem rund 22300 Quadratkilometer großen Etosha National Park, ein außergewöhnliches Aussehen. Im Mittelpunkt des Parks, der rund 500 Kilometer entfernt von Windhoek liegt, erstreckt sich ein ausgetrockneter See, der Etosha Pan, dessen Boden die meiste Zeit des Jahres mit einer Kalkkruste bedeckt ist. Nur während der Regenzeit von November bis April steht ein kleiner Teil unter Wasser.

Wasser in einer ganz anderen Dimension dient als Attraktion in einer anderen Region des Landes. Ein Besuch der Victoria Falls gehört zu den beeindruckendsten touristischen Erlebnissen. An der Grenze Simbabwe/Sambia stürzt der Fluß Sambesi auf einer Breite von zwei Kilometern über 106 Meter in die Tiefe, um sich in sieben Schluchten – bevölkert von Tigerfischen, Flußpferden und Krokodilen – zu verlieren.

Eine Sehenswürdigkeit besonderer Art findet sich in Kimberley. The Big Hole ist das größte von Menschen geschaffene Loch.

Südafrika: Paradies für Sonnenanbeter und Safari-Fans, Weinkenner und Windsurfer – und vor allem für Genießer von Luxus und Landschaft

Als hier Diamanten entdeckt wurden, schafften es die emsigen Südafrikaner nicht nur, einen ganzen Berg abzutragen, sie buddelten auch noch einen Krater von 15 Hektar Fläche und über 750 Metern Tiefe in den Boden. Angesichts dieser Anstrengungen beschleicht den Besucher das Gefühl, daß der Südafrikaner eigentlich nie genug von etwas bekommen kann. Und um etwas zu erreichen – beispielsweise mit drei Tonnen Diamanten reich zu werden – versetzt er, wie man sieht, ganze Berge und deren 28 Millionen Tonnen umfassendes Erdreich. Wer sich in dieser Meinung bestätigt sehen möchte, braucht im übrigen nur nach Oudtshoorn reisen.

Dort findet der Besucher über 350 Farmen, auf denen der Vogel Strauß zu Tausenden in Herden gezüchtet wird! Manche wagen einen kleinen Ausritt auf dem kräftigen Tier, das – wenn es einmal richtig in Fahrt gekommen ist – über drei Meter lange Sprünge machen kann. Allerdings darf der Reiter selbst nicht mehr als rund die Hälfte des Gewichts des Vogels von 120 bis 130 Kilogramm wiegen. Sonst gerät Vogel Strauß außer Atem, was normalerweise nun wirklich nicht seine Art ist . . .

Natal

Jeden Tag des Jahres schwimmen, jeden Tag des Jahres in der Sonne liegen – wo gibt es das schon. In Natal – neben Transvaal, Kapland und Oranje-Freistaat eine der Provinzen Südafrikas – herrscht das ganze Jahr subtropisches Klima mit entsprechend angenehmen Temperaturen.

Das gute Klima war der wichtigste Grund dafür, daß sich Natal zum Zentrum des exklusiven Tourismus entwickelte. Die Stadt Durban und ihre Umgebung gehören heute zu den beliebtesten Urlaubszielen des Landes und bieten alles, was ein Touristenherz schneller schlagen läßt: Lebenslust auf der Flanierstraße, Pferderennen und Golfplatz, Restaurants, Discotheken, Nachtclubs und unzählige Kilometer Strand mit Bikini- und Muskelparaden.

Rings um Durban bieten Küste und Land Sehens- und Erlebenswertes für jeden Geschmack: dörfliche Oasen der Ruhe, große Seebäder, kleine und feine Ferien- und Hotelanlagen. Nördlich von Durban befinden sich schließlich noch eine Reihe kleiner Wildreservate: St. Lucia Game Reserve, Mkuzi Game Reserve oder Umfolozi Game Reserve. Allesamt friedliche Naturparadiese, an denen der Tourist nicht vorüberfahren sollte.

Das St. Lucia Game Reserve ist eine Wildnis aus Land, Seen und schilfbedeckten Inseln an der Küste von Natal. Ein Großteil dieses Gebietes, rund 30 Kilometer von Mtubatuba entfernt, besteht aus Schilfgründen, Sümpfen und Sandwäldern. Vor allem Flußpferde und Krokodile haben – neben unzähligen Vogelarten wie Flamingos, Pelikane oder Reiher – in diesem Reservat eine Zuflucht gefunden.

Das Wildschutzgebiet Mkuzi Game Reserve wurde bereits 1912 gegründet, liegt im nördlichen Zululand rund 330 Kilometer von Durban entfernt und ist ungewöhnlich reich an Tierarten: darunter befinden sich Giraffen, Antilopen, Kudus, Zebras, Steinböcke, Wild- und Warzenschweine.

Spitz- und Breitmaulnashörner, Leoparden, Geparden, Krokodile und Flußpferde gehören u.a. zu den geschützten Tieren im schon vor der Jahrhundertwende gegründeten Hluhluwe Game Reserve, das sich nur 280 Kilometer von Durban entfernt befindet. Die Wildreservate sind für Besucher zugänglich.

Beverly Hills Hotel
Feinste Adresse

15 Kilometer nördlich von Durban liegt in den Umhlange Rocks das Beverly Hills Hotel – direkt am Strand des Indischen Ozeans. Es gehört zu den luxuriösesten Hotels in Südafrika. Große Gesellschaftsräume, exklusive Restaurants, gemütliche Bars, Swimmingpool und Nachtclub sorgen hier ebenso dafür, daß sich der Hotelgast wohlfühlt, wie ein Gesundheitszentrum mit Sauna, Massage, Whirlpool und Gymnastikraum. Alle 75 Zimmer und die fünf Suiten verfügen über Meerblick und sind mit Bad, Dusche, WC, Radio, Fernsehen, Video, Klimaanlage und Balkon ausgestattet.

Die gesamte Einrichtung des Hauses gehört zu den besten – Kronleuchter, Marmorböden, Springbrunnen –, die man sich für ein Hotel vorstellen kann. Besonders attraktiv ist die Ruhe- und Restaurant-Ebene am Swimmingpool, wo der Gourmet außerdem alles vom Barbecue bis zum erstklassigen Menü erhalten kann. Falls Referenzen erwünscht sind: Marlene Dietrich und Maurice Chevalier waren schon vor Ihnen da.

Hotel San Lameer
Natur-Tour

Eine erfrischende See, warme Temperaturen, prickelnde Cocktails unter sanft im Wind wehenden Palmen – Leben im Hotel San Lameer an der Südküste von Natal. Das rustikal eingerichtete Hotel bietet dem aktiven Urlauber eine Reihe von Sportmöglichkeiten: Fischen, Golf, Squash, Tennis, Windsurfen, Kanufahren und Bowling.

Das Hotel liegt direkt am Indischen Ozean inmitten einer für Natal typischen, artenreichen Vegetation. Besonders Naturfreunde wissen die Lage des Hotels zu schätzen. Entlang der Hotelanlage zieht sich ein scheinbar endlos langer, von Bäumen und Pflanzen gesäumter Strand. Die Küche des Hotels bietet im Terrassenrestaurant internationale Speisen und ausgewählte Fischspezialitäten. Wie die meisten Luxushotels verfügt auch das San Lameer über mehrere Konferenzräume. Die Stadt Margate ist in knapp 20 Autominuten zu erreichen.

Garden Route

Es war schon immer etwas teurer, einen besonderen Geschmack zu haben – aber in Südafrika bekommt der Reisende ein außergewöhnliches Erlebnis geschenkt: Die Garden Route gehört zu den schönsten Sehenswürdigkeiten des Landes und ist, von Kapstadt bis Port Elizabeth gemessen, immerhin rund 1000 Kilometer lang.

Ein langes Stück Natur, das dem Reisenden da geboten wird. Die Route beginnt in der Berglandschaft von Somerset West, wo zum Beispiel auf der Vergelegen-Farm des Gouverneurs van der Stel noch ein Gehöft aus dem 18. Jahrhundert steht. Über eine ungewöhnlich schöne Bergregion, die unter Naturschutz steht, verfügt auch der Ort Caledon. Ganz in der Nähe befindet sich die älteste Missionsstation Südafrikas. Sie wurde 1737 im sogenannten Gnadental gegründet. Swellenham ist die drittälteste Stadt Südafrikas, vor deren Toren der Bontebok-Nationalpark liegt.

Die südwestliche Kapprovinz, in der sich dieser Park befindet, gilt als eine der üppigsten botanischen Gegenden der Welt. Im Bontebok-Park sind über 470 Pflanzenarten, darunter allein 52 Arten Gras gezählt worden. Außer dem Buntbock, einer für das Kapland einzigartigen Spezies, gibt es verschiedene Antilopenarten einschließlich des grauen Rehbocks, des Kap-Grysbocks, des Steinbocks und der Grauen Duckerantilope. Weiterhin leben in dem Park über 184 Arten von Vögeln.

Zu den bekanntesten und meistbefahrenen Abschnitten der Garden Route gehört die Strecke zwischen Mossel Bay, einem Badeort, und der Mündung des Storm River. Auf rund 220 Kilometern windet sich die Straße durch Gebirgsketten und Wälder, an Seen und kleinen Badeorten, Lagunen und Flußmündungen vorbei. Ein Urwald ist hier als Tsitsikamma Forest National Park unter Naturschutz gestellt. Die dichten Wälder erstrecken sich durch die immergrünen Schluchten entlang des Storm River bis hinunter zum benachbarten Tsitsikamma Coastal National Park. Der reicht bis zum Meer und beherbergt Tiere wie Ottern, Buschböcke, Paviane oder Blaue Duckerantilopen. Am Fuß der Outeniqua Mountains liegt das Städtchen George, das vor allem wegen einer Eiche berühmt geworden ist, die im Jahr 1812 gepflanzt wurde und angeblich die größte auf der südlichen Halbkugel sein soll. Es heißt, daß früher an diesem mächtigen Baum die Sklaven angekettet wurden, die versteigert werden sollten.

Interessant ist auch ein Besuch in der in einem Tal gelegenen 40000-Einwohner-Stadt Oudtshoorn. Auf Hunderten von Farmen werden Strauße gezüchtet – mehr als100000 Tiere sollen hier auf ihren langen Beinen herumlaufen. Über die Geschichte der Strauße informiert das Nel-Museum, so daß der Tourist schließlich doch noch erfährt, daß diese Riesenvögel ausgezeichnete ›Rennpferde‹ sind und Eier legen, die 24 mal so groß wie ein Hühnerei sind und die das Gewicht eines Menschen aushalten, ohne zu zerbrechen.

Die Garden Route gehört zu den schönsten Touristenzielen in Südafrika – Natur in vollendeter Form

Die Tropfsteinhöhlen von Cango Caves sind Attraktion für Besucher aus aller Welt. Die Höhle besteht aus über 80 Räumen mit kunstvoll geformten Stalagmiten und Stalagtiten. Die größte Säule ist über zwölf Meter lang.

Plettenberg Bay, eine der nächsten Stationen dieser Natur-Tour, gilt als beliebtester Badeort längs der Garden Route. Der Ort wurde 1778 nach dem Gouverneur Joachim van Plettenberg benannt, der das Land für die Holländisch-Ostindische Handelskompanie in Besitz nahm. An dem rund zwölf Kilometer langen, breiten und weißen Sandstrand liegt das Beacon Island Hotel.

Das Ende der Kernstrecke der Garden Route bildet der Storm River. Er wird auf der Paul-Sauer-Brücke überquert, einer 192 Meter langen Bogenbrücke in 139 Metern Höhe. Bis Port Elizabeth passiert der Reisende noch den Ort Humansdorp. In der Nähe dieser Schafzüchter-Gemeinde sind am Kap St. Francis und Jeffrey's Bay – wie überall längs der Garden Route – schönste Badebuchten zu finden.

Hotel Beacon Island

Mehr als Meer

In der Hawaii-Suite kommt – bei frischen Farben, fröhlichen Blumenmustern und Dekorationen – Freude auf. Die Wellen des Indischen Ozeans sind so stark, daß der Urlauber beim Surfen auf das Windsegel gut verzichten kann, und der bei kälteren Temperaturen beheizbare Pool ist so attraktiv in eine Felslandschaft an der Küste eingebunden, daß man auf den ersten Blick das Gefühl hat, vom Meer wäre ein Stück abgetrennt. Das – und vieles mehr als nur Meer – findet der Gast im Hotel Beacon Island, 280 Kilometer von Port Elizabeth entfernt und von Johannesburg in einem gut dreistündigen Flug zu erreichen. Beacon Island liegt an einem langen, feinsandigen Strand in Plettenberg Bay und gehört zu den schönsten Strandhotels Südafrikas. Es ist direkt oberhalb der Wellen des Indischen Ozeans auf die Felsen einer kleinen Landzunge gebaut.

Sportlichkeit ist in diesem Hotel der Luxusklasse Trumpf: der 18-Loch-Golfplatz liegt in der Nähe, Tennisplätze, Segelboote, Surfbretter, Tauch- oder Schnorchelausrüstungen gibt es in der Hotelanlage. Wasserski, Reiten, Hochseefischen, Windsurfing stehen ebenfalls auf dem Sportprogramm. Die 192 Zimmer und acht Suiten verfügen alle über Seeblick, Telefon, Radio, Farbfernsehgerät, Video und luxuriöses Badezimmer. Wer einmal Abstand vom Hotelleben nehmen möchte: Tsitsikamma Forest, Robberg Naturreservat und die wunderschöne Garden Route sind nicht weit entfernt. Die meisten Gäste kehren allerdings sehr schnell wieder zum Beacon Island zurück: Das Essen im Robberg Room, dem exklusiven Restaurant mit Panoramablick über See und Land, ist einfach zu gut...

Kapregion

An der Südspitze des afrikanischen Kontinents, dort, wo sich der Atlantische und der Indische Ozean treffen, liegt Sir Francis Drakes ›anmutiges Kap‹ mit einer Küstenregion, die zu den schönsten der Welt zu rechnen ist. Auf der Kaphalbinsel – 51 Kilometer lang und maximal 16 Kilometer breit – liegt Kapstadt, die ›Mutterstadt‹, wie sie von den Südafrikanern liebevoll genannt wird. 1652 wurde diese älteste Stadt in Südafrika von Jan van Riebeeck als Proviantstation für die Schiffe der Niederländisch-Ostindischen Kompanie gegründet. Seitdem entwickelte sie sich zu einer modernen Großstadt mit Sitz des Parlaments.

Es gibt kaum eine Region in der Welt, in der so vieles auf engem Raum aufeinandertrifft wie auf der Kaphalbinsel. Zu Kapstadt gehören riesige Vororte und ein großer Hafen an der Tafelbucht. In der Umgebung dieser Großstadt finden sich kleine Fischerdörfer und unzählige Strände, die entweder still und verschwiegen sind wie eine Insel am Ende der Welt oder so laut und pulsierend wie die Copacabana in Brasilien. Diese Orte heißen Sea Point, Clifton, Muizenberg oder Hout Bay, sind Treffpunkte von Wellenreitern, Surfern, Seglern und Sonnenanbetern, die alle eins gemeinsam haben: Sie wollen die Nähe vieler anderer spüren.

Als Ruhepole dienen denn auch eher die verschiedenen Naturschutzgebiete – wie das Cape of Good Hope Reserve am südlichen Ende der Halbinsel und die weltbekannten National Botanic Gardens auf dem östlichen Abhang des Tafelbergs. Der Tafelberg erhebt sich am nördlichen Ende der Kaphalbinsel. Die gebirgige Landzunge reicht bis zum Kap der Guten Hoffnung und dem Kap Point, wo die zwei großen ozeanischen Strömungen, der warme Agulhas und der kalte Benguela des Südatlantiks, zusammentreffen.

›Königreich der Blumen‹ wird diese Region gern genannt. Tausende von Arten der südafrikanischen Flora sind hier angepflanzt und zur Schau gestellt. Eine Fahrt mit dem Bus oder Leihwagen vermittelt dem Besucher einen Eindruck von der Blumenvielfalt im Cape of Good Hope Reserve. Das Naturschutzgebiet an der südlichen bergigen Landzunge ist Kapstadts größter Wildblumengarten – hier blühen

Kontrastprogramm: In der Kapregion findet der Besucher Weltstadt-Leben und Natur-Oasen

unter anderem Seelavendel, Heide, Iris und Nadelkissen-Proteas.

Die Zentrale für alle National Botanic Gardens befindet sich nicht weit vom Zentrum Kapstadts entfernt in Kirstenbosch – ein Paradies für Naturfreunde und Wissenschaftler. Die Gärten liegen an den Hängen des Tafelbergs und bieten mehr Spezies als irgendwo sonst in Südafrika, darunter die verschiedensten Arten der Pelargonien, Kranichblumen, Calla, Fresia, Agapanthus oder das Barberton-Gänseblümchen.

The President Hotel

Fürstlich leben

Eines der schönsten Hotels am Kap ist The President. Wer einmal fürstlich wohnen möchte, ist in diesem Luxushotel gut aufgehoben. Es liegt direkt am Meer und ist von einer gepflegten, attraktiven Parkanlage umgeben. Der weiße Sandstrand ist nur einen Steinwurf weit vom Hotel entfernt – und selbst die Tennisspieler benötigen nur einen Aufschlag, um den Ball in den grünblauen Fluten schwimmen zu sehen. Die Gäste des President haben die Qual der Wahl zwischen einer Idylle am Swimmingpool und einem romantischen Plätzchen im Windschatten der Rocks am Strand. Wer sich nicht nur sonnen, sondern sportlich betätigen möchte, ist mit Volleyball, Tischtennis, Tiefseefischen oder Segeln sicherlich gut bedient.

Die Kapregion bietet außerdem so viele Ausflugsziele, daß unter den Gästen des Hotels noch nie Langeweile aufgekommen ist – wie wär's zum Beispiel mit einem Bummel durch das nur zehn Autominuten entfernte Zentrum von Kapstadt oder einem Besuch in den Weinanbaugebieten von Stellenbosch? Die südafrikanischen Weine sind schließlich für ihre Qualität berühmt, wie man leicht in den Restaurants des President feststellen kann. Finch's heißt übrigens das exklusive Restaurant, in dem die Qualität der Menüs nur noch von der der Weine übertroffen wird. Wer nicht nur seine Freizeit genießen, sondern mit Genuß arbeiten möchte, ist im The President in Konferenz- und Gesellschaftsräumen, die bis zu 400 Personen fassen, gut aufgehoben.

Land/Ort	Hotel	Seite	Anzahl F.e. Sterne	Entfernung Flughafen	Entfernung nächster Ort	Anzahl Zimmer	Zimmer-service	Anzahl Restaurants	Anzahl Bars	Disco Nightclub
Afrika										
Senegal Dakar	Meridien Diarama	24	4	10 min.	15 min. Dakar	205	24 Std.	3	2	1 Nightclub, 1 Disco
Senegal Pt. des Almadies	Club Med Les Almadies	25	4	6 km	15 km b. Dakar	250	–	2	4	2 Discos
Senegal Cap Skirring	Club Med Cap Skirring	25	4	2 km	60 km bis Singuinchor	205 Bung.	–	1	1	1 Disco
Gambia	Bungalow Beach	28	3	20 km	25 km, 30 min.	110	–	1	1	1
Gambia	Novotel Kombo	28	3	20 km	Banjul, 25 km 30 min.	250	–	3	2	1 Disco
Gambia	Senegambia	29	5	20 km	Banjul, 25 km 30 min.	49	–	4	5	1 Disco
Elfenbein-küste	Interconti Golfhotel	32	5	25 min. Pt. Bouet + Airport	liegt in Abidjan	306	24 Std.	2	2	–
Elfenbein-küste	Club Med Assinie	33	3	80 km Abidjan	80 km, Abidjan	300 DZ Bung.	–	2	2	1 Disco
Togo	Sarakawa	36	5	10 km	in Lomé 5 km Centrum	226	24 Std.	3	3	Disco, Casino
Togo	Sofitel	36	5	10 km	800 m City Lomé	212	24 Std.	3	3	Disco, Show, Musik, Casino
Togo	De la Paix	37	4	10 km	5 km City Lomé	216	24 Std.	2	2	Nightclub, Disco, Casino
Kenia Mombasa	Leisure Lodge Club	42	6	40 km	8 km	97	–	1	3	Disco, Show, Band, im Hotel
Kenia Mombasa	Robinson Club	43	4	40 km	8 km	150	–	2	1	Disco, Show
Kenia Mombasa	Serena Beach	43	5	30 km	18 km	120	–	2	3	2x wöchentl. Show 1 Disco
Seychellen Mahé	Meridien Fisherman's Cove	48	5	20 km	10 km Viktoria	48	7–24 h	1	1	–
Seychellen Mahé	Meridien Fisherman's Cove	48	5	20 km	10 km Viktoria	48	7–24 h	1	1	–

Entfernung Golfplatz Anzahl der Löcher	Anzahl der Tennisplätze	Strand Information	Wassersport Möglichkeiten	Pools	Hotel Charakter
nur Übungsplatz	4	schmal, 200m	Windsurfen	1	gediegen, Spaß und Sport rund um den Pool, Romantik am Strandrestaurant
–	8 Hartpl.	feiner Sandstrand	Segeln, Windsurfen, Schnorcheln, Hochseefischen, Küstenfischen	1 Pool 30x50m	sportlich, afrikanische Architektur und Fahrradtouren
9 Loch, 3km	6 Hartpl.	feiner Sandstrand	Segeln, Windsurfen	25x15m	sportlich, exklusive Grundausstattung f. verträumte Stunden
18 Loch, 5km	–	breiter, langer Sandstrand	Windsurfen	1	gediegen, Lebenslust rund um den Pool
18 Loch, 5km	2	weiß, lang	Windsurfen, Surfen	1	gediegen, perfekte Organisation und Kronleuchter im Restaurant
18 Loch, 5km	2	breit, lang, weiß	Windsurfen	1	elegant, sportlich, mit diskretem Luxus, Clubatmosphäre
18 Loch, Hotelanlage	2	Schwimmöglichkeit i.d. Lagune	Windsurfen, Wasserski	Poolanl. geplant	Luxus, sachlich, Oase mit sehr viel Wasser ohne Strandfeeling
–	3 Hartplätze Flutlicht	fein, Sand	Wasserski, 4 Boote, Kanu	20x30m	sportlich, Afrika für Genießer, die die Abwechslung suchen
9 Loch, 13km	3	breiter Sandstrand	Segeln, Wasserski, Windsurfen 25km entfernt am Tono See	1 50m	Luxus, gewaltiges Hotel am Strand des Atlantiks
9 Loch, 30km	2	500m entfernt	Segeln, Wasserski, Windsurfen 25km entfernt am Tono See	1 50m	Luxus, Hotel für Togos feine Gesellschaft
9 Loch, 8km	2	breit, lang	Segeln, Wasserski, Windsurfen 25km entfernt am Tono See	1	Luxus, gediegen, Hotel mit Doppelbett plus Meerblick
9 Loch, 18 Loch, 35km	4	schmal, ruhig weißer Sandstrand	Windsurfen, Tauchen, Schnorcheln	2	Luxus, edel, Villeroy & Boch und deutsches Management lassen grüßen
9 Loch, 18 Loch 35km	3	fein, weiß, sehr lang	Windsurfen, Tauchen	1	sportlich, Afrikas Tor zum Wassersport
9 Loch, 18 Loch 12km	2 Tennis 2 Squash	lang, fein, 400m	Windsurfen, Schnorcheln	3	Luxus, Swahil-Architektur mit Kinderpool
9 Loch, 25 min	1	neben Hotel gut	Wasserski, Windsurfen, Segeln, Motorboot, Tauchen, Hochseefischen	kleiner Pool	Luxus – gediegen, hier ist die große Welt zu Hause
9 Loch, 25 min	1	neben Hotel gut	Wasserski, Windsurfen, Segeln, Motorboot, Tauchen, Hochseefischen	kleiner Pool	Luxus – gediegen, hier ist die große Welt zu Hause

Land/Ort	Hotel	Seite	Anzahl F.e.Sterne	Entfernung Flughafen	Entfernung nächster Ort	Anzahl Zimmer	Zimmer-service	Anzahl Restaurants	Anzahl Bars	Disco Nightclub
Seychellen Denis Island	Denis Island Lodge	49	2	privat	Inseldorf	12	7.30 h–9.30 h	1	1	–
Seychellen Praslin	La Réserve	50	3	25km	Inseldorf	12	–	1	1	–
Seychellen Praslin	L'Archipel	51	5	20km	Inseldorf	15	7–24 h	1	1	–
Seychellen La Digue	La Digue Lodge	52	2	mit d. Schiff n. Praslin	Inseldorf	10	–	1	1	–
Seychellen Bird Island	Bird Island Lodge	53	2	½ Std. Flug bis Mahé	½ Std. Flug bis Mahé	25	–	1	1	–
Mauritius	Méridien Royal Palm	58	6	75km	22km Port Louis	84	24 Std.	2	1	Nightclub Bar m. Piano, Casino
Mauritius	Touessrok	59	5	46km	45km Port Louis	130	24 Std.	4	5	Disco
Mauritius	St. Géran	59	5	50km	48km Port Louis	175	24 Std.	1	1	Disco, Live-Musik, Cabaret, Casino
Réunion	Club Med	61	3	45km	45km Saint Denis	40	–	1	1	–
Madagaskar Nosy Be	Palm Beach	64	2	25km	15km Hell-Ville	40	–	1	1	1
Madagaskar Nosy Be	Les Cocotiers	65	1	23km	10km Hell-Ville	20 Bung.	–	1	1	–
Madagaskar Nosy Be	Anilana Beach	65	3	50km	27km Hell-Ville	122	–	1	1	1 + Casino
Südafrika Umhlanga Rocks	Beverly Hills	71	5	35km	15km bis Durben	98	24 Std.	3	2	Live-Musik in der Cocktailbar
Südafrika Southbroom	San Lameer	71	4	20 min. bis Margate	20 min. bis Margate	4 Suiten 36 Hotelzi. 400 Villen	–	2	2	nur Pianomusik im Restaurant
Südafrika Plettenberg Bay	Beacon Island	73	5	35km	½ km Plettenb. Bay	192 Zi. 8 Suiten	24 Std.	3	2	–
Südafrika Kapstadt	President	75	4	15km	10 min. Kapstadt	128 Zi. 26 Suit.	24 Std.	3	1	–

	Entfernung Golfplatz Anzahl der Löcher	Anzahl der Tennisplätze	Strand Information	Wassersport Möglichkeiten	Pools	Hotel Charakter
	–	1	schön, 3 km	Windsurfen, Fischen, Hochseefischen, Rudern, Segeln, Schnorcheln	–	einfach, eine Postkarten-Insel mit Betten für Touristen, aber ohne Briefträger
	–	1	langer Sandstr.	Windsurfen, Schnorcheln	–	ein stilles Örtchen zum Nachdenken gediegen, stilvoll
	–	–	groß, weiß	Windsurfen, Schnorcheln	–	Luxus – rustikal – romantisch ein Traum in Holz, Strand und Land
	–	–	schmal, klein. Nähe Traumstrände	Windsurfen, Schnorcheln, Segeln	–	einfach, gemütlich, absolute Ruhezone, falls nicht gerade ein Werbefoto-Trupp einfällt
	–	1	lang, breit, erstklassig	Windsurfen, Schnorcheln, Hochseefischen	–	einfach – romantisch. Für Pärchen und solche, die es werden wollen
	9 Loch, 10 min.	2	großer Privatstrand	Segeln, Windsurfen, Wasserski, Fischen Tretboot, Schnorcheln, Tauchen i. d. Nähe	1	Luxus, edel, elegant, auch für Prinz Charles und andere königliche Hoheiten zu empfehlen
	9 Loch, 15 min.	3	kleiner Strand, Bootstransfer z. großen Strand	Segeln, Windsurfen, Wasserski, Tretboot, Fischen, Schnorcheln, Tauchen i. d. Nähe	2	Luxus, königliche Hoheiten werden auch hier nicht vorbeifahren
	9 Loch, am Hotel	3	2 Strände, Seeseite u. Lagune, hell, sauber	Segeln, Windsurfen, Schnorcheln, Fischen, Rudern	1	Luxus, königliche Hoheiten werden auch hier nicht vorbeifahren
	9 Loch, 25 km	2	weißer Sandstrand	Schnorcheln, Tauchen	1	sportlich, feine Villa als Fitness-Center
	–	1	lang, weiß, breit	Schnorcheln, Windsurfen, Segeln, Tauchen, Wasserski, Hochseefischen	50m-Becken 1	leger, rustikal. Ein Sportplatz am Ende der Welt
	–	–	schmal, sauber	Schnorcheln, Segeln, Hochseefischen	–	rustikal, einfach. In dieser Anlage ist die Natur zu Hause. Spartanisches Mobiliar
	–	1	breit, heller Sandstrand	Segeln, Hochseefischen, Windsurfen	1	gediegen, leger. Die Klimaanlage in einer tropischen Welt
	18 Loch, 5 km	–	starke Brandung, weißer Sandstrand	–	20 m Pool	Luxus, Marmorböden und Springbrunnen auf dem Weg zur feinsten Küche
	18 Loch, b. Hotel	2	Privatstrand starke Brandung	Fischen, Windsurfen, Kanu	2	vornehm ländlich, südafrikanischer Lebenslust-Cocktail
	18 Loch, 9 Loch 2 km	2	20 m	Wasserski, Schnorcheln, Windsurfen, Hochseefischen, Tauchen, Fischen	Außen- u. beheizb. Innenpool	Luxus, viel mehr als nur Meer: beheizter Pool und die Gardenroute
	18 Loch, 3 km	keine eigenen 5 min.		Hochseefischen	1	Luxus, fürstlich wohnen – königlich speisen

Asien

»Ost ist Ost und West ist West, und niemals treffen sich die beiden.« Das schrieb sich leicht zu Rudyard Kiplings Zeiten, als Asien noch weit weg war und nur mit dem Schiff erreicht werden konnte, als die Schätze des Orients, seine Stoffe, Düfte und Geschmeide, unerschwinglich und nur wenigen Privilegierten vorbehalten waren.

Aber heute? Die Luftschiffe Destination Singapur, Hongkong, Bangkok stauen sich im Luftraum, Körperkontakt mit Thai-Mädchen scheint manchen genauso selbstverständlich wie mit den T-Shirts ›Made in Taiwan‹, schon verdrängen indonesische Schattenspielfiguren den röhrenden Hirsch vom Nippes-Regal. Chinesische Restaurants in Bochum und Augsburg, deutsches Bier in Bali und Okinawa... Hat die Zeit Kipling überholt? Haben moderne Informations- und Verkehrsmittel, Welthandel und Tourismus zur Nivellierung einst so unterschiedlicher Kulturen geführt?

Die Antwort ist eindeutig: nein. Asien mag uns nähergekommen sein, eine fremde Welt ist es geblieben, eine Welt, deren Zauber und Faszination sich kein Europäer entziehen kann. Bergsteiger finden ihr Paradies im Himalaja, Taucher schwärmen von den Malediven, Indien, ein Land, vierzehnmal so groß wie die Bundesrepublik, schockierend durch seine sozialen Kontraste, zieht nicht nur jugendliche Heilssucher an, die im Hinduismus eine Bereicherung suchen.

Heilige Kühe, buddhistische Mönche in safrangelben Gewändern, die in den frühen Morgenstunden mit ihren Almosenschalen durch die Dörfer ziehen; die kleinen Geisterhäuschen, liebevoll mit Blumen und Essensgaben versehen, die vor jedem Haus, auf jedem noch so modernen Bank- und Versicherungsgebäude stehen; bunte Tempel mit vielarmigen Göttern, liegenden Buddhas und strengen Wächterfiguren; Feste, in deren Verlauf sich die Pilger Nadeln oder Speere durch Zunge, Wangen, Brust stechen; Prozessionen, bei denen an die hundert geschmückte Elefanten mitgeführt werden – das sind Bilder, die kein Reisender vergißt, Ausdruck einer Lebens- und Denkweise, die tief in Hinduismus, Buddhismus, Konfuzianismus, Taoismus – den in Indien, Südost- und Ostasien vorherrschenden Religionen – verwurzelt ist.

Obwohl der europäische Einfluß nach 1498, nachdem Vasco da Gama als erster auf dem Seeweg Indien erreicht hatte, ständig zunahm, obwohl sich Portugiesen, Spanier, Briten, Niederländer, Dänen, Franzosen im Indischen Ozean tummelten und dort Handelsniederlassungen gründeten, kolonialisierten und missionierten, blieb der Auftritt der Europäer in diesem Teil Asiens ein Intermezzo, und seine Folgen waren lange nicht so verheerend wie etwa für Mittel- und Südamerika. Mag Englisch in Indien vorübergehend zweite Staatssprache neben Hindi gewesen sein, so gab und gibt es immer noch an die 800 Dialekte, Stammessprachen, Haupt- und Regionalsprachen. Obwohl das Christentum überall versuchte, seinen Einfluß geltend zu machen, findet sich in ganz Asien nur ein Staat mit überwiegend christlicher Religion: die Philippinen.

Aus der ›Heimat des Einhorns‹

Wenn man von ganz Asien spricht, muß man sich vor Augen halten, daß es sich dabei um den größten Kontinent der Erde handelt, der mit 44,4 Millionen Quadratkilometern ein Drittel der Erdoberfläche einnimmt, vom Mittelmeer bis zum Pazifischen Ozean reicht, vom Nordpolarmeer bis über den Äquator hinaus – 9000 Kilometer von West nach Ost, 7000 von Nord nach Süd... Entsprechend groß ist die landschaftliche Vielfalt: ewiges Eis, tropische Regenwälder, Meere, Inseln... Die Wüsten zusammengenommen bedecken eine Fläche größer als die Sahara, das Himalaja-Gebirge, in dem der höchste Berg der Erde liegt, dehnt sich über 597000 Quadratkilometer aus – Portugal und Spanien sind zusammen so groß. In 41 Ländern leben etwa 3000 Millionen Menschen unterschiedlichster Rassen und Völker, die teilweise auf eine 3000–4000jährige Geschichte zurückblicken und von denen viele – nehmen wir nur die Bewohner Vorderasiens und Chinas – uns Europäern über Jahrtausende kulturell, technisch und medizinisch weit überlegen waren.

In der Antike und im Mittelalter war Asien das Land der Wunder, in dem man die Heimat des Einhorns und des sagenhaften Vogels Greif vermutete, in dem Menschen mit Hundeköpfen lebten und solche, die gar keinen Kopf hatten und das Gesicht auf der Brust trugen. Sogar Marco Polo, der venezianische Kaufmann, der im 13. Jahrhundert als erster Europäer das Reich Cathay (China) bereiste und an sich ein sehr genauer Beobachter war, konnte sich von solchen Vorstellungen nicht frei machen. Seine Reise an den Hof des Kublai Khan dauerte 24 Jahre – wir jetten heute in weniger als 20 Stunden von Mitteleuropa nach Bangkok, Peking oder Tokio.

›Länder des Lächelns?‹

Unsere Erwartungen sind realistischer geworden, es muß kein Einhorn mehr sein. Wir geben uns mit Elefanten, Affen, Riesenschildkröten und tropischen Fischen zufrieden. Statt Menschen mit Hundeköpfen jagen die männlichen Touristen dem Ideal des jungen, schönen Thai-Mädchens nach, das sich auch noch per Katalog ins Eigenheim bestellen läßt; das Wunder, an das wir alle gern glauben, ist, daß in den ›Ländern des Lächelns‹ jedes freundliche Gesicht Ausdruck einer glücklichen, sorgenfreien Existenz ist. Die Hüttendörfer am Rande der Luxushotels, die Bettler werden dabei gerne übersehen, Gedanken an Übervölkerung, Unterernährung, Analphabetismus verdrängt.

Für die Malediven, Sri Lanka, Thailand, Bali und andere vom westlichen Tourismus bevorzugte Länder Süd-, Südost- und Ostasiens ist der Fremdenverkehr ein nicht mehr wegzudenkender Wirtschaftsfaktor geworden. Man gibt sich unendlich Mühe, sich auf die Bedürfnisse des westlichen Gastes einzustellen; der bekannt gute Service, den man in den asiatischen Ländern findet, ist dabei eine große Hilfe. Arbeitskräfte sind billig, und was in den guten Hotels für vergleichsweise wenig Geld geboten wird, ist phänomenal. Schwerwiegender sind die Sprachprobleme: Man kann zwar davon ausgehen, daß man in den großen Hotels mit Englisch durchkommt, vor der Hoteltür aber gibt es bereits Probleme. In den meisten Ländern ist es daher sinnvoll, sich einen Wagen mit Chauffeur zu mieten, sofern man sich nicht mit den öffentlichen Verkehrsmitteln fortbewegen will. Die sind überall und reichlich vorhanden: Busse, Züge, Fahrradrikschas, in Bangkok die Tuk Tuks, auf den Philippinen die Jeepneys, in Japan der Shinkansen. Innerhalb Asiens ist das Flugzeug das wichtigste Fortbewegungsmittel, asiatische Fluglinien sind für ihren ausgezeichneten Service weltweit bekannt, in den meisten Ländern ist Fliegen sehr preiswert.

Wenn hier von Preisen die Rede ist, muß man natürlich relativieren: Immerhin decken wir ein Gebiet ab, das von Billigländern wie Thailand und Sri Lanka bis Japan, dem derzeit wohl teuersten Reiseland der Welt, reicht; genausowenig lassen sich über Klima und Reisezeit einheitliche Aussagen machen. Es ist aber wohl keine Übertreibung zu sagen, daß man in irgendeinem der hier behandelten Länder immer ein sonniges Fleckchen finden wird, sei es im Winter oder im Sommer. Und daß man in diesen Ländern eine Gastlichkeit, Offenheit und Freundlichkeit erleben wird, wie man sie sonst auf der Welt wohl suchen muß.

Dafür, daß der Massentourismus nicht mehr nivelliert und ruiniert als seinerzeit der Kolonialismus, sollte sich jeder verantwortlich fühlen, der heute nach Fernost fliegt, die Gastfreundlichkeit der Menschen genießt, ihre grandiosen Kulturdenkmäler bestaunt und an ihren Stränden zwischen Palmen und Orchideen sein Paradies findet.

Malediven

Wir können mehr, als wir denken, wir können zum Beispiel alle ein bißchen Maledivisch. Freilich nur ein Wort und keines, das unsere tägliche Konversation nachhaltig prägen würde: Wann spricht man schon vom »Atoll«? Im Geographieunterricht vielleicht, wo man das ringförmige Gebilde als eine »Koralleninsel, die aus Riffkranz und Lagune besteht« kennenlernt. Und natürlich in Taucherkreisen. Dort wiederum schwärmt man von dem Land, aus dessen Sprache der Begriff Atoll abgeleitet wurde, vom Taucherparadies Malediven.

Die Angaben, aus wieviel Atollen die Malediven nun eigentlich bestehen, schwanken. Die einen sprechen von 26, die anderen von 18 bis 24. Zu administrativen Zwecken hat man sich auf 19 Atolle festgelegt, die sich entlang des 73. Meridians reihen. Die Nord-Süd-Ausdehnung beträgt 760 Kilometer, die maximale Ost-West-Ausdehnung liegt bei 130 Kilometern. Auch bei der Anzahl der Inseln scheiden sich die Geister: Die offizielle Angabe der Regierung lautet 1196, nur 203 sind bewohnt, andere Quellen sprechen von etwa 2000 Inseln.

Die Malediven sind etwa 770 Kilometer von Sri Lanka entfernt, und man nimmt an, daß sie von dort aus auch besiedelt wurden. Arabische Kaufleute brachten den Islam ins Land, der den Buddhismus im 12. Jahrhundert verdrängte und bis heute Staatsreligion ist. Im 16. Jahrhundert unternahmen die Portugiesen einen Kolonisierungsversuch, Niederländer, Franzosen und Engländer traten als Schutzmächte auf. Seit 1965 sind die Malediven ein souveräner Staat.

Vom Tourismus wurden die Inseln erst vor etwa zehn Jahren entdeckt, heute ist der Fremdenverkehr ein nicht mehr wegzudenkender Wirtschaftsfaktor für das arme Land, das außer Fisch und Kokosnußprodukten nichts zu exportieren hat und Grundnahrungsmittel wie Reis einführen muß. Was den Standard der ›Resorts‹ betrifft, so darf man sich nicht zuviel erwarten, er liegt fast immer unter dem internationalen Niveau. So wird man zum Beispiel Süßwasserpools auf den Malediven vergeblich suchen, dazu sind die Wasserprobleme zu groß. Auch aus der Dusche kommt häufig Salzwasser, trinken sollte man nur extra als Trinkwasser ausgewiesenes Wasser. Wegen des begrenzten Lebensmittelangebots ist die Küche eher eintönig, kulinarische Höhepunkte fehlen ebenso wie kulturelle. An Klima (beste Reisezeit August bis Mai), Strände, Wasser und vor allem an die Tauchbedingungen jedoch darf man höchste Erwartungen stellen, sie werden nicht enttäuscht werden.

Reethi Raa

Tropisches Musterländli

Vom Schweizer war uns bislang nur bekannt, daß er die Berge liebt, in denen er sich wehrhaft und trutzig verhält – daß er auch auf Inseln heimisch werden kann, noch dazu auf solchen, die sich maximal drei Meter über den Meeresspiegel erheben, war uns neu. Es scheint aber zu klappen, und gar nicht schlecht. Reethi Raa, die »erste Schweizer Insel in den Malediven«, floriert nun schon seit ein paar Jahren, und das Schweizer Team, unter dessen Leitung das Hotel steht, hat wohl gelernt, mit der Bergwelt unter Wasser vorlieb zu nehmen.

Reethi Raa liegt auf der Insel Medhufinolhu im Nordwesten des Nordmale-Atolls, etwa 30 Kilometer vom Flughafen entfernt. Die Insel ist 850 Meter lang, am Südende 120 Meter und am Nordende 30 Meter breit. An der Ostseite bietet die große, für maledivische Verhältnisse mit 1,50 Metern tiefe Lagune wunderbare Voraussetzungen zum Schwimmmen und Surfen (ideal für Anfänger). Schnorchler, die über die große Lagune vielleicht nicht so glücklich sind – die Entfernung zum Riff beträgt 300 bis 400 Meter, und die muß man erst mal schwimmen, bevor man schnorcheln kann –, finden in einer Entfernung von 300 Metern an einer der schönsten Stellen des Riffs ein Floß vor, von dem aus sie ihre Unterwasserausflüge starten können. Für Taucher steht ein komplettes Tauchzentrum zur Verfügung, es werden Kurse für Anfänger und Fortgeschrittene durchgeführt (mehrsprachige Tauchlehrer) und täglich Ausflüge zu den schönsten Tauchgebieten organisiert. Windsurfer finden eine Club Mistral Basis mit modernem Material und einer großen Auswahl von verschiedenen Brett-Typen vor, hier unterrichtet ein Schweizer Lehrer.

Sonstige Sportarten: Wasserski, Segeln, Tischtennis, Volleyball, Boccia.

Das Management bemüht sich um eine legere, freundschaftliche Atmosphäre und sorgt auch außerhalb des feuchten Elements für Unterhaltung. Barbecues auf einer unbewohnten Nachbarinsel, Ausflüge und Disco-Abende stehen auf dem Programm. Im Hauptgebäude, dem Zentrum des geselligen Lebens, findet man eine Boutique, eine Bar und das Restaurant; auf der unbewohnten Seite der Insel liegen ein Coffee Shop und die Sunset Bar, so genannt, weil man von diesem in die Lagune hineingebauten Pavillon einen herrlichen Blick zum westlichen Außenriff und auf die untergehende Sonne hat. Auch der Koch ist aus der Schweiz importiert, und er gibt sich alle Mühe, trotz des mageren Angebots einen möglichst abwechslungsreichen Speiseplan zu erstellen.

Die 50 Bungalows stehen am östlichen Strand. Sie sind geräumig, sehr einfach im landesüblichen Stil eingerichtet und mit Dusche (Kaltwasser), WC und Deckenventilator ausgestattet.

Club Med Faru

Zauberer mit begrenzten Mitteln

Farukolufushi heißt die sichelförmige Insel mit vollem Namen – mit so etwas Unaussprechlichem wollte sich der Club Med – Devise »unbeschwerte Lebensfreude an den schönsten Stränden« – natürlich nicht beschweren und kürzte ab: Faru heißt das Eiland bei GOs und GMs. Es liegt im Nordmale-Atoll, etwa fünf Kilometer vom Flughafen und eine halbe Bootsstunde von Male, der Hauptstadt des Inselreichs, entfernt.

Wer den Club kennt, kann sich vorstellen, mit welcher Perfektion auch hier wieder gearbeitet wurde. Das fängt schon bei der Auswahl der Insel an: Faru liegt in der Nähe des zum Tauchen besonders gut geeigneten Außenatolls, das Außenriff im Osten ist etwa 400 Meter entfernt und von der Insel durch eine flache Lagune getrennt. Die Lagune im Westen hingegen ist tief und lädt zum Schwimmen, Wasserskilaufen, Surfen und Segeln ein. An der Südwestspitze liegt außerdem noch ein breiter Sandstrand, ideales Badegebiet, da es hier keine Korallen gibt.

Auch architektonisch ist die Anlage geglückt: weiße Bungalows zwischen hohen Kokospalmen, strohgedeckte Dächer, im Zentrum eine bizarre, an die Form der Dhonis, der maledivischen Fischerboote, erinnernde Dachkonstruktion. Daß die Ausstattung der Zimmer, wie immer bei Club Med, einfach ist, fällt gar nicht mehr auf, das ist man auf den Malediven gewohnt. Was aber leider allzuviele Gäste ignorieren, ist, daß selbst die GOs keine Zauberer sind und nur mit den Pfunden wuchern können, die sie haben: »Es kommen immer wieder Beschwerden, weil die Leute erwarten, daß wir hier kochen wie in Frankreich oder Thailand.« Beschwerden, die ungerechtfertigt sind, denn es steht im Katalog ganz klar und deutlich, wenn auch in schlechtem Deutsch, geschrieben: »Das Küchenpersonal verwendet nach besten Möglichkeiten die in seiner Auswahl begrenzten Nahrungsmittel des Landes.« Auch auf ein anderes Manko wird hingewiesen: Süßwasser ist Mangelware und steht nur sieben Stunden am Tag zur Verfügung.

Wer mit diesen kleinen Unannehmlichkeiten leben kann, dem sollte nichts abgehen auf Faru, weder was Unterhaltung noch das sportliche Angebot betrifft. Größte Attraktion ist natürlich die Unterwasserwelt. Ein Forschungstauchgang pro Tag ist frei, einen zweiten kann man gegen Bezahlung unternehmen. Es finden eine Einführung und theoretischer Unterricht statt, Unterwasservideos werden aufgenommen, auch ein Fotolabor ist vorhanden. Weitere Sportarten: Segeln, Windsurfen, Schnorcheln, Gymnastik, Yoga, Volleyball, Aerobic, Bogenschießen.

Villi Varu Resort

60 Türen zum Strand

Für Hotelanlagen geeignete Inseln auf den Nord- und Südmale-Atollen in Hauptstadt- und Flugplatz-Nähe sind rar geworden, seit der Tourismus auf den Malediven seinen Aufschwung nahm. So kam die indische Hotelgruppe Taj auf ihrer Suche nach Baugrund auf die etwas ausgefallene Idee, die Lepra-Isolierstationen Villi Varu und Bi Ya Doo zu Resorts umzufunktionieren – wo früher die Ärmsten der Armen lebten, sonnen sich heute die reichen »Turistu«, wie die Einheimischen die Fremden nennen.
Die Anlage wurde 1981 eröffnet und besteht aus Bungalows, die so um die Insel angeordnet sind, daß man von jedem der 60 Zimmer aufs Meer blickt und direkt Zugang zum Strand hat. Die Zimmer sind einfach eingerichtet, Duschen (warmes und kaltes Wasser) sind vorhanden, Deckenventilator oder eine regulierbare Klimaanlage gehören zur Ausstattung.

Es wird ausschließlich Vollpension angeboten; sie besteht aus einem kontinentalen Frühstück, Mittagessen im Buffet-Stil und einem Drei-Gang-Menü zu Abend. Das Restaurant – wie Rezeption, Souvenirgeschäft, Büroräume und Bar im Hauptgebäude untergebracht – ist voll klimatisiert. Man veranstaltet regelmäßig Barbecues, zweimal pro Woche wird zum Tanz aufgespielt.

Großartig und wie überall auf den Malediven bestechend sind die Wassersport- und Tauchmöglichkeiten. Wasserski, Windsurfen, Segeln, Schnorcheln und Tiefseefischen werden angeboten, dem Taucher stehen 10 l Alu-Tauchgeräte, Lungenautomaten mit Finimeter, Stabilizing Jackets, Blei und ABC-Ausrüstungen, UW-Lampen, Bauer Atemluftkompressoren KA 14 und eine Dräger Druckkammer 5 Bar zur Verfügung, Kurse werden für Anfänger und Fortgeschrittene durchgeführt. Bereits nach 20 bis 50 Metern erreicht man die Hausriffkante, täglich finden Fahrten zu anderen Tauchgründen statt.

Bi Ya Doo

Die etwas vornehmere Nachbarin

Nur 300 Meter von Villi Varu entfernt liegt Bi Ya Doo; zwischen den Inseln verkehrt ein Transferboot.

Die beiden Inseln liegen etwa 28 Kilometer von der Hauptstadt Male entfernt; die Fahrt vom Flughafen dauert circa zwei Stunden und ist allein schon die Reise wert: das Blau des Indischen Ozeans, aus dem wie grüne Tupfer die flachen kleinen Inseln ragen, weiße Strände und Palmen, die sich im Wind wiegen.

Bi Ya Doo wurde 1982, ein Jahr nach Villi Varu, eröffnet. Die Taj Hotelgruppe versucht, auf Bi Ya Doo gehobeneren Ansprüchen gerecht zu werden, wobei hier wieder die Relativität dieses Begriffs betont werden muß – die Malediven sind nicht Thailand oder Bali. Die 96 Zimmer, auf sechs Bungalows verteilt, haben alle Dusche (Warm- und Kaltwasser), WC und Klimaanlage (nicht regulierbar), Terrasse oder Balkon. Die Mahlzeiten werden in einem klimatisierten Restaurant serviert, die Vollpension umfaßt kontinentales Frühstück, mittags wird ein Buffet aufgebaut, das Abendessen besteht aus einem Drei-Gang-Menü. Zwei Bars stehen zur Verfügung, zweimal pro Woche kann man sich bei Discomusik austoben. Hervorzuheben ist auch hier wieder das Tauch- und Sportangebot, das mit dem von Villi Varu identisch ist.

Cocoa

Ein Traum wird wahr

»Wir gelangten zu einer dieser Inseln, die klein ist und nur ein einziges Haus trägt, welches ein Weber mit Frau und Kindern bewohnt. Er besitzt Kokospalmen und ein Boot, mit dem er auf Fischfang fährt oder zu anderen Inseln. Auch Bananenstauden wachsen auf der Insel. Wir sahen keine Landvögel außer zwei Raben, die uns entgegenflogen und unser Schiff umkreisten, als wir bei der Insel anlegten. Bei Gott, ich beneide diesen Mann und wünschte, die Insel gehörte mir, um mich darauf zurückzuziehen, bis mein letztes Stündlein geschlagen hätte.«

So ähnlich wie Ibn Batuta, der 1343 auf den Malediven landete und eineinhalb Jahre hier lebte, mag es auch dem Photographen Eric Klemm gegangen sein, als er 1978 bei seiner Arbeit eine kleine Insel entdeckte: 400 Meter lang, 56 Meter breit, im Osten eine lange Sandbank. Klemm ging es besser als Batuta. Die Insel, die er Cocoa nannte, war unbewohnt, und der Photograph konnte realisieren, wovon der arabische Reisende träumte: Cocoa gehört ihm, und er hat sie zum Resort ausgebaut, »für Freunde und Gleichgesinnte«, wie er sagt.

Die Intimität des tropischen Paradieses zu erhalten ist ihm wichtig. In den acht Bungalows finden etwa 24 Personen Platz. Die Häuser sind im polynesischen Stil erbaut und sehr geschmackvoll eingerichtet. Weiße Koralle und Kokosnußholz fanden Verwendung, die Dächer sind mit Palmwedeln gedeckt. Eine Holztreppe führt hinauf auf eine zweite Ebene, die als Schlafraum dient. Aircondition gibt es keine, man braucht sie auch nicht bei der luftigen Bauweise der Häuser und dem angenehmen Wind, der auf den Malediven immer geht. Dusche (kaltes Wasser) und WC sind vorhanden.

Besonderen Wert legt der Hausherr auf eine gepflegte Küche, dem Angebot auf den Malediven entsprechend hat er sich auf Fisch spezialisiert, dazu bietet er eine Auswahl an Weinen an, die sich sehen lassen kann, und französischen Champagner.

Das offene Restaurant liegt direkt am Strand, eine kleine Bar steht auf Stelzen im azurblauen Wasser des Indischen Ozeans.

Ein Großteil des Sportangebots ist im Preis inbegriffen, so Windsurfen, Segeln, Wasserski, Fischen, Schnorcheln, Volleyball und Tischtennis. Auch einen Ausflug pro Woche kann man gratis mitmachen. Ausflugsmöglichkeiten bestehen zu einem Fischerdorf in der Nähe und zu den beiden Resorts Villi Varu und Bi Ya Doo. Gegen Gebühr kann man ein Motorboot mieten.

Das Hotel hat keine eigene Tauchbasis, hier schließt man sich dem Angebot der Nachbarinsel Bi Ya Doo an (siehe dort).

Nika Hotel

Auf Händen durchs Atoll getragen

Wirklichen, an westlichen Maßstäben orientierten Luxus auf den Malediven? Es gibt ihn, man muß sich ihn allerdings etwas kosten lassen. Wo? Auf Nika, einer kleinen Insel im Ari-Atoll, jenem Atoll, das gerade erst für den Tourismus erschlossen wird.

Nika liegt etwa 70 Kilometer vom Flughafen entfernt, mit dem Schnellboot legt man die Strecke in zwei Stunden zurück. Bereits am Flughafen und in Male bietet man den an- oder abreisenden Gästen besonderen Service: Sämtliche Formalitäten werden erledigt, sollte eine Übernachtung in der Hauptstadt nötig sein, steht ein privates Appartement zur Verfügung.

Auf der Insel gibt es nur 25 Bungalows, originelle, aus Korallengestein und exotischen Hölzern in Rundbauweise errichtete Gebäude, die mit ihren strohgedeckten Dächern fast wie Schwammerl aus dem dichten tropischen Grün ragen. Zu jedem Haus gehören ein eigener Garten, in dem man auch ungestört frühstücken kann, und ein Privatstrand. Die Individualität des Gastes, die Wahrung der Privatsphäre bei exzellentem, auf persönliche Wünsche eingehenden Service sind den Mitarbeitern des Nika-Hotels ein Anliegen.

Die Bungalows sind so gestaltet, daß man sich gerne dorthin zurückzieht; sie sind sehr geräumig – 70 Quadratmeter Wohnfläche – individuell und originell eingerichtet. Schlafzimmer, Wohnzimmer, Dusche, Toilette gehen in Rundbauweise ineinander über, die Fenster sind nicht verglast – nachts werden schwere Vorhänge vorgezogen, das Bett schützt ein Moskitonetz. Aircondition ist dadurch unnötig, Ventilatoren sind vorhanden.

In der Küche spürt man, wes Kind das Nika-Hotel ist: Carpaccio, Tortellini, Spaghetti stehen auf dem Speiseplan. Zweimal pro Woche wird maledivisch gekocht, das Angebot ist breit gefächert und umfaßt außer Fisch auch Fleisch und frisches Gemüse.

Das Sportangebot steht nicht hinter dem auf den Malediven üblichen zurück: Tauchschule, Tennis, Federball, Schnorcheln, Angeln.

Indien

»Ich muß gestehen, keine vom Glück mehr begünstigte Stadt zu kennen als die eure, keine Menschen, die ein besseres Leben hätten, die Inder ausgenommen. Dort nämlich führen, wie man sagt, die Flüsse nicht wie bei uns Wasser, sondern Milch, klaren Wein, Honig und Öl… Die Ströme fließen einen Monat für den König, und das sind seine Einnahmen, den Rest des Jahres für das Volk… Viele Kanäle gibt es dort, die von den Flüssen abgeleitet sind, teils größer, teils kleiner und miteinander verbunden, nach Gutdünken von den Indern angelegt. Dann sind da die Bäder, die einen mit warmem Wasser, weißer als Silber, die anderen mit dunkelblauem, wegen der Tiefe und Kälte. Da schwimmen Frauen und Kinder, alle zusammen und alle schön… Alter, Krankheit und Armut gibt es nicht bei ihnen.«

Niemand, der auch nur annähernd über Weltpolitik informiert ist, wird annehmen, daß es sich bei diesem Text um ein zeitgenössisches Dokument handle. Assoziieren wir doch mit Indien das genaue Gegenteil einer heilen Welt mit Schlaraffenlandzügen, Armut nämlich, krasseste soziale Gegensätze, Kastenwesen, allgegenwärtiges Elend. Und natürlich war In-

dien auch im 1. Jahrhundert n. Chr., zu der Zeit, als Chrysostomos, der Verfasser dieser Zeilen, lebte, nicht das Land, wo Milch und Honig fließen. Es bot sich solchen Visionen nur an als fernes, unentdecktes Reich, das die Griechen in seinen Bann gezogen hatte.

Seit der Zeit Alexanders des Großen war ›India‹ Synonym für alle Verlockungen des Morgenlandes: betörende Düfte, funkelnde Steine, feinste Stoffe, märchenhaften Reichtum. Die Faszination, die dieses Land auf die Europäer ausübte, ist unvorstellbar und vielleicht nur der vergleichbar, die heute vom

Weltall ausgeht. Den Seeweg nach Indien zu finden – dieser Wunsch war so stark, daß man sich aufmachte, die Erde zu umsegeln, sich um Afrika herumwagte, vorbei am sagenumwobenen Kap Bojador, wo man, so war man sicher, verschlungen werden würde. Ähnlich wie die Wissenschaft im 20. Jahrhundert von den Raumfahrtforschungen profitierte, so ist die Entdeckung der Welt im 15. und 16. Jahrhundert zum Großteil ›Abfallprodukt‹ der Suche nach einem Weg zu den Schätzen Indiens. »Irrtümer«, schrieb Erich Kästner, »haben ihren Wert; jedoch nur hie und da. Nicht jeder, der nach Indien fährt, entdeckt Amerika«.

Columbus bekanntlich irrte. Was er suchte, fand erst Vasco da Gama. 1498 erreichen seine Schiffe Kalikut an der indischen Küste. Ein portugiesisches Seereich entsteht, an der Westküste Indiens werden Handels- und Missionsstationen gegründet. Daman, Diu und Goa bleiben zwar bis 1961 in portugiesischem Besitz, seine Bedeutung als Handelsmacht auf dem Subkontinent verliert Portugal aber schon sehr viel früher. Die Holländer setzen sich fest, Engländer und Franzosen wollen ihr Stück vom kolonialen Kuchen. Schließlich behaupten sich die Engländer: Mitte des 19. Jahrhunderts befindet sich der Großteil des indischen Subkontinents in britischer Hand.

1857 kommt es zum ersten großen Aufstand gegen die Fremdherrschaft: Die bengalische Armee meutert, England muß Truppen aus den angrenzenden Ländern abziehen, um Herr der Lage zu werden. Indien, das bislang von der Britisch-Ostindischen Kompanie verwaltet wurde, wird nun direkt der Krone unterstellt, alle Inder erhalten die britische Staatsbürgerschaft. 1885 nimmt die Unabhängigkeitsbewegung mit der Gründung des Indian National Congress ihren Anfang, jahrzehntelange Kämpfe gegen die Kolonialherren folgen, Mahatma Gandhi ruft zum gewaltlosen Widerstand auf, Auseinandersetzungen zwischen Hindus und Mohammedaner erreichen kriegerische Ausmaße. 1947 teilen die Briten das Land überstürzt und unüberlegt in zwei unabhängige Staaten: das hinduistische Indien und das mohammedanische Pakistan. Rassenunruhen und ein unvorstellbares Flüchtlingselend sind die Folge.

Dieser kurze Exkurs über die letzten 500 Jahre der indischen Geschichte kann nicht mehr sein als ein Versuch, Teile der Problematik des Riesenlandes aufzuzeigen, einer Problematik, die fortdauert – das wurde nicht zuletzt bei der Ermordung Indira Gandhis 1984 deutlich – und die zum Großteil auf politische Fehler der europäischen Kolonialherren zurückzuführen ist. Auf die gesamten 5000 Jahre indischer Geschichte einzugehen ist in diesem

S. 92/93: Tempelanlage in Palitana
Oben: Tänzer beim Heiratsmarkt in Tarinetar
Mitte: Festlich geschmückter Elefant
Unten: Das Rote Fort in Delhi

Rahmen unmöglich, ebensowenig wie den Charakter des Landes in ein paar Sätzen zu fassen oder seine vielfältigen Sehenswürdigkeiten zu schildern. Wenn man sich verdeutlicht, daß Indien so groß ist wie Finnland, Schweden, Dänemark, Großbritannien, die Niederlande, Belgien, Frankreich, die Bundesrepublik Deutschland, Österreich, die Schweiz, Italien, Spanien und Portugal zusammen und zu allen Zeiten ein zersplitterter Vielvölkerstaat war, wird man die Dimensionen, die Vielschichtigkeit und Widersprüchlichkeit des Landes erahnen.

Rechts: Mausoleum für die Lieblingsgattin – das berühmte Taj Mahal, das ›vollkommenste Bauwerk der Welt‹
Mitte: Pilger in der heiligen Stadt Benares, die heute wieder ihren alten Namen Varanasi trägt. Hierher strömen gläubige Hindus, um sich im Ganges von ihren Sünden reinzuwaschen (links unten)

Dem Reisenden nur noch dies zur Beherzigung: Indien ist ein außerordentlich faszinierendes, aber in keiner Weise einfaches Reiseland. Elend und soziale Gegensätze sind allgegenwärtig. Indien fordert heraus, zwingt ständig zur Auseinandersetzung – wer sich nur am Strand entspannen will, ist hier fehl am Platz. Auch in den »Bädern, den einen mit warmem Wasser, weißer als Silber, den anderen mit dunkelblauem, wegen der Tiefe und Kälte« sind, Chrysostomos zum Trotz, nicht alle schön. Alter, Krankheit und Armut gibt es.

Goa

»Das den Mauren entrissene Goa wird später die Königin des ganzen Orients werden und sich dank den Triumphen dieses siegreichen Volkes mit Ruhm bedecken. Hochfahrend und stolz auf ihre Erfolge wird es die Völker der Götzenanbeter unterwerfen und jedwede Nation beherrschen, die es wagen sollte, sich mit den Portugiesen zu messen.«

So spricht Luis de Camões (1524–1580), der als einer der bedeutendsten Dichter Portugals gilt und hier beredtes Zeugnis davon ablegt, daß bedeutende Dichter nicht unbedingt immer recht haben müssen: Das 1510 von Alfonso de Albuquerque gegründete Goa nahm zwar als erste permanente europäische Handelsniederlassung in Indien eine besondere Rolle ein, die sonstigen Erwartungen Camões erfüllte es jedoch nicht.

Goa stand bis 1961 unter portugiesischer Verwaltung, und diese fast 450 Jahre Fremdeinfluß gingen natürlich nicht vorbei, ohne Spuren zu hinterlassen. 40 % der Menschen sind hier Katholiken (in ganz Indien bekennen sich knapp 2 % zum Katholizismus), in Velha Goa, der alten Hauptstadt, blieben bedeutende portugiesische Bauten erhalten.

Europäer und betuchte Inder wissen das nur eine Flugstunde von Bombay entfernte Goa, in dem portugiesische und indische Lebensart eine so reizvolle Mischung bilden, als Strand- und Erholungsparadies zu schätzen.

Als beste Reisezeit gelten die Monate November bis Februar.

Fort Aguada Beach Resort

Von der Festung zum Fünf-Sterne-Hotel

Wenn das die alten Portugiesen wüßten! Auf den Mauern, die sie einst zum Schutz vor Feinden errichteten, spazieren heute Bikini-Touristen; die Boote, die sich Calangute Beach nähern, tragen keine Kanonen mehr, sondern bringen Hummer und frischen Fisch, der auf der Terrasse des Restaurants serviert wird – Fort Aguada hat seine Bestimmung gründlich geändert: Auf den Resten des alten Festungsbaus entstand ein Luxushotel, das unter den Badehotels Indiens seinesgleichen sucht.

Ein Haupthaus mit 14 Bungalows (es gibt insgesamt 120 Zimmer) fügen sich geschmackvoll in die Landschaft, der Blick aufs Meer und den 16 Kilometer langen Strand ist berauschend. Den Gästen steht ein Pool zur Verfügung, die Liegewiesen sind groß und schattig, da findet man immer ein ruhiges Plätzchen.

Das Fort Aguada und Taj Holiday Village gehören zusammen, ihr Sportangebot ist identisch.

Hotel Oberoi Bogmalo Beach

Manche mögen's unterhaltsam

Einen Schönheitswettbewerb würde dieser Betonkasten Baujahr 1978 nun wirklich nicht gewinnen, aber das macht ja nichts. Schließlich wollen sich nicht nur Perfektionisten und Super-Ästheten am Strand erholen, sondern auch Leute, die's lustig und unterhaltsam mögen. Und die sind im Bogmalo richtig. Da werden Ausflüge und Sightseeing-Touren angeboten, mehrmals pro Woche finden Tanzveranstaltungen oder Barbecues – mit und ohne Gesellschaftsspielen – statt, folkloristische Darbietungen stehen genauso auf dem Programm wie Kostümprämierungen.

Die Zimmer – in dem sechsstöckigen Gebäude gibt es 13 Standard-Räume, zwei Superior und vier Suiten, alle mit Meerblick – sind dem internationalen Standard entsprechend zweckmäßig eingerichtet. Die zwei Restaurants, eines im Hauptgebäude und das andere in Poolnähe untergebracht, bieten lokale und internationale Küche.

Die Wassersportmöglichkeiten umfassen Schnorcheln, Windsurfen, Rudern, Fallschirmsegeln, Wasserscooter, Tiefseefischen.

Taj Holiday Village

Ein Dorf in Goa heißt willkommen

Das Taj liegt etwa 200 Meter von Fort Aguada entfernt, so daß man die Einrichtungen der beiden Hotels benutzen kann. Am Taj besticht die ungezwungene Atmosphäre, hier fühlen sich auch Familien mit Kindern wohl. So wird zum Beispiel der im Zentrum gelegene Swimmingpool den Bedürfnissen von Kindern und Erwachsenen gerecht: Für die einen gibt es ein Planschbecken, für die anderen eine Pool-Bar.

Der Architekt der 1981 eröffneten und später mehrmals erweiterten Bungalow-Anlage hat versucht, den Stil der in Goa typischen Dörfer zu treffen, auch die freundliche Inneneinrichtung orientiert sich an der landesüblichen Tradition.

An Wassersportmöglichkeiten werden geboten: Wasserski, Segeln und Windsurfen, außerdem gibt es zwei Tennisplätze und einen Fitness-Raum.

Sri Lanka

Utopos gründet einen Staat. Seine erste Amtshandlung: Er trennt die Halbinsel vom Festland. ›Utopia‹ liegt auf einer Insel.

Robinson strandet. Fernab jeder Zivilisation muß er neu beginnen, die Entwicklung vom Primitiven zum aufgeklärten Menschen nachvollziehen. Schauplatz: eine Insel.

Bräunungsstudios in unseren Städten werben mit ›Sonneninseln‹. Und wenn einer die Nase voll hat vom Alltag, von Politik und Arbeit ist er ›reif für die Insel‹.

Inseldasein. Synonym für Unabhängigkeit, überschau- und erfaßbare Strukturen, Offenheit nach allen Seiten und Sicherheit durch Isolation. Eine archaische Vorstellung: das Land vom Wasser her erobern. Und, einmal gelandet, ganz neu anfangen. Zwischenmenschlich. Und gesellschaftlich.

Bevor sich die phantastische Literatur ihre Schauplätze im Weltall suchte, waren es Inseln, auf denen Träumer und Weltverbesserer ihre idealen Gesellschaften errichteten, imaginäre Inseln zumeist; eine aber, die zweimal in der utopischen Literatur auftaucht, gibt es wirklich: ›Taprobane‹.

Mit diesem Namen verbanden bereits Griechen und Römer eine kleine Insel im Südosten Indiens, die die Inder ›Lanka‹, ›Insel des glückhaften Zeichens‹, nannten. Eine Karte des Ptolemaios von Alexandrien aus dem 2. Jahrhundert verrät erstaunliche Ortskenntnisse; Reisende wie Marco Polo und Ibn Battuta besuchten die Insel; der englische Humanist Thomas Morus und der italienische Philosoph Campanella schließlich gaben ihr einen Platz in der utopischen Literatur: Campanellas ideale ›Sonnenstadt‹ liegt auf ›Taprobane‹, Morus' ›Utopia‹, der Staat, in dem nach der besten Verfassung regiert wird, trägt Züge der ›Insel des glückhaften Zeichens‹:

»Die Insel der Utopier dehnt sich in der Mitte (da ist sie am breitesten) auf 200 Meilen aus und wird auf langen Strecken nicht viel schmäler; nach den Enden hin nimmt die Breite allmählich ab.«

Ersetzt man Meilen durch Kilometer, so ist Morus' Beschreibung gar nicht so weit von der Realität entfernt: Sri Lankas maximale West-Ost-Ausdehnung beträgt 225, die Nord-Süd-Ausdehnung 435 Kilometer. Die Größe des Landes entspricht nur ungefähr der des Freistaats Bayern, seine Lage hingegen genau der Wunschvorstellung manch eines bayerischen Politikers, der den Freistaat so gern auf

Esala Perahera, das prächtigste Fest Sri Lankas: Geschmückte Elefanten ziehen mit der Zahnreliquie Buddhas durch Kandy

einer Insel sähe, autonom, fernab jeglicher nordischer Einflüsse... Leider allerdings zeigt die Realität Sri Lankas, daß das Inseldasein kein Garant für Harmonie ist, gibt es doch sogar hier eine Gruppe, die sich abspalten möchte, ihren eigenen, freien Staat fordert: die Tamilen.

Die Tamilen stellen mit etwa 19 % der Bevölkerung die größte Minderheitengruppe Sri Lankas; sie stammen aus Südindien und hatten bereits Handelsstützpunkte auf der Insel, bevor die Singhalesen, ein nordindischer Volksstamm, einwanderten. Dies soll im 5. Jahrhundert vor Christus geschehen sein, zu der Zeit, als Buddha ins Nirwana einging. Zwei Jahrhunderte später kam Mahinda, ein Sohn des indischen Kaisers, auf die Insel Lanka und bekehrte den singhalesischen König zum Buddhismus. Er brachte einen Zweig des Bodhi-Baumes mit, unter dem Buddha erleuchtet worden war, und pflanzte ihn in der Königsstadt Anuradhapura. Gleichsam mit dieser Verpflanzung fand der Buddhismus in Sri Lanka seine neue Heimat; die Inder wandten sich wieder dem Hinduismus zu, Sri Lanka wurde zum Zentrum des Hinajana oder Theravada-Buddhismus.

Daß die Tamilen Hinduisten sind, erklärt nur teilweise den die gesamte Geschichte Sri Lankas bestimmenden Konflikt zwischen den beiden Gruppen. Die Probleme Sri Lankas sind eng mit denen Indiens verknüpft – die Tamilen auf Ceylon erhalten von den etwa 60 Millionen Tamilen in Südindien, die ebenfalls einen eigenen Staat fordern, Unterstützung –, die Angst der Singhalesen vor der Übermacht ist verständlich. Auch die Europäer – Ceylon war von 1517 bis 1948 Kolonie; Portugiesen, Holländer und Briten beherrschten das Land nacheinander und je 150 Jahre lang – nutzten und vertieften den Konflikt zwischen den beiden Volksgruppen. Unter den Briten erarbeiteten sich die Tamilen bessere Positionen, die Kolonialherren bevorzugten sie als die angeblich Intelligenteren und Fleißigeren. Nach der Unabhängigkeit schwang das Pendel in die andere Richtung: Solomon Bandaranaike gewann 1956 die Wahl mit einem an das Nationalgefühl der Singhalesen appellierenden Programm, das die tamilische Minderheit benachteiligte und diskriminierte. Vor allem der Schritt, Englisch als Verkehrssprache aufzugeben und statt dessen Sinhala, die den Tamilen vollkommen fremde Sprache der Singhalesen, zur Staatssprache zu machen, zielte darauf ab, der Minderheit im wahrsten Sinne des Wortes die Stimme zu nehmen.

Zu den ersten blutigen Unruhen kam es 1956; 1983 erreichten die Auseinandersetzungen ihren grausamen Höhepunkt. Obwohl kein Ausländer zu Schaden kam – die Urlauber wurden von Colombo aus evakuiert –, blieben die Bilder brennender Häuser und einander totprügelnder Menschen nachhaltig im Gedächnis der Weltöffentlichkeit: Die Besucherzahlen gingen drastisch zurück, erst in diesem Jahr beginnen sie langsam wieder zu steigen. Die gefährlichen Gebiete im Norden der Insel werden von einer indischen Friedenstruppe abgeriegelt und sind, ebenso wie die Nordostküste, für Touristen tabu. Zu besichtigen, erleben und genießen bleibt immer noch genug; es mögen Wolken übers Urlaubsparadies gezogen sein, mehr als kurze Schatten aber konnten sie nicht werfen – Sri Lanka ist immer noch zauberhaft, bezaubernd schön, betörend. Selbst erfahrene Weltreisende, die schon jedes schöne Fleckchen auf dem Erdball angejettet

Oben: Tanz als religiöse Ausdrucksform: Kandy-Tänzer
Links unten: Nur für Schwindelfreie – Aufgang zur Sigiriya-Feste mit den berühmten Wolkenmädchen
Rechts unten: Stelzenfischer von Weligama

Oben: Ein faszinierendes Erlebnis Ultraleicht-Fliegen auf Sri Lanka
Unten: Buddha-Figur im Felsentempel von Dambulla

haben, geraten beim Gedanken an die tropische Insel ebenso ins Schwärmen wie die Alten, wenn sie von ›Taprobane‹ berichteten:

»Nirgendwo, wirklich nirgendwo gibt es noch einmal diese Erfüllung nahezu sämtlicher Reise-Motivationen in einem überschaubar großen Land... Die Natur: weiße Strände, über die sich die Kokospalmen biegen, Korallengärten, kochende Urwälder, Reisterrassen, grüne sanfte Hügel, Gewürzgärten und große, tierreiche Naturschutzgebiete. Die Kultur: gewaltige Ruinenstädte, wunderschöne Reste einer großen Epoche, Tempel, Dagobas, Statuen, steinerne Zeugnisse tiefen Glaubens von damals und heute, Kunst und Handwerk, die seit Jahrtausenden Mythen und Märchen, Tänze und Traditionen lebendig halten. Die Menschen: Sie sind nach wie vor, bis auf wenige Ausnahmen, freundlich und liebenswert; ein lächelndes Volk, stolz auf seine große Geschichte, selbstbewußt in der Gegenwart. Aber ein Jahrzehnt mit fast ständig steigenden Touristenzahlen geht an keinem Land, an keinem Volk ohne Spuren vorbei«, schreibt Bernd Schiller in ›Ceylon kennen und lieben‹ (LN-Verlag).

Zu den negativen Auswirkungen des Tourismus zählen, wie in anderen Ländern der Dritten Welt auch, die Zunahme von Kriminalität, Drogenhandel und Prostitution, die allerdings, da sie offiziell verboten ist, keine solchen Auswüchse wie auf Thailand oder den Philippinen zeigt. Im Vergleich zu südostasiatischen Ländern wie Thailand und Bali gibt es auffallend viele Bettler, vor allem Kinder.

Es wäre ein Jammer, sich in Sri Lanka nur an den Strand zu legen – wer dies vorhat, ist auf den Malediven besser aufgehoben. Zu den wichtigsten Sehenswürdigkeiten gehören die beiden antiken Städte Anuradhapura und Polonaruwa. Erstere, bereits im 5. Jahrhundert v. Chr. gegründet, war mehr als 1000 Jahre lang Hauptstadt der Singhalesen. Da die Stadt in einer Trockenzone liegt, mußten Probleme der Wasserversorgung gelöst werden – die Bewässerungsanlage, die um Christi Geburt hier entstand, ist einzigartig in der ganzen antiken Welt. Ende des vorigen Jahrhunderts begann man die Ruinenstadt auszugraben und zu restaurieren. Es kamen prachtvolle Tempel- und Palastanlagen zum Vorschein, so großartig, daß sich der Vergleich mit den ägyptischen Pyramiden aufdrängt. Nachdem Anuradhapura Anfang des 11. Jahrhunderts endgültig zerstört wurde, übernahm Polonaruwa die Rolle als Zentrum buddhistischer und singhalesischer Kultur.

Weitere Punkte, die unbedingt auf dem Besichtigungsprogramm stehen sollten, sind die Dambulla-Höhlen, die mit Fresken und Buddha-Figuren ausgeschmückt sind, der Aukana-Buddha, seines Zeichens der größte Buddha auf der Insel, die Bergfeste Sigiriya mit den berühmten ›Wolkenmädchen‹ – Wandgemälden barbusiger Frauen, die der König, der sich diesen Fels als Fluchtburg ausbauen ließ, dort im 5. Jahrhundert anbringen ließ – sowie die Stadt Kandy mit dem Tempel, in dem die Zahnreliquie Buddhas aufbewahrt wird. Hier findet alljährlich im Juli/August das prächtigste Fest Sri Lankas, oder, wie manche meinen, gar ganz Asiens, statt: die Esala Perahera, ein Umzug mit etwa 100 geschmückten Elefanten, von denen einer die Zahnreliquie trägt. In der Umgebung Kandys ist der Botanische Garten von Peradeniya sehenswert.

Als beste Reisezeit für die gesamte Insel gelten die Monate Februar und März, die Westküste bereist man am besten während unseres Winters, im Süden und Südosten wird man das ganze Jahr über klimatisch angenehme Bedingungen vorfinden. Was die Verkehrsmittel betrifft, so verfügt Sri Lanka über ein gut ausgebautes Eisenbahnnetz, Busse erschließen das ganze Land. Vom Selbstfahren wird abgeraten: Wagen mit Fahrer kosten weniger als ohne.

Literaturempfehlung: ›Richtig reisen – Sri Lanka‹ von Jochen Siemens, DuMont Verlag.

Robinson Club Bentota

Robinson sucht Gesellschaft

Die Robinsöhne und -töchter hatten Pech: Kaum war ihr Club eröffnet, kam es zu den blutigen Auseinandersetzungen zwischen Tamilen und Singhalesen im Juli 1983, und die Touristen blieben aus. Richtig voll besetzt war die 300-Betten-Anlage noch nie, 1987 betrug die Auslastung gerade 15 %, 1988 sind es immerhin 36 %.

Was man befürchten könnte, nämlich, daß das Hotel in den ›mageren Jahren‹ verfiel und heute recht vergammelt ist, trifft nicht zu. Hotelgesellschaften wurden in den Krisenzeiten subventioniert, und der Club kann sich nach wie vor sehen lassen. Die Zimmer sind klein, einfach eingerichtet. Man kann zwischen Bungalows mit je zwei Gästezimmern und einem Zimmer in einem der zweistöckigen Hauptgebäude wählen. Die Anlage ist großzügig und weitläufig; mit Pagodendächern, handgeschnitzten Säulen und Wandelgängen versucht man, sich der landesüblichen Architektur anzugleichen.

Bentota liegt etwa 60 Kilometer südlich von Colombo auf einer etwa 1500 Meter langen, mit Palmen bewachsenen Landzunge zwischen dem Bentota-Fluß und dem Meer.

Die günstige Lage ermöglicht ein breites Wassersportangebot, so ist der Fluß zum Beispiel ideal zum Wasserskifahren; Windsurfen, Segeln und Tauchen werden angeboten, außerdem gibt es Tennisplätze (Lehm/Sandbelag), Volleyball, Tischtennis, Shuffleboard.

Wem es zu eintönig ist, sich immer nur am Pool zu rekeln, der kann sich den mannigfachen Aktivitäten anschließen, die sich die Animateure ausgedacht haben, die tagsüber ihre sportliche Begabung, abends ihre Show-Talente zeigen. Clubtheater, Tanz- und Folkloreveranstaltungen: Disco-Nachtschwärmer werden nicht müde in Bentota!

Hotel Triton

Fünf Sterne auf Sri Lanka

Alle Achtung! Den Ruf, das beste Hotel des Landes zu sein, hat sich das Triton jetzt immerhin schon einige Jahre erhalten. Das liegt sicherlich an der Lage – ganz einsam, in einem Palmenhain direkt am Strand; der Pool scheint, schaut man von der Halle her, direkt ins Meer überzugehen –, aber auch am Service und der Ausstattung, die für Sri Lanka luxuriös ist: Die Zimmer sind modern und komfortabel eingerichtet, bieten Aircondition, Musik, Telefon, Balkon/Terrasse meist mit Meerblick. Es gibt einige Suiten; insgesamt garantiert die Bettenzahl von 250 eine persönliche, nicht von Negativa des Großbetriebs geprägte Atmosphäre.

Das Triton liegt in der Nähe des kleinen Dorfes Ahungalla, südlich des Bentota-Flusses. Wer sich hier wohlfühlen will, muß Ruhe und gepflegte Atmosphäre zu schätzen wissen, denn ›los‹ ist hier eigentlich nichts. Das Sportangebot ist, verglichen zum Beispiel mit dem weiter nördlich liegenden Club Robinson, eher mager, es beschränkt sich auf einen Tennisplatz, Billard, Badminton, Volleyball, Tischtennis und Fitness-Raum. Für die, denen die tropische Hitze noch nicht genug ist, steht eine Sauna zur Verfügung.

Das Triton liegt 75 Kilometer südlich von Colombo, man fährt etwa zweieinhalb Stunden. Die Straße von Colombo nach Ahungalla führt durch ›Toddyland‹; Toddy ist ein milchiger, etwas säuerlich schmeckender Palmwein, der aus Palmblütensaft gewonnen wird. Die Männer, die den Saft einsammeln, müssen in luftiger Höh, auf Seilen, die zwischen den Palmen gespannt sind, arbeiten. Der Saft kommt in Holzfässer, die dann zur nächsten Sammelstelle transportiert werden. In Brennereien entsteht daraus ein Kokosnuß-Arrak.

Was der Toddy kann, erfährt man in den Bars des Triton; für weitere Gaumenfreuden gibt es ein Coffee Shop mit internationaler und landestypischer Küche sowie zwei Restaurants. Auf dem Programm stehen Barbecues, Folklore-Veranstaltungen und Tänze, ein Hotelanimateur sorgt für Unterhaltung; da werden Yogakurse, Poolspiele, Gymnastikkurse geboten, und wer auf den Geschmack gekommen ist, kann die Grundregeln der Küche Sri Lankas erlernen.

»Thailand!«

sagt der junge Mann im Flugzeug neben mir und verdreht genießerisch die Augen. »Wissen Sie, daß ich da schon zum fünften Mal hinfahre? Man wird süchtig auf dieses Land, glauben Sie mir.«

Was die Sucht betrifft, so gibt es ja einiges zu assoziieren, wenn man an Thailand denkt: Das berüchtigte ›Goldene Dreieck‹ etwa, jenes unzugängliche Berggebiet an der Grenze zu Burma und Laos im Norden des Landes, in dem der Schlafmohn gedeiht, aus dem Opium gewonnen wird. Oder die Heerscharen von Mädchen – mehr als 100000 sollen allein in Bangkok Nacht für Nacht ihre Körper und Dienste anbieten. Allerdings scheint es nicht, als sei der junge Mann in eine dieser Abhängigkeiten geraten. Er schwärmt viel eher von den sattgrünen Reisfeldern im Zentrum Thailands, von der Stadt Chiang Mai im Norden mit ihren Wällen, Wassergräben, Stadttoren und Tempeln, von Ausflügen zu den Bergstämmen, den Meo, Yao, Lisu, Lahu, Akha, Lawa und Karen, deren Dörfer man auf Trekkingtouren besuchen kann, von den malerischen Märkten, den Dschungelritten auf Elefantenrücken, den kilometerlangen Stränden und einsamen Buchten, den Tempeln und Kultstätten, Oasen der Ruhe selbst in der lauten, hektischen Millionenstadt Bangkok.

An Bangkok, der Hauptstadt Thailands, kommt keiner vorbei: Millionen Touristen landen alljährlich auf dem Don Muang Airport, einem der wichtigsten Flughäfen Südostasiens. Auch wenn Hitze, Abgase und der entsetzliche Verkehr auf acht- bis zehnspurigen Straßen abschreckend wirken, sollte man sich doch etwas Zeit nehmen für diese Stadt – der Königspalast und Wat Phra Keo sowie Wat Po, der älteste Tempel Bangkoks mit dem berühmten liegenden Buddha, zählen zu den wichtigsten Sehenswürdigkeiten; ein Abend auf der Terrasse des altehrwürdigen Oriental Hotels am Fluß gehört zu den unvergeßlichen Erlebnissen einer Südostasienreise. Die ehemals berühmten Schwimmenden Märkte im Stadtteil Thonburi sind nur noch rudimentär vorhanden, empfehlenswert ist dagegen ein Ausflug nach Damnoen Saduak, wo man das Markttreiben auf den Booten noch beobachten kann. Lohnendes Ausflugsziel im Westen der Hauptstadt ist Nakhon Pathom (höchster Chedi der Welt), im Nordosten sind der Khao Yai National Park und Phimai (Tempelanlage im Khmer-Stil) sehenswert.

Bangkok ist eine verhältnismäßig junge Stadt: 1782 machte es Rama I., der Begründer

Spektakel für Touristen: Thai Village Show im Rose Garden westlich von Bangkok

der heute noch herrschenden Chakri-Dynastie, zur Hauptstadt; den 200jährigen Geburtstag beging König Bhumibol 1982 mit allem Prunk und Pomp. Thailand ist seit 1932 konstitutionelle Monarchie; der König, Schutzherr des Buddhismus, wird von der Bevölkerung sehr verehrt – Kritik an der königlichen Familie wäre eine Ungehörigkeit, die sich kein Ausländer erlauben sollte.

Vor Bangkok war das etwa 70 Kilometer nördlich gelegene Ayuthia über 400 Jahre lang Hauptstadt, eine prachtvolle Stadt, wie europäische Reisende berichteten. Vor allem im 17. Jahrhundert bestanden rege Handelsbeziehungen zwischen Siam – so hieß Thailand damals – und Europa, europäische Kolonie ist Thailand als einziges Land Südostasiens nie gewesen. Ayuthia ist heute eine Ruinenstadt – faszinierend nicht nur für kunstgeschichtlich Interessierte – und teilt damit das Schicksal ihrer Vorgängerin Sukhothai, der ersten Königsstadt Siams, die von der Mitte des 13. bis Mitte des 14. Jahrhunderts Zentrum des Reiches war. Die Entwicklung einer eigenen thailändischen Kultur nahm hier ihren Anfang, Verwaltung und Religion wurden vereinheitlicht, das Thai-Alphabet entstand.

Thai ist eine Tonsprache, d.h. die Tonhöhe, in der man ein Wort spricht, entscheidet über seine Bedeutung; die meisten westlichen Besucher kommen über »Sawadi«, das soviel wie »Willkommen« und »Guten Tag« heißt, nicht hinaus und behelfen sich, nicht immer mit Erfolg, mit Englisch. In Bangkok und in den großen Hotels kann man Englischkenntnisse voraussetzen, auf dem Land und in neueren Touristenzentren, die nicht genug geschultes Personal zur Verfügung haben, steht man seinen freundlichen Gastgebern meist sprachlos gegenüber.

Nicht zuletzt wegen dieser Sprachprobleme sollte man sich sehr genau überlegen, ob man auf eigene Faust mit dem Mietwagen losziehen möchte. Der thailändische Verkehr spricht allem Hohn, was man je in der Fahrschule gelernt hat, ein Großteil der Schilder ist nicht zu entziffern, für viele der Straßen ist selbst die Bezeichnung »Piste« euphemistisch. Viel einfacher und – wenn man geschickt handelt – nicht einmal viel teurer ist es, sich einen Wagen mit Fahrer zu nehmen, wenn man es nicht überhaupt vorzieht, die öffentlichen Verkehrsmittel zu benutzen. Busse und Züge erschließen das Land, das Flugnetz ist gut ausgebaut.

Es wäre schade, nur wegen der Strände nach Thailand zu fahren; die Stadt Chiang Mai im Norden ist eine Reise wert, von dort lassen sich Ausflüge zu den Bergstämmen und zu Arbeitselefanten-Trainingslagern unternehmen. Über Land fährt man dann Richtung Bangkok und kann auf dem Weg Lamphun (Kloster Wat Phra That Haripunchai), Si Sachanalai (zur selben Zeit wie Sukhothai als Residenzstadt des Kronprinzen entstanden), Sukhothai, Lopburi (ehemalige Hauptstadt der Khmer) und Ayuthia besichtigen.

Thailand hat landschaftlich und kulturell Großartiges zu bieten, das bezauberndste aber sind seine Menschen, ihre Art, miteinander umzugehen, die Offenheit und Freundlichkeit, mit der sie den Gast willkommen heißen. Güte, Toleranz, Mitleid, Geduld, das Vermeiden jeder Aggression oder Konfrontation – ein gläubiger Buddhist strebt nach diesen Tugenden, und Thailand ist geprägt von jahrhundertelanger buddhistischer Tradition. 95 % der Bevölkerung bekennen sich zum Theravada- oder Hinayana-Buddhismus, der älteren Form der Lehre Buddhas, die sich vom Mahayana-Buddhismus dadurch unterscheidet, daß jeder sein Karma durch seine Art zu leben selbst be-

Links: Markttreiben auf Booten – Floating Market von Damnoen Saduak
Rechts oben: Der Königspalast in Bangkok
Unten: Thai-Mädchen

stimmt und sein Heil ohne Vermittlung eines Erlösers erreichen kann. Wer zum Beispiel den Mönchen etwas gibt, verbessert sein Karma. Die Chance dazu hat man jeden Morgen, wenn die orange gekleideten Männer bei den Gläubigen Spenden sammeln gehen – es bedankt sich immer der Gebende bei den Mönchen, nie umgekehrt. Das klösterliche Leben folgt dem absoluten Armutsgebot, für Nahrungsmittel und Kleider sorgen die Gläubigen. Es gibt in Thailand etwa 25 000 Klöster; von jedem jungen Thai wird erwartet, daß er mindestens drei Monate in einem Kloster lebt. Da der Buddhismus eine sehr tolerante Religion ist, konnten sich in Thailand auch noch animistische Formen erhalten, der Geisterglaube ist in allen sozialen Schichten verbreitet, Geisterhäuschen zeugen allerorten davon.

Die Toleranz der Thai bringt es mit sich, daß sie von einem Fremden nicht erwarten, daß er alle Spielregeln des sozialen und religiösen Lebens kennt. Ein paar Grundsätze sollte man aber beachten, um seine Gastgeber nicht zu verletzen und im fremden Kulturkreis nicht unangenehm aufzufallen. Dazu gehört der Respekt Mönchen gegenüber, vor allem Frauen dürfen sie nie berühren oder sich neben sie setzen; dazu gehört auch, daß man Tempel nicht nachlässig gekleidet betritt. Nacktbaden ist an Thailands Stränden nicht üblich, auch das sollte man respektieren. Weitere Informationen, die einem Land und Leute näher bringt, bietet der DuMont-Führer ›Richtig reisen – Thailand‹ von S. Loose und R. Ramb.

Noch ein Wort zur Reisezeit: Thailands Klima wird bestimmt vom Monsun: Von Mai bis Oktober ist der Südwestmonsun vorherrschend, und es kommt zu starken Regenfällen. Von Oktober bis April hingegen ist es trocken, das Land steht unter dem Einfluß des Nordostmonsuns. Thailand ist also ein Land, in dem man dem Winter entkommen kann, allerdings muß man regionale Unterschiede beachten: An der südlichen Ostküste regnet es im europäischen Winter, an der Westküste fallen im europäischen Sommer Niederschläge.

Pattaya

Rummel, Rummel, Rummel. Bars, Massagesalons, Souvenirstände, Boutiquen, Nightclubs, knatternde Motorräder, stinkende Motorboote, aufdringliches Discogeplärre... Besonders arg ist es am Wochenende: Pattaya liegt nur 145 Kilometer von Bangkok entfernt, und so ergießt sich an den Feiertagen dann auch noch die Masse der Erholungssuchenden aus der Millionenstadt über das ehemalige Fischerdorf.

Was die Qualität der Mädchen betrifft, die ›Mann‹ hier sucht, so kann ich nicht mitreden; auch Weißwürste, deutsches Bier und Skatrunden habe ich nicht getestet. Geben tut es das alles, man muß die Herren der Schöpfung ja bei Laune halten, denn sie sind es überwiegend, die es nach Pattaya zieht: 92 % der deutschen Besucher sind Männer. Das touristische Angebot ist immens: Tauchen, Windsurfen, Golf, Segeln, Insel- und Kreuzfahrten, Fischen, Tennis – Pattaya bietet für jeden etwas, Tag und Nacht.

Royal Cliff Beach Resort

Der ›große alte Herr‹ sorgt für Atmosphäre

Sein Name ist Europäern, die in Südostasien im Hotelgewerbe tätig sind, wohlbekannt. Den »großen alten Herrn« nennt ihn einer, auch die anderen sprechen voll Anerkennung von dem Schweizer Alois X. Fassbind, dem General Manager des Royal Cliff Beach Resort. Die einen bewundern ihn, weil es ihm gelungen ist, im Rammel- und Rummel-Bad Pattaya eine Oase des Friedens zu erhalten, ein Hotel von Noblesse, die anderen rühmen das Geschick, mit dem er seine eigene Linie durchsetzt: Großzügigkeit und Geschmack, die in jedem noch so kleinen Detail der Anlage zu spüren sind.

Das Royal Cliff ist ein Riesenkasten, das größte Resorthotel Asiens, das an die 1500 Menschen beherbergen kann, ein Großunternehmen mit fünf Restaurants, sechs Bars, Konferenzräumen, Einkaufszentrum – und dennoch hat man nie das Gefühl, im Massenbetrieb unterzugehen. Das liegt wohl auch an der Aufteilung der Gebäude. Der ganze Komplex besteht aus drei Teilen: Das Hauptgebäude, das Beach Hotel mit 542 Zimmern, von denen 402 Seeblick haben, ist preislich am günstigsten und wird einfacheren Ansprüchen gerecht, das Cliff Terrace Building ist mit 64 Mini-Suiten und 27 Familien-Suiten – freundliche, lichte Räume, alle mit Seeblick – auf den Bedarf von Familien und jungen Pärchen eingerichtet, und der Royal Wing schließlich offeriert denen, die es sich leisten können, Luxus erster Klasse: Jede Suite hat eine Terrasse mit Blick aufs Südchinesische Meer, ein gläserner Lift führt hinunter zum Swimmingpool, der, ebenso wie der darunterliegende Strandabschnitt, ausschließlich den Gästen des Royal Wing vorbehalten ist.

Bei dem generell guten Service in asiatischen Hotels noch Steigerungsmöglichkeiten zu finden ist nicht leicht – im Royal Wing hat man es geschafft. Das beginnt bereits beim Empfang im Extra-Foyer, reicht vom Frühstück, das direkt vor dem Hotelzimmer auf einem fahrbaren Herd zubereitet wird, bis zu den für jeden Gast namentlich reservierten Liegestühlen am Pool.

Ausflüge, zum Beispiel zum Elefanten-Trainingslager oder zum Erholungspark Nong Nooch Village, kann man im Hotel buchen, an Sportmöglichkeiten bietet das Royal Cliff nicht viel – Tennisplätze sind vorhanden –, was aber auch gar nicht nötig ist, denn Pattaya ist nah, und in Pattaya findet der Tourist wirklich alles.

Hua Hin

Bevor es den modernen Tourismus gab, fuhren unsere Großeltern, sofern betucht, ›auf Sommerfrische‹. Das konnte ein Seebad sein, ein Kurort in den Bergen – Hauptsache kühl, Hauptsache raus aus den Städten.

Wenn die thailändische Society das Bedürfnis hat, sich abzukühlen, zieht sie sich nach Hua Hin zurück, eine etwa 230 Kilometer südlich von Bangkok gelegene Stadt. Schon Rama V. (1868–1910) erkor diesen Ort wegen seiner günstigen Lage zur Sommerfrische: Hua Hin war und ist mit der Eisenbahn von Bangkok aus schnell und einfach zu erreichen. Rama VII. (1925–1935) errichtete ein paar Kilometer nördlich der Stadt seinen Sommerpalast, den er Kai Kahng Won, das heißt ›Ohne Sorge‹ taufte. So ganz ohne Sorgen dürften seine Tage dort aber nicht gewesen sein: 1932 wurde der Palast zur Fluchtburg – durch einen Staatsstreich war die Umwandlung der absoluten in eine konstitutionelle Monarchie erzwungen worden.

Für Hua Hin änderte sich dadurch nicht viel, es blieb Sommerfrische der High Society – noch heute steigt die königliche Familie alljährlich während der heißen Jahreszeit hier ab. Hua Hin ist, ganz im Gegensatz zu Pattaya, Bade- und Erholungsort der Thai, und das macht sich sehr angenehm bemerkbar: Noch gibt es in der Stadt mehr Geschäftszeichen in Thai als in Deutsch oder Englisch, noch werden keine ›Girls‹ angeboten, und auf dem Abendmarkt trifft man noch mehr Einheimische als Touristen.

Hotel Regent Cha-Am

Blumenpracht für groß und klein

Eine unübersichtliche Lobby, zu zwei Dreiekken gruppierte fünfstöckige Betonbauten – architektonische Schönheit ist das Cha-Am keine. Zum Glück wuchert die Natur mit tropischer Pracht, quellen die Balkone über von Blüten, wachsen die Palmen fast so hoch wie die Betonfassaden, und in den Innenhöfen geben die Zikaden ihre abendlichen Konzerte. Feiner weißer Sandstrand, soweit das Auge reicht; Fischerboote dümpeln in den Wellen.

Auch das Cha-Am ist ein Kasten – 1200 Leute kann es aufnehmen –, und im Gegensatz zum Royal Cliff merkt man ihm das auch an. Wer Individualität sucht, kann sich in einen der Bungalows zurückziehen; die Zimmer in den Hauptgebäuden sind uniform, einfach und nicht sehr luxuriös in den Grundfarben Rot/Braun ausgestattet. Vorzuziehen sind die Räume des 1986 errichteten Trakts, des Regent Hotels. Hier dominieren moderne Farben, freundliche Blumenmuster. Auch wird man im Regent weniger Schwierigkeiten mit technischen Mängeln haben, wie sie in den 1982 errichteten Gebäuden schon mal auftreten – man ist leider in Thailand mit dem Errichten neuer Gebäude schneller bei der Hand als mit dem Renovieren alter.

Ältere Leute und Familien mit Kleinkindern seien seine Gäste, sagt der Manager Karl H. Buhr. Ihnen bietet er auch etwas: zwei riesige Swimmingpools, einen sicheren Strand, abendliche Buffets, Video-Spiele, Billard, Tennis, Fahrräder. Das Wassersportangebot ist mager, ganze vier Surfbretter stehen zur Verfügung.

Ko Samui

Alt-Hippies kriegen feuchte Augen, wenn sie von der Insel sprechen: Wie schön es dort doch mal war, wie friedlich die Buchten und billig die Hütten, damals, als es noch keine Autofähre gab, als die Straße noch nicht existierte, die rund um die Insel führt. Nicht, daß Ko Samui heute ›versaut‹ wäre wie etwa Pattaya. Es hat nur die Zahl der Hütten und kleinen Hotels zugenommen, die der Tankstellen, die aus einfachen Benzinfässern mit Pumpen bestehen, immer mehr Schilder locken mit ›Breakfast‹, ›Rooms‹ und ›Thai food‹. Aber 3000 Betten auf einer 280 Quadratkilometer großen Insel, was ist das schon? Noch immer gibt es einsame Buchten, noch immer bedecken Millionen von Kokosnußpalmen das hügelige Landesinnere. Deren Nüsse, die teils mit Stangen vom Baum geschlagen, teils von darauf abgerichteten Affen heruntergeholt werden, werden zu Öl verarbeitet und sind das wichtigste landwirtschaftliche Produkt von Ko Samui.

Ko Samui liegt etwa 700 Kilometer südlich von Bangkok an der Ostküste Thailands; in dieser Gegend herrscht der Nordost-Monsun vor, der im europäischen Winter kalte Winde bringt. Allein die Fahrt von Donsak oder Tha Thong mit dem Schiff an den vielen kleinen Inseln vorbei ist ein Erlebnis – hier wird schon der Weg zum Ziel.

Imperial Samui Hotel

Miniparadies am Meer

»Die Insel ist innen, der Hahn ist außen. Zwei Krüge Gold liegen unter einem Olivenbaum. Wenn du wissen willst, wo, klopf an am Hahn-Felsen.«

In perfektem Englisch zitiert Agani Janabhaya, der Manager des Imperial Samui, dieses Gedicht, »a native poem«, und deutet dabei lächelnd auf die kleine Insel – einen riesigen Felsen mit zwei Palmen – mitten im Swimmingpool. Es ist Abend, auf der Terrasse ist ein Buffet aufgebaut: Fisch vom Grill, Langusten, feine, scharf gewürzte Suppen, thailändische Nudeln und Reis aller Art... Kerzen flackern auf allen Tischen, der Pool leuchtet in sanftem, klaren Blau, es sieht aus, als gehe sein Wasser nahtlos in die Weite des Südchinesischen Meers über.

Das Imperial Samui ist ein kleines Hotel: 53 Zimmer und 24 Suiten, alle hell, freundlich mit Rattanmöbeln und Fliesenböden ausgestattet. Die Anlage ist neu, im Juli 1987 eröffnet, und fügt sich architektonisch wunderbar in die Landschaft ein: dreistöckige Gebäude, die Fassaden mit Bögen und überdachten Balkonen aufgelockert, knallrote Ziegeldächer, die sich von den weißen Wänden abheben.

Natürlich kann man in der Fülle des Angebots nicht mit den Großen konkurrieren; vier Windsurfbretter stehen zur Verfügung, es gibt nur ein Restaurant. Intimität ist der Vorteil, und die Ausrichtung zum Meer, zum Strand hin, die Einbeziehung von Sand, Wasser und Felsen.

Tongsai Bay Hotel

Die Honeymoon-Suite ist immer belegt

Noch ausgeprägter ist die Konzeption, ›dem Rhythmus der Natur zu folgen‹, im Tongsai Bay Hotel spürbar, dem zweiten Luxushotel, das die ›Imperial Family of Hotels‹ in Ko Samui betreibt. Das Tongsai nimmt etwa genausoviel Gäste auf wie das Imperial Samui: 24 Hotelzimmer und 58 Räume in Bungalows stehen zur Verfügung. Allerdings ist die Anlage hier großzügiger, die Häuschen stehen verteilt zwischen Kokospalmen auf einem Hügel; Treppen, rote Ziegelwege führen von Haus zu Haus; die ganze Bucht, mit feinstem Sand bedeckt, gehört den Gästen.

Als sich die ›Imperial Family of Hotels‹ 1986 entschloß, in der Tongsai Bay zu bauen, wählte jeder der Beteiligten ganz individuell einen Platz für einen der ersten zwölf Bungalows aus. Die natürlichen Gegebenheiten, die man vorfand, wurden dann miteinbezogen: Da gruppiert sich eine Sitzgruppe um einen Baum, da sind die Zimmer, der Hanglage entsprechend, terrassenförmig angelegt; wo man Felsen vorfand, ließ man Felsen stehen: Es gibt zwei ›Rock Appartements‹, die Steine im Bad, im Schlafzimmer wurden als dekoratives Element miteinbezogen – ein Design, das kein Innenarchitekt besser hätte entwerfen können.

Das Tongsai ist ein Ort für Individualisten, für Honeymooner; das Sportangebot ist hier etwas breiter als im Imperial, natürlich gibt es einen Swimmingpool, neben Surfbrettern stehen Catamaran, ein Laser und ein Hobby Cat zur Verfügung.

Beide Hotels arbeiten mit einer Tauchschule auf der Insel zusammen, die auch Halbtags- und Ganztags-Tauchausflüge organisiert. Lohnendes Ausflugsziel ist die ganze Insel, da gibt es Wasserfälle, einen imposanten Buddhatempel, Strände und kleine Dörfer zu entdecken.

Phuket

Nirgends läßt sich der Tourismus-Boom, dem Thailand gerade unterliegt, besser beobachten als auf Phuket, der an der Südwestküste gelegenen Insel. Wie Ko Samui war Phuket lange Hippie-Paradies, heute stürzen sich die Hotelkonzerne auf die Insel, baggern sie um, füllen die Buchten mit Millionenobjekten.

Sie wählen Phuket mit gutem Grund: Es ist eine Trauminsel mit Traumstränden, sattgrüner Vegetation, Kokospalmen, Reisfeldern, Kautschukplantagen. Im Norden, im Khao Phra Thaeo National Park, kann man Fahrten durch den unberührten Dschungel unternehmen, lohnend ist auch ein Ausflug mit dem Boot zur berühmten Bucht Ko Phang Nga, ihren bizarr geformten Inseln und Felsen.

Klimatisch ist Phuket besonders für Europäer interessant: Hier herrscht der Südwest-Monsun vor, das heißt, es regnet von Mai bis Oktober.

Man erreicht die Insel von Bangkok aus einfach mit dem Flugzeug.

Hotel Meridien

Der Riese in der Einsamkeit

In die Lobby schreitet man wie in einen Tempel, Satteldächer werden von dicken Säulen getragen, pagodenartig wirkt das kleine Dach über der Bar am Pool – ein bißchen Kultstätte, ein bißchen Freibad und viel Disneyland in Grün-Weiß; so präsentiert sich das Meridien am Karon Noi Beach im Südosten der Insel. Ob es ihre religiösen Gefühle denn nicht verletze, Tempelarchitektur so profaniert zu sehen, erkundige ich mich bei einer der Hotelangestellten aus dem höheren Management. Nein, ist die Antwort, denn dies sei »ein gutes Haus«, kein Stundenhotel oder so was.

Da hat sie recht, Stundenhotel ist das Meridien bestimmt keines. Ob man es aber als ›gutes Haus‹ bezeichnen kann? Vom Service her sicher nicht, dazu ist es zu nachlässig geführt. Thailand setzt, was Serviceleistungen betrifft, sehr hohe Maßstäbe, und mit denen muß sich auch eine europäische Kette messen lassen.

Anders sieht es aus, wenn man betrachtet, was an Sportmöglichkeiten und Unterhaltung geboten wird. Auf diesem Sektor kann das Meridien fast mit den Clubs konkurrieren. Jeden Abend findet der Gast ein Info-Blatt in seinem Zimmer vor, dem er entnehmen kann, was sich die hauseigene Unterhaltungsabteilung für den nächsten Tag ausgedacht hat: klassische Konzerte, Thai-Boxen, Thai-Tänze . . . Sechs verschiedene Restaurants und Bars sorgen für Abwechslung, abends geht's in die Disco. Wer dennoch glaubt, diese heile Welt verlassen zu müssen, findet eine Autovermietung im Haus oder kann organisierte Touren buchen.

Grandios ist auch die Lage: Das Hotel nimmt eine ganze bewaldete Bucht ein, der Sandstrand ist 600 Meter lang und steht ausschließlich Gästen zur Verfügung. Hier und an riesigen Swimmingpools findet man selbst dann genug Platz und Ruhe, wenn das 464-Zimmer-Hotel voll besetzt ist.

Club Med

Clubleben im Tempel

Der Architekt ist derselbe wie der, der das Meridien erbaut hat, auch hier finden sich Anklänge an die thailändische Tempelarchitektur, doch wirkt alles, dem Stil des Clubs entsprechend, eleganter, ausgefeilter, teurer. Unter Kennern rangiert dieses Clubdorf seiner Lage und Architektur wegen weltweit ganz vorne, nur Bali kann ihm angeblich noch den Rang streitig machen.

Die Unterbringung erfolgt in dreistöckigen, im Stil des Landes aus Holz und Bambus erbauten Bungalows. Alle 300 Doppelzimmer sind der Club-Philosophie entsprechend schlicht eingerichtet, Dusche und WC sind vorhanden, Balkon haben sie alle. Neben dem Hauptrestaurant gibt es noch ein Spezialitätenrestaurant, das vom Hauptgebäude entfernt liegt und die Möglichkeit bietet, sich etwas vom Clubleben zu distanzieren.

Bar und Discothek sind selbstverständlich vorhanden, und auch was die Vielfalt der Sportmöglichkeiten betrifft, wird man nicht enttäuscht: 28 Segelboote, 70 Surfbretter, Schnorcheln, Wassergymnastik, Wasserball, Tennis, Bogenschießen, Tischtennis, Volleyball, Basketball, Squash...

amanpuri

Hier bin ich reich, hier darf ich's sein

›Paradise for the privileged few‹ – das amanpuri macht kein Hehl daraus, in welcher Schicht es seine Gäste sucht: Es ist das teuerste Hotel Thailands und offeriert ›Luxus, ohne sich dessen zu schämen‹.

Neben großartigen Service-Leistungen bietet man vor allem Exklusivität in landschaftlich und architektonisch grandiosem Ambiente. Die 40 Bungalows, die auf Pfählen in den Hügel zwischen die Kokospalmen gesetzt wurden, bestehen aus einem mit feinsten Hölzern hochelegant und geschmackvoll eingerichteten Schlaftrakt mit Bad und einem offenen, überdachten Eßraum.

Treppen führen hinunter zur Lobby, zum Pool, um den die Hauptgebäude mit Bar und Restaurant gruppiert sind. Die strenge Symmetrie der Anlage, die den Eindruck des Tempelhaften verstärkt, wird aufgelockert durch die vielen Palmen, die man stehen gelassen hat. Der Strand ist verhältnismäßig schmal.

Malaysia

Der erste Eindruck, wenn man von Thailand nach Malaysia kommt: Ordnung, Organisation. Die Banketten sind befahrbar, die Straßen asphaltiert, die Motorräder tragen Nummernschilder und maximal zwei Personen und diese wiederum Helme, sogar der Taxifahrer kann Englisch. »Rule Britannia«, möchte man singen, war Malaysia doch bis 1957 britische Kolonie, und das macht sich nicht nur in der Sprache noch immer bemerkbar. So ist zum Beispiel das Bildungswesen des Landes für Südostasien vorbildlich – es besteht gesetzliche Schulpflicht und Gebührenfreiheit –, Gesundheits- und Sozialwesen sind beispielhaft. Wenn Englisch auch seit 1967 nicht mehr Staatssprache ist, so wird es doch als erste Fremdsprache gelehrt, und man kann sich in der Regel auch außerhalb des Hotel gut verständigen.

Auch wirtschaftlich ist Malaysia ein Phänomen in Südostasien; nur noch in Singapur, dem ›Musterländli‹, und in dem kleinen reichen Ölstaat Brunei auf der Insel Borneo liegt das Pro-Kopf-Einkommen höher. Die wichtigsten Bodenschätze sind Zinn in Westmalaysia und Erdöl und Erdgas in Ostmalaysia; Eisenerz gewinnt zunehmend an Bedeutung. In der Kautschuk- und in der Palmölproduktion steht Malaysia an erster Stelle der Welt.

An der Förderung des Tourismus als Devisenbringer ist man von offizieller Seite aus sehr interessiert. Malaysia hat zwar an Kulturdenkmälern lange nicht so viel zu bieten wie zum Beispiel Thailand oder Indonesien – von historischem Interesse ist nur die Stadt Malakka an der Westküste –, landschaftlich aber gibt es Wunderbares zu erleben: unberührten Dschungel – 70 % des Landes sind von tropischem Regenwald bedeckt –, die weitgehend unentdeckte Ostküste Westmalaysias mit ihren kilometerlangen, herrlichen Stränden, an denen die Riesenschildkröten ihre Eier verbuddeln; kühlere Bergregionen, in denen schon die Kolonialherren ihre Villen bauten; Sonneninseln wie Penang und Pangkor. In Ostmalaysia, das aus den Staaten Sabah und Sarawak besteht, die im Norden der Insel Borneo liegen, kann man die Langhäuser der Dayaks besichtigen, Touren zu den Niah-Höhlen unternehmen, in denen 50000 Jahre alte menschliche Skelette gefunden wurden, oder den höchsten Berg Südostasiens, den 4100 Meter hohen Mount Kinabalu im Kinabalu-Nationalpark, besteigen.

Cameron Highlands, Sonnenuntergang: kaum Licht dringt durch den dichten Dschungel

Ostmalaysia ist ein Gebiet für Abenteurer und Entdecker, in Westmalaysia kann man sicher und bequem reisen, sei es mit Flugzeug, Bahn, Bus oder Leihwagen. Das Verkehrsnetz ist gut ausgebaut, die Straßen sind zum Großteil asphaltiert. Das 131587 Quadratkilometer große Westmalaysia läßt sich in 10 bis 14 Tagen entdecken, wobei eine Tour von Thailand nach Singapur etwa folgendermaßen aussehen könnte:

Erster Stop ist die Insel Penang im Nordwesten. Dort kann man ein paar Tage verbringen, die Insel und die Stadt Georgetown erforschen, an den herrlichen Stränden faulenzen. Über Taiping mit den berühmten Lake Gardens geht es dann nach Kuala Kangsar, der Sultanstadt des Bundesstaates Perak, und weiter nach Ipoh. Dort gibt es buddhistische und hinduistische Höhlentempel zu besichtigen. Von hier ist ein Abstecher zur Insel Pangkor möglich oder eine Fahrt in die 1500 Meter hoch gelegenen Cameron Highlands, den Gemüsegarten Malaysias, in dem schon gestreßte britische Kolonialbeamte Ruhe und Erholung fanden.

Für die Landeshauptstadt Kuala Lumpur genügt ein halber Tag, um das Nationalmuseum und die grandiose, 1965 fertiggestellte Nationalmoschee zu besichtigen. Wer am Samstag in die Hauptstadt kommt, sollte nicht versäumen, den am Abend stattfindenden Markt Kampong Bharu zu besuchen. Etwa zwölf Kilometer nördlich von Kuala Lumpur liegen die Batu-Höhlen, Tropfsteinhöhlen, in denen ein hinduistisches Heiligtum errichtet wurde. Im Februar feiern die Hindus hier ihr Thaipusam-Fest. Tausende von Gläubigen pilgern zu den Höhlen; aus Buße und zum Dank für die Bezwingung der Dämonen durch Shivas Sohn Subramaniam haben sie sich Lippen, Wangen, Zungen und Körper mit Spießen und Nadeln durchbohrt, laufen über glühende Kohlen oder tragen ein geschmücktes Gerüst, das mit Nadeln im Körper verankert wird.

Bevor man sich ins Landesinnere wendet, sollte man unbedingt Malakka einen Besuch abstatten, der Stadt, die über Jahrhunderte das wichtigste Zentrum auf der Halbinsel war. Ihre Geschichte beginnt um 1400, als sich Parameswara, ein aus Sumatra geflüchteter Prinz, hier niederließ. Er unterhielt gute Beziehungen zu den chinesischen Kaisern der Ming-Dynastie, sie verliehen ihm auch den Königstitel, und es gelang ihm, Malakka zum bedeutendsten Handelszentrum zwischen Ost und West auszubauen. Er eroberte die umliegenden Fürstentümer, kontrollierte damit die Straße von Malakka, und tat den entscheidenden Schritt zur Schaffung einer nationalen Identität, indem er 1414 zum Islam übertrat und damit eine Missionierungswelle auslöste.

Als die Europäer im 16. Jahrhundert begannen, ihre Fühler nach Südostasien auszustrekken, waren sie bemüht, die strategisch günstig gelegene Stadt in ihren Besitz zu bringen: 1511 griffen die Portugiesen zu, eroberten Malakka, rissen das Gewürzhandelsmonopol an sich und bauten die Stadt zu einer der mächtigsten Festungen Südostasiens aus. 1641 nahmen die Holländer Malakka ein, sie herrschten 180 Jahre. Im Lauf des 18. Jahrhunderts zeigten auch die Briten Interesse an der malaiischen Halbinsel: 1786 erwirbt F. Light die Insel Penang, 1795 erobert Großbritannien Malakka, gibt die Stadt jedoch 1818 wieder an die Holländer zurück. Erst 1824 geht Malakka endgültig in den Besitz der Briten über: Sie erhalten es im Austausch gegen Gebiete auf Sumatra.

Zeugen der wechselhaften Geschichte sind in der Stadt allenthalben zu sehen: Mit Parameswara steht der wunderschöne Cheng-Ho-Tempel in Verbindung; er ist Cheng Ho geweiht, dem chinesischen General, der Malakka damals unter den Schutz der Ming-Kaiser stellte. Aus der Zeit der Portugiesen ist die St.-Pauls-Kirche, gegründet 1512, erhalten, ein Tor der Festung steht noch, und ein paar Kilometer außerhalb findet man das Portugiesische Dorf, in dem noch heute ein Portugiesisch des 16. Jahrhunderts gesprochen wird. Stadthuys und Christ Church erinnern an die holländische Kolonialzeit, in der Tranquerah-Moschee befindet sich das Grab des Sultans von Johore, der dem Briten Sir Raffles 1819 Singapur verkaufte.

Von Malakka, der Stadt mit den vielen europäischen Anklängen, führt die Fahrt gen Nordosten in eine völlig fremde Welt: den Taman-Negara-Nationalpark. Das Dschungel-Reservat ist 4300 Quadratkilometer groß und angeblich der älteste Urwald der Welt (130 Millionen Jahre) mit Bäumen, die eine Höhe von bis zu 60 Metern erreichen. Hier kann man Trekking-Touren unternehmen, mit dem Boot durch den Urwald fahren, schwimmen, fischen und – so die Veranstalter – wilde Tiere sehen. Zuviel darf man in dieser Hinsicht allerdings nicht erwarten: Tiger und Elefanten zeigen sich kaum in der freien Wildbahn, sehr oft sind die nächtlichen ›Safaris‹ nicht mehr als schlaflose Nächte. Die Unterkünfte im Park sind einfach, die Ausrüstung zum Campen und Wandern kann man im Park Headquarter leihen oder kaufen.

Links oben: Das Sultan Abdul Samat Gebäude in der Hauptstadt Kuala Lumpur

Unten: Bauer des Kadazan-Stammes in Sabah, Ostmalaysia

Oben: Erbaut wie ein maurischer Palast – der Bahnhof von Kuala Lumpur
Mitte: Chinesischer Tempel in Penang
Unten: Zum Ausflug in den Tamam-Negara-Nationalpark gehört auch eine Flußsafari

Den Abschluß der Westmalaysia-Reise sollte ein Besuch der Ostküste bilden, hier findet man herrliche, einsame Strände und gut ausgebaute Ferienorte wie Kuantan. Von Kuantan nach Singapur bestehen Flugverbindungen.

Die beste Zeit, um Westmalaysia zu bereisen, ist von März bis Juni. In diesen Monaten kann man sowohl an der West- als auch an der Ostküste mit schönem Wetter rechnen. Da die beiden Küsten im Einflußbereich verschiedener Monsunarten liegen, differiert das Klima auf der Halbinsel: An der Westküste regnet es im Juli, August und September, an der Ostküste fallen die meisten Niederschläge im europäischen Winter.

Die beste Zeit für einen Besuch Ostmalaysias ist von März bis Anfang Oktober.

Was das richtige Verhalten betrifft, um das man sich als Gast in Malaysia bemühen sollte, so vergesse man nicht, daß man sich in einem islamischen Land befindet. Das heißt, vor allem Frauen sollten sich außerhalb der Touristenzentren nicht ›aufreizend‹ und allzu leicht bekleidet zeigen. Nacktbaden verstößt gegen die Sitten.

Der Islam ist zwar Staatsreligion, es besteht aber das Recht zur freien Religionsausübung. Zum Islam bekennen sich die Malaien, die mit etwa 51 % die Bevölkerungsmehrheit ausmachen; die Chinesen, etwas über 36 % der Gesamtbevölkerung, sind Konfuzianer und Buddhisten, die Inder überwiegend Hindus. Besonders unter den Volksstämmen Ostmalaysias finden sich viele Anhänger von Naturreligionen. Zwischen den im Geschäftsleben führenden Chinesen und den Malaien kam es in den letzten Jahrzehnten wiederholt zu teils blutigen Auseinandersetzungen. Spannungen zwischen diesen beiden Bevölkerungsgruppen waren auch der Grund, warum Singapur, das sich 1963 mit Malaya, Sabah und Sarawak zur Föderation Malaysia zusammengeschlossen hatte, 1965 wieder austrat und zum souveränen Staat wurde.

Innenpolitisch wird in Malaysia heute eine ›Malaiisierung‹ angestrebt, außenpolitisch verfolgt man einen neutralen, blockfreien Kurs. Vorübergehende Schwierigkeiten mit den Philippinen und Indonesien wegen der Gebiete auf Borneo wurden beigelegt, heute gehört Malaysia mit Thailand, Singapur, Indonesien und den Philippinen der ASEAN-Organisation, einem Zusammenschluß der südostasiatischen Staaten, an.

Malaysia nimmt eine Fläche von 329 749 Quadratkilometern ein – das entspricht ungefähr der Größe Norwegens –, wobei etwa zwei Drittel auf Ostmalaysia entfallen. Nur etwa ein Sechstel der rund 15,5 Millionen Einwohner lebt in den beiden ostmalaiischen Staaten Sarawak und Sabah, der Rest verteilt sich auf die übrigen elf Bundesstaaten. Eine Besonderheit stellt die Regierungform Malaysias dar (nur in den Vereinigten Arabischen Emiraten gibt es noch ein ähnliches System): eine Wahlmonarchie auf parlamentarisch-demokratischer Grundlage. Staatsoberhaupt ist der von den Sultanen aus ihrer Mitte gewählte König. Seine Amtszeit beträgt fünf Jahre.

Literaturempfehlung: Sehr informativ ist das Kapitel ›Malaysia‹ im DuMont-Führer ›Richtig reisen – Von Bangkok nach Bali‹ von Manfred Auer.

Penang

Einmal im Jahr muß der Gouverneur von Penang löhnen. 10000 Malaysische Dollar werden fällig, Pacht, die der Sultan von Kedah fordert, Pacht für die Insel Penang. Wie Penang ist Kedah heute Bundesstaat von Malaysia – der Obolus, gering wie er ist, hat nur mehr symbolische Bedeutung. Mit ihm erfüllt die Regierung die Verpflichtung, die Francis Light 1791 einging. 6000 Dollar jährlich versprach er dem Sultan von Kedah damals für Penang, heute sind es umgerechnet etwa 7000 DM – und wer würde die nicht gerne zahlen für ›die Perle des Orients‹, ›den Torweg nach Osten‹, das ›Paradies der Strände‹, wie man die größte zu Malaysia gehörige Insel nennt.

Fast 60 % Chinesen, nur 33 % Malaien – Penang tanzt aus der Reihe, es ist in Malaysia doch sonst genau umgekehrt, die Malaien überwiegen. Die Hauptstadt Georgetown, mit etwa 400000 Einwohnern die zweitgrößte Stadt des Landes, wirkt denn auch wie eine chinesische Dependance: Rikschas beherrschen das Stadtbild, überall chinesische Schriftzeichen, grelle Leuchtreklamen. Die zweitgrößte Bevölkerungsgruppe in Georgetown sind die Inder; hinduistische Tempel sind ebenso vertreten wie buddhistische und Moscheen. Sehenswert ist auch Khoo Kongsi, ein altes chinesisches Sippenhaus, prachtvoll und kostbar ausgestattet.

Auch in der Küche macht sich der Vielvölker-Einfluß bemerkbar: Penang ist bekannt für Spezialitäten, die die ›Hawkers‹, kleine Garküche überall am Straßenrand anbieten. In Georgetown sind sie am Gurney Drive versammelt; es ist ein Genuß, dort zu essen. Jeder Stand bereitet nur ein bis zwei Gerichte, diese aber perfekt, alles ist sauber und hygienisch, und zum Glück haben Styropor und Plastik, die den einstmals so berühmten Food Stalls in Singapur Atmosphäre und Geschmack nehmen, hier noch nicht Einzug gehalten.

Anregendes Stadtleben, kulinarische und kulturelle Höhepunkte, Botanischer Garten und Bergbahn: Penang ist mehr als Wassersport und Strandleben!

Rasa Sayang Hotel

Eine Frau in den späten Dreißigern

Sunny Khoo, Verkaufsdirektor, Mittdreißiger, Typ des erfolgreichen, sympathischen Jungmanagers, hat seine Damen genau taxiert: »Rasa Sayang«, sagt er, »ist eine Frau in den späten Dreißigern – erfahren, sophisticated, elegant, eine, die weiß, was sie will. Das Golden Sands dagegen ist ein Mädchen von zwanzig Jahren, jung, aktiv, leger, easy going.«

Besser kann man die Atmosphäre dieser beiden Hotels nicht charakterisieren. Sie gehören der Shangri-La-Gruppe, liegen nur ein paar hundert Meter voneinander entfernt am Batu Feringgi Beach im Norden der Insel, 16 Kilometer von Georgetown, 31 Kilometer vom Flughafen entfernt.

Rasa Sayang ist die ältere der beiden Schönen: 1986 wurde sie 13 Jahre und war damit reif für eine Renovierung, die sukzessive noch immer durchgeführt wird. Die Zimmer werden modernisiert und erweitert, der Pool soll vergrößert, die Lobby anders gestylt werden. Was bleiben wird, ist das besondere Etwas, das den Charme der Dame ausmacht. Die erlesenen Restaurants zum Beispiel, derer es drei gibt: den im englischen Tudor-Stil eingerichteten Feringgi Grill, der kontinentale Küche – Meeresfrüchte, Steaks, Geflügel etc. – bietet, das japanische Restaurant Edogin und Coffee Garden, ein Gartenrestaurant mit Blick auf den Strand, das jeden Abend mit einem Spezialitäten-Buffet überrascht. Außerdem gibt es noch zwei Bars und – schließlich gehört man mit Ende dreißig noch nicht zum alten Eisen – eine Disco.

Auch die Geschäfte, die im Hotel ihre Waren anbieten, zeugen von Niveau: Schneider, Antiquitätenladen, Juwelier, Boutique und natürlich ein Souvenirstand.

Das Rasa Sayang hat 203 Räume, davon bieten die 200 Zimmer gehobener Kategorie Blick auf den Garten oder den Pool. Die dominierenden Farbtöne sind Rosa oder Blau, auch die Suiten, alle mit Seeblick, sind in diesen Farben gehalten. Besonders phantasievoll sind die fünf ›Country Suites‹ dekoriert: Sie wurden nach fünf Ländern – Malaysia, China, Indien, Thailand und Japan – benannt und sind jeweils im Stil des Landes eingerichtet.

Sportmöglichkeiten sind vorhanden, das Angebot deckt sich mit dem des Golden Sands.

Golden Sands

Jung, aktiv, leger

Voilà, die Zwanzigjährige! Schon in der Lobby ist der Unterschied spürbar: Da toben Kinder, da sitzen leger gekleidete junge Leute an der Bar – das Golden Sands versteht sich als Familienhotel, der ideale Ort für Leute mit kleinen Kindern. So bietet zum Beispiel das Coffee House Terrace eine eigene Kinder-Speisekarte, auf der Disney-Figuren und Superman um Salatteller und Suppen kreisen, und es gibt ein Kinderschwimmbecken mit Rutsche. Ob der Strand allerdings für Kinder so geeignet ist, mag dahingestellt bleiben; einheimische private Anbieter von Wasserski, Fallschirmflügen und Motorbootexkursionen haben sich direkt unterhalb des Hotels am Strand niedergelassen, ihr Gewerbe ist mit Lärmbelästigung verbunden, Schwimmen ist nicht besonders angenehm, und Benzin und Öl der Bootsmotoren sind sicherlich auch für den grauen Schleier auf dem weißen Sand mitverantwortlich.

Aber, wie gesagt, der oder die Pools machen alles wieder gut. ›Hawaiian Lagoon Style‹ nennt sich ihr Design, und für den, der sich darunter nichts vorstellen kann, sei gesagt, daß sie sich um Inseln, einen tropischen Garten gruppieren, daß sie tiefblau gekachelt sind und allein dadurch schon so einladend und erfrischend wirken.

Den Blick auf diese See-, Garten- und Poollandschaft hat man auch hier wieder nur von den Räumen gehobener Kategorie aus, deren es 222 gibt. Die anderen 167 sind Standard-Zimmer, die Zahl der Suiten beschränkt sich im Golden Sands auf sechs. Das Hotel wurde 1980 eröffnet, alle Zimmer sind modern, ansprechend und mit allen notwendigen Einrichtungen ausgestattet.

Das Golden Sands unterhält noch einmal drei Restaurants und drei Bars; da der Gast das Angebot beider Hotels nützen kann, steht ihm eine Vielfalt an Auswahlmöglichkeiten zur Verfügung. Auch das Wassersportzentrum ist Gästen beider Hotels offen: Schnorcheln, Wasserski, Segeln (Catamaran Hobie 14 und 16 sowie Topper) und Windsurfing (Mistral) werden angeboten. Außerdem sind vier Tennisplätze vorhanden. Der Minigolfplatz ist nur ein paar Minuten, der Golfplatz (18 Loch) 28 Kilometer entfernt.

Pangkor

Schöne Prinzessinen, die ihrem Leben aus Liebeskummer ein Ende machen, suchen sich dafür meist auch die nötige Kulisse, vor der es sich in Schönheit und damit um so tragischer sterben läßt. So auch diese, die aus Sumatra herbeieilte, um auf der kleinen Insel Pangkor an der Westküste Malaysias das Grab ihres Geliebten zu entdecken: Sie stürzte sich, so will es die Legende, in den Tod und verhalf damit einem der schönsten Strände der Insel zu seinem Namen. ›Beach of the Beautiful Princess‹ wird er genannt.

Wunderbare Strände gibt es auf Pangkor viele. Die übrigen sind Prinzessinen- und meist auch Touristen-frei. Im Vergleich zu Penang war und ist auf Pangkor nicht viel los. Seine historische Bedeutung erschöpft sich darin, Piraten Unterschlupf gegeben zu haben, touristisch ist die Insel kaum erschlossen. Es gibt ein paar Fischerdörfer, das Landesinnere ist von dichtem Dschungel bedeckt.

Die beiden bekanntesten Strände sind Pasir Bogak mit einem kleinen Hotel und ein paar Hütten, die vermietet werden, und Pantai Puteri Dewi, auch Golden Sand genannt. In dieser Gegend stellt man sich mehr auf den internationalen Tourismus ein, ohne allerdings die unverdorbene und friedliche Atmosphäre der Insel zu zerstören.

Man erreicht Pangkor über Ipoh (Flugverbindung nach Kuala Lumpur); von dort sind es etwa 75 Minuten mit dem Taxi nach Lumut, wo die Fähre nach Pangkor anlegt.

Pan Pacific Resort

So richtig zum Entspannen

»Wo der Sand, der durch das Stundenglas des Lebens läuft, für einen kurzen Augenblick zum Stillstand kommt...« Sind sich die Prospektmacher, die fürs Pan Pacific werben, bewußt, welch mittelalterliche Memento-Mori-Vision sie da beschwören? Das Pan Pacific sehen und sterben, so wie die Prinzessin? Nein, mit dem herrlichen Strand, dem wunderbar weißen Sand läßt sich Besseres anfangen, als ihn durchs Stundenglas des Lebens zu jagen. Die Palmen, die sich im Wind wiegen, die roten Dächer der harmonisch in die Landschaft gefügten Hotelanlage, die azurblaue See – all das sollte Material genug für jeden Prospektmacher mit poetischer Ader liefern.

Ganz prosaisch läßt sich das Hotel als eine moderne (eröffnet 1986) Anlage in einer abgeschiedenen Bucht mit langem Sandstrand beschreiben. Die Wohngebäude, in denen die 161 Zimmer liegen, sind durch überdachte Gänge mit dem Hauptgebäude verbunden. Über den Swimmingpool spannt sich eine kleine Brücke, in der Lobby rauscht ein Wasserfall.

In der Pool Bar werden exotische Drinks serviert, die Golden Oriole Bar & Lounge bietet Life-Unterhaltung. Von den großzügig angelegten Terrassen-Restaurants wie Hornbill Terrace und Kingfisher Restaurant & Poolside Terrace hat man einen herrlichen Blick auf die Bucht und den Pool, und auch kulinarisch kommt man auf seine Kosten: Insgesamt drei Restaurants bieten lokale und internationale Spezialitäten, besonders Fisch und Meeresfrüchte.

Reich ist auch das Sportangebot: Tennis, Golf, Windsurfen, Fischen, Segeln, Schnorcheln, Tauchen. Für Kreuzfahrten steht eine Yacht zur Verfügung.

Kuantan

Handelsposten, Tempelanlagen, prachtvolle Moscheen, Regierungspaläste – die Geschichte Malaysias spielte sich immer an der Westküste, der der strategisch wichtigen Straße von Malakka zugewandten Seite, ab. Die Ostküste war unbedeutend, rückte allenfalls in den letzten Jahren ins Bewußtsein der Öffentlichkeit, als hier die Boote der Vietnam-Flüchtlinge landeten, gewann wirtschaftlich durch Ölfunde Bedeutung. Sonst konnte sich das Leben hier ruhig und nach eigenen Gesetzen entwickeln – ohne Europäer, die perfektionierten, auch der chinesische Einfluß ist gering. Die Mehrheit der Bevölkerung ist malaiisch, also moslemischer Tradition verpflichtet, es gibt noch kleine Fischerdörfer, Märkte. Die wenigen Städte sind historisch und kulturell nicht besonders interessant, allenfalls Pekan als Sultanstadt verdient Beachtung.

Wo der Mensch sich zurückhält, hat die Natur eine Chance: So entdeckte man z. B. 1952 nördlich von Kuala Dungun eine Schildkrötenart, die man für ausgestorben gehalten hatte: die Lederrücken-Schildkröte. Die riesigen Tiere kommen von Mai bis September nachts an den Strand, um ihre Eier abzulegen.

Einsame Strände mit einfachen Hütten sind an der Ostküste die Regel, Touristenzentren die Ausnahme. Da gibt es die Anlage des Club Med bei Cherating, und da ist Kuantan, die Hauptstadt des Sultanats Pahang. Die etwa 30000 Einwohner zählende Stadt erhielt durch die Erdöl- und Erdgasfunde in der Umgebung Bedeutung und entwickelte sich zum Banken- und Geschäftszentrum.

Von Kuantan aus lassen sich reizvolle Ausflüge unternehmen, die von den Hotels organisiert werden. Da ist zum Beispiel Lake Chini, ein Urwaldsee, den man nach 40minütiger Flußfahrt erreicht – von April bis August ist er bedeckt mit Lotus-Blüten. Beserah und Sungai Ular, nördlich von Kuantan gelegen, sind kleine Fischerdörfer; die Kapas Inseln, die man mit dem Boot von Marang aus erreicht, bieten Tauch- und Schnorchelmöglichkeiten.

Hyatt Kuantan

Für Geschäftsleute und Pool-Pomeranzen

Zwei schlichte Betonwürfel, in denen die Zimmer untergebracht sind, im Zentrum ein ebenfalls streng geometrisch angelegter Swimmingpool, tiefblau, mit einer Bar, an der man sich vom Wasser aus bedienen kann; Lobby- und Restaurant-Trakt sind vom Wohnbereich getrennt. 1979, als das Hotel eröffnet wurde, mag die Anlage vielleicht ein bißchen kalt und zubetoniert ausgesehen haben, heute tut die Natur das Ihre, um den Bau wohnlich und anheimelnd wirken zu lassen: Kokospalmen säumen den Weg, gepflegte Rasenflächen laden zum Sonnenbaden ein, das Zentrum jedes Wohntraktes bildet ein wuchernder tropischer Garten.

Die Räume (insgesamt 168 in zwei Blocks) sind zwar nicht landestypisch, jedoch dem internationalen Standard der Hyatt-Kette entsprechend eingerichtet.

Zum Hotel gehören zwei Restaurants, drei Bars und eine Disco; angenehm ist auch, daß man, was Essen und Unterhaltung betrifft, hier nicht unbedingt aufs Hotel-Getto angewiesen ist. Kleinere Geschäfte, Bars und Restaurants befinden sich in gehbarer Entfernung.

Das Unterhaltungsprogramm richtet sich an alt und jung, einer großen Tafel kann man die Aktivitäten des Tages entnehmen: Tai Chi, Aerobic, Dschungel-Trekking. Das Sportangebot umfaßt Tennis, Squash, Wasserski, Schnorcheln, Windsurfing (Mistral, Alpha, Tiga), Segeln (Catamaran, Hobie Cat).

Das Hotel liegt an einem öffentlichen, recht belebten Strand, der jedermann zugänglich und nicht besonders sauber ist.

Club Med Cherating

Drei Strände um ein Dorf

Man mag vom Club, seiner Philosophie und Konzeption halten, was man will, eines muß man neidlos zugeben: Es sind immer die schönsten Fleckchen, die sich die Club-Architekten für ihre Anlagen aussuchen. Und gleich noch ein Kompliment: Während andere große Ketten Betonburgen in die Landschaft klotzen, die von Hawaii bis Bali gleich aussehen, versucht Club Med immer, sich dem Ambiente anzupassen, landschaftliche Gegebenheiten zu erhalten und miteinzubeziehen, architektonisch landestypische Elemente zu übernehmen.

Die Bauweise des Clubdorfes von Cherating erinnert ein wenig an die der Langhäuser, die man in Ostmalaysia findet: Die Schlafräume befinden sich in dreistöckigen, langgestreckten Bungalows. Sie stehen auf Pfählen und sind durch überdachte Terrassenwege miteinander verbunden, so daß man auch bei Regen trockenen Fußes vom Hauptgebäude nach Hause kommt. Die Holzbauten mit den tiefgezogenen roten Ziegeldächern fügen sich wunderbar in den Urwald ein, der nur teilweise gerodet wurde, so daß sich auf dem Gelände noch Möglichkeiten zu Spaziergängen durch den dichten Urwald bieten. Kleine Holzbrücken führen über Teiche, dicke Leguane laufen aufgescheucht davon, wenn man sich nähert.

100 Hektar ist der Park groß; bevor man das Clubdorf erreicht, fährt man erst mal durch dichten Dschungel, innerhalb des Dorfes erhält ein kleiner, von einem Traktor gezogener Zug die Verbindung zwischen dem Hauptgebäude und der Bucht aufrecht, wo die Disco liegt und ein Teil der Wassersportaktivitäten stattfindet. Das großartigste an Cherating sind seine Strände, es sind zwei, genaugenommen sogar drei: ein langgezogener Sandstrand, der direkt vom Hauptgebäude aus zu erreichen ist, und jene Bucht, in der zwei voneinander getrennte, von Felsen gerahmte Sandstrände liegen. Hier findet man immer, selbst wenn der Club voll besetzt ist – er kann bis zu 700 Leute aufnehmen – ein Plätzchen, um mit sich allein zu sein.

Nun ist gerade das natürlich nicht die Philosophie des Clubs, im Gegenteil. Wer in ein Clubdorf fährt, will Betriebsamkeit, Aktivität von früh bis spät, erwartet, den Urlaub in der Gemeinschaft zu erleben. Diesen Bedürfnissen entsprechend sind auch die Zimmer eingerichtet: Sie sind klein, je vier Leute teilen sich eine Wohneinheit; Telefon, Radio und Fernseher, Minibar – sonst in gehobenen asiatischen Hotels eine Selbstverständlichkeit – fehlen. Man soll seine Zeit auch nicht im Zimmer verbringen, sondern in den Gemeinschaftsräumen: in der Bar am Swimmingpool, in der Disco, im Theater, wo die rührigen Animateure jeden Abend eine andere Show aufführen, bei Schach, Bingo, Backgammon, Scrabble, bei der Seidenmalerei oder, im Club das Wichtigste, beim Sport.

Das Angebot in Cherating ist reich: Aerobic, Gymnastik, Yoga, Stretching stehen auf dem Programm, es gibt ein Fitness-Center, Harttennisplätze – einige davon sind mit Flutlicht ausgestattet – Squashcourt. Bogenschießen wird angeboten; für Windsurfer und solche, die es werden wollen, stehen Bretter der Marken Fun-Cup, Speed, Swift, Jibe zur Verfügung, Segler könne sich mit Hobie Cat und Caravelle üben. In allen Sportarten werden auch Kurse angeboten.

Sportliche Aktivität ist auch vonnöten, wenn man die bekannt opulenten Menüs des Clubs ohne große figürliche Schäden überstehen will: Die Buffets, die dreimal am Tag zusammengestellt werden, vereinen alle Köstlichkeiten – und alle Kalorien – der europäischen und asiatischen Küche.

HOBIE CAT

Bali

Rangda ist eine Hexe, das sieht man gleich an den großen Hauern in ihrem Gesicht. Ihre Herrin ist die Todesgöttin Durga, die sich in der Maske der Rangda bergen kann. Sie oder auch nur das Tuch, unter dem die Maske verborgen ist, zu berühren, kann unendliches Unheil zur Folge haben, Schmerzen und Tod hervorbringen.

Zum Glück gibt es Barong. Er kann gegen Rangda antreten, ihm ist es gegeben, sie zurückzudrängen. Einfach ist das nicht, denn Rangda ist mächtig, sogar die Helfer des Barong, Menschen mit gezücktem Kris (Dolch), versetzt sie in Trance, so daß sie den Kris gegen sich selbst richten. Doch die weiße Magie erweist sich der schwarzen als ebenbürtig, Barong hebt den Zauber Rangdas auf, geheiligtes Wasser erweckt die Kris-Tänzer wieder zum Leben.

Bei diesem Kampf, den die Balinesen in Form eines Tanzspieles darstellen, gibt es nicht Sieger noch Besiegte – es geht vielmehr darum, das Gleichgewicht herzustellen, die Mitte zwischen Gut und Böse zu finden. Diese Aufgabe kommt dem Menschen zu, dem die Götter die ›Mittelwelt‹, ›Madiapada‹, zum Wohnsitz gegeben haben, auf daß er vermittle zwischen Göttern und Dämonen, die einen durch Opfer, Riten und Tänze erhöhe, die anderen besänftige.

Die Balinesen sind Hindus, allerdings weicht ›Agama Hindu Bali‹ in vielem vom Hinduismus Indiens ab; so kennt man zum Beispiel das strenge Kastenleben indischer Prägung auf Bali nicht, ›Parias‹, ›Unberührbare‹ gibt es nicht. Auch ist die Kuh den Balinesen nicht heilig, nur den Brahmanen ist der Genuß von Rindfleisch verboten. Es werden nicht, wie in Indien, Götterstatuen verehrt, sondern heilige Plätze geschaffen, die die Götter in Besitz nehmen. Verschärft werden diese Unterschiede noch durch die animistischen Elemente, die sich auf Bali erhalten haben; der Glaube an die Beseeltheit der Natur bestimmt Leben und Alltag der Balinesen: Soll der Reis gedeihen, muß die Reisgöttin durch Opfer und Speisen günstig gestimmt werden, Schädlingen, die die Ernte bedrohen, wird man Herr, indem man sie müde tanzt.

Wir Verfechter des westlichen Rationalismus und gläubigen Anhänger der Dünge- und Ungeziefervernichtungsmittelindustrie stehen fasziniert vor dieser Kultur, folgen staunend

West trifft Ost am Nusa Dua Beach: Bikini-Kultur und balinesischer Ausdruckstanz

farbenprächtigen Prozessionen – Barong wird ums Dorf getragen, um Unheil von der Gemeinschaft abzuwehren, Götter und Menschen nehmen ein rituelles Bad im Meer –, erleben Feste, Tänze, Leichenverbrennungen, Schattenspiele – Riten, die wir nicht verstehen, Zeremonien, die keinen Sinn für uns geben und uns dennoch in Bann ziehen durch die Intensität, die tiefe Gläubigkeit, mit der sie praktiziert werden.

Bali ist eine fruchtbare, tropische Insel, die von West nach Ost von einer Vulkankette durchzogen wird. Die Sage weiß, daß das nicht immer so war, flach und unfruchtbar will sich das Eiland westlich von Java früher präsentiert haben. Als jedoch der Islam im Reich Majapahit, das ungefähr das Gebiet der heutigen Republik Indonesien einnahm, Fuß faßte, zürnten die Hindu-Götter und zogen sich nach Bali zurück. Dort errichteten sie ihre Wohnsitze: Berge, denn Götter wohnen auf Bergen, während die Dämonen im Meer und in der Erde zu Hause sind.

Der höchste Berg des Landes ist der noch tätige Vulkan Gunung Agung (3142 Meter), an dessen Hang der größte und wichtigste Tempel Balis liegt: Pura Besakih. Hier wurden schon in vorhinduistischer Zeit die Berggötter verehrt; seit dem 15. Jahrhundert ist der Gipfel des Agung auch der Sitz der Geister der Ahnen der führenden Dynastien Balis, der Gelgel und Klungkung. Die Gelgel-Dynastie entstand im 15. Jahrhundert; Gründer war der Sohn des letzten Majapahit-Königs, der mit seinem Hofstaat und der gesamten hinduistischen Intelligenzia von Java nach Bali floh, als sich der Islam auf Java ausbreitete. Bali blieb hinduistisch, 95 % der 2,8 Millionen Einwohner bekennen sich heute zu diesem Glauben, in

Indonesien insgesamt stellen die Hindus nur zwei Prozent der Bevölkerung, über 87 Prozent der Indonesier sind Moslems.

Die hinduistische Kultur konnte auf Bali auch deshalb so tiefe Wurzeln fassen, weil das Land so lange keinen europäischen Missionierungsversuchen ausgesetzt war. Die Niederländer, die sich auf Java festgesetzt hatten, begannen sich erst Mitte des 19. Jahrhunderts darum zu bemühen, Bali in ihre Gewalt zu bekommen – was ihnen auf Grund ihrer militärischen Überlegenheit auch gelang: 1855 waren sie die Herren über den Westen und Norden Balis, der Widerstand des Südens wurde 50 Jahre später gebrochen. Als holländische Truppen 1906 unter einem Vorwand in Denpasar einmarschierten, zog ihnen der Radja, der Fürst, inmitten seines Hofstaates, Priestern, Frauen und Kindern, entgegen, den ehrenvollen Tod im ›Puputan‹, dem aussichtslosen Kampf bis zum letzten, zu suchen. Andere Fürsten folgten seinem Beispiel, es kam zu Massakern und Plünderungen.

Zum Glück für Bali fand diese ›Strafexpedition‹ der Holländer in einer Zeit statt, in der man das Hinmetzeln von Eingeborenen, die Zerstörung ihrer Kultur und Tradition nicht mehr für Rechtens oder gar gottgefällig hielt: Das Vorgehen der Holländer löste sowohl in den Niederlanden als auch international Proteste aus, so daß sich die Kolonialherren gezwungen sahen, ihre Politik zu ändern. Die Holländer hatten zwar nach wie vor das Sagen auf Bali – dem Radja war ein ›Kontrolleur‹ beigestellt, nach dessen Anweisungen er sich zu richten hatte –, sie regierten aber mit zarter Hand, respektierten und schützten die Tradition des Landes und verhinderten vor allem seine Überfremdung und Ausbeutung. So wurde zum Beispiel die Anlage riesiger Plantagen, die Zerstörung des wirtschaftlichen Gleichgewichts durch Monokulturen, verhindert; Mis-

Oben: Schildkröteninsel Serangan. Die Riesentiere sind vom Aussterben bedroht, daran sollte man denken, bevor man Schildkrötensuppe bestellt
Unten links: Einer der vielen Tempel Balis
Unten rechts: Tempeleingang, reich verziert und mit Reliefs versehen

sionare, Kaufleute und Touristen waren keine gerngesehenen Gäste. Ethnologen, Archäologen und Künstlern jedoch – wie dem deutschen Maler Walter Spies, der sich bei Ubud niederließ, stand die Insel offen; gerade was die Malerei betrifft, fand ein für beide Teile befruchtender kultureller Austausch statt.

Die Herrschaft der Holländer nahm 1942 ein abruptes Ende: Die Japaner marschierten ein. Als sie 1945 wieder abzogen, versuchten die Holländer zwar, die alten Zustände wiederherzustellen, der Widerstand gegen die Kolonialherren hatte aber während der Jahre japanischer Fremdherrschaft zugenommen: Indonesien erklärte 1945 seine Unabhängigkeit, in Bali traten den Holländern Guerillakämpfer entgegen, die allerdings im Kampf gegen die schwerbewaffneten holländischen Truppen keine Chance hatten: 1946 findet die ganze Truppe in der Schlacht von Marga den Tod. Drei Jahre später erkennt Holland die indonesische Unabhängigkeit an.

Um sich von Krieg und Kolonialismus zu reinigen, wollten die Balinesen 1963 das Eka Dasa Rudra Fest begehen, ihre heiligste Zeremonie, die nur einmal alle hundert Jahre im wichtigsten Tempel, dem Pura Besakih am Hang des Berges Agung, gefeiert wird. Schon während der Vorbereitungen bebte die Erde, spie der Vulkan, den man für erloschen gehalten hatte, Rauch und Asche. Das Fest begann – ein paar Tage später kam es zum Ausbruch des Agung, Lavaströme verwüsteten weite Teile des Landes, über 1000 Menschen starben, Hunderttausende wurden obdachlos.

Neben der Erschütterung, die die Koinzidenz Fest/Vulkanausbruch in den gläubigen Balinesen hervorgerufen haben muß, waren auch die wirtschaftlichen Folgen der Katastrophe verheerend. Bali ist – darüber täuschen die grünen Reisfelder, die gepflegten, sauberen Dörfer und prunkvollen Feste leicht hinweg – ein armes Land. Der Großteil der 5561 Quadratkilometer großen Insel ist von hohen Bergen mit tief eingeschnittenen Tälern bedeckt – Anbauflächen finden sich hauptsächlich im Süden der Insel, die ärmste Gegend ist der Nordosten. Im klimatisch begünstigten Süden ziehen sich überall, wo Wasser vorhanden ist, Reisterrassen über die Hänge; hier sind zwei bis drei Ernten pro Jahr möglich, dennoch reicht der Ertrag nur knapp zu Deckung des Eigenbedarfs des Landes. Dem sozialen Netz, der gut funktionierenden Dorfgemeinschaft, die sich um die schwächeren Mitglieder kümmert, ist es zu verdanken, daß es in Bali kaum sichtbares Elend gibt.

Natürlich kommt auch dem Tourismus eine immer wichtiger werdende wirtschaftliche Rolle zu. Seit 1967 das Bali Beach Hotel, ein achtstöckiger Bau, Reparationsleistung der Japaner, errichtet wurde, hat sich der Ort Sanur zum größten Seebad Balis entwickelt; auch in Kuta und Nusa Dua, alle im Südwesten, in der Nähe der Hauptstadt Denpasar gelegen, entstanden neue Hotels internationalen Niveaus.

Zu den wichtigsten Sehenswürdigkeiten zählen neben den großartigen Tempelanlagen landschaftliche Besonderheiten: Tanaklat, Ulu Watu, Meililing, Gunung Kawi, Batur-Vulkan. Als beste Reisezeit gelten die Monate April bis September. Die Durchschnittstemperatur beträgt das ganze Jahr über etwa 27 bis 30 Grad. Von Oktober bis März kommt es jedoch häufig zu tropischen Regenschauern.

Weitere ansprechend aufbereitete Informationen über Land und Leute, soziologische und kulturelle Hintergründe sowie praktische Hinweise bietet das Merian-Heft ›Bali‹.

Oben: Barong, der Bezwinger der Hexe Rangda
Unten: Reis ist das Hauptnahrungsmittel der Balinesen; überall, wo Wasser vorhanden ist, werden stufenförmige Reisterrassen angelegt. Oft kann man bis zu zweimal im Jahr ernten.

Bali Hyatt

So gut wie sein Ruf

Bei Hotels ist es wie bei Menschen. Wenn sie auf sich achten – und das heißt modernisieren, renovieren, geänderten Ansprüchen gerecht werden –, dann haben die Alten den Jungen viel voraus, dann können sie, was ihre Atmosphäre, die gepflegte Gastlichkeit und die aus der Erfahrung gewonnene Vielfalt des Angebots betrifft, die meisten nagelneuen Hotels in die Tasche stecken.

Das Bali Hyatt in Sanur ist so ein positives Beispiel. Schon das äußere Erscheinungsbild, eine seit Jahren gepflegt wuchernde Gartenlandschaft, nimmt einen gefangen und läßt die etwas langweilige Architektur der drei gleichförmigen Wohnblöcke vergessen. Interessant gestaltet sind hingegen die Hauptgebäude, in denen Restaurants, die Lobby – ein offener, weiter Raum mit einem elefantengrasgedeckten Dach aus Kokosnußbalken und prunkvollen Lüstern –, Boutiquen und Geschäfte untergebracht sind.

Das Hotel wurde 1973 eröffnet und 1984 gründlich renoviert. Die Zimmer – insgesamt 387 – sind geschmackvoll eingerichtet, für gehobene Ansprüche stehen die 28 Räume des Regency Clubs und fünf Suiten, die sich über zwei Stockwerke erstrecken, zur Verfügung. Was die Möglichkeiten zu speisen betrifft: In fünf Restaurants wird alles, von Fischspezialitäten über landestypische Gerichte bis zur Pizza serviert. Das Unterhaltungsangebot umfaßt Bars, Disco, Buffet, balinesische Tänze, Märkte, auf denen die Einheimischen ihre Produkte verkaufen. An Sportmöglichkeiten wird Jogging, Tennis, Tischtennis, Billard, Volleyball, Federball, Golf, Wasserski, Schnorcheln, Windsurfen, Segeln, Fischen geboten. Das Hyatt macht also seinem Ruf als eines der besten Strandhotels Südostasiens alle Ehre. Einzig der Swimmingpool entspricht in seiner Größe nicht mehr den Anforderungen der späten 80er Jahre, jedoch auch dieser Kritikpunkt ist keiner mehr: Im Mai 1988 war man bereits dabei, hinter einem Bauzaun einen neuen Pool zu graben!

Hotel Oberoi

Perfekter Hideaway

Perfektion hin, Perfektion her: Nicht jeder schätzt Großhotels, ein Zuviel an Sport und Unterhaltung ist manchem lästig. Wer Ruhe sucht, Individualität und vielleicht auch Anonymität – immerhin steigen Gäste wie Mick Jagger und Carlo Ponti hier ab –, wird sich im Oberoi am Legian Beach nördlich von Kuta wohlfühlen. Es muß ja nicht gleich eine der beiden Presidential Villas sein, die, ummauert und mit eigenen Pools, absolute Privatheit garantieren, auch die Standard-Zimmer in den Lanai Cottages sind sehr hübsch und geschmackvoll eingerichtet und bieten allen Komfort.

Von den Lanai Cottages gibt es 15. Sie stehen – kleine aus Naturstein gemauerte Häuschen mit hochgezogenen Strohdächern – in einer gepflegten Gartenlandschaft; in jedem Bungalow sind jeweils vier Zimmer untergebracht. Wer eine Villa mietet, hat ein Haus für sich allein, einen kleinen Garten mit Frühstücksterrasse und ein ›open air‹- Bad dazu.

Auf Sport wird, wie gesagt, kein großer Wert gelegt: ein Tennisplatz, Volleyball, Tischtennis und Billard, Fahrrad- und Motorradvermietung. Der Pool ist klein, liegt aber sehr gemütlich und intim oberhalb des Strandes. In einem kleinen Amphitheater finden folkloristische Veranstaltungen statt. Drei Bars und zwei Restaurants sorgen fürs leibliche Wohl.

Club Med

Von Kennern gepriesen

Jeder, der seine Urlaubsgestaltung regelmäßig in die Hände des Clubs legt, der ihn zum GM, zum ›freundlichen Mitglied‹, macht, hat sich doch sicher schon einmal die bange Frage gestellt, welches denn nun wohl wirklich das schönste Clubdorf der Welt sei – eine Frage, die im Fall der Strandhotels besonders schwer zu beantworten ist, denn da, so wissen Kenner, liegen zwei Konkurrenten dicht an dicht: Cherating in Malaysia und Bali.

Architektonisch wie von der Lage her ist der Club in Nusa Dua wirklich wunderschön. Man hat versucht, sich der Landesarchitektur anzugleichen, die zwei- und dreistöckigen Wohngebäude mit den 350 einfach eingerichteten Doppelzimmern tragen einheimische Namen: Flores, Madura, Java, Lombok, Sumba. Kokospalmen säumen einen langen weißen Sandstrand, außerdem steht ein 10 x 23 Meter großer Pool zu Verfügung.

Es werden Ganz- und Halbtagsausflüge auch nach Java oder Lombok durchgeführt; reichhaltig ist auch das Sportangebot: Segeln (Catamaran, Laser), Windsurfen, Schnorcheln, Tennis, Squash, Bogenschießen, Basketball, Volleyball, Yoga, Gymnastik, Aerobic, Badminton, Fitness-Center mit Sauna, Dampfbad, Jakuzzi. Besonders interessant ist der Club in Bali für Golfer; auf dem Gelände stehen zur Verfügung: Pitch and Putt 6 Loch, Practice, Bunker, Putting Green, 18 Loch. Gegen Bezahlung kann man zwei wunderschöne Golfanlagen (9 und 18 Loch) außerhalb des Clubs benutzen.

Philippinen

Ihr Name erinnert an einen der finstersten und gestrengsten spanischen Habsburger, an Philipp II. (1556 – 1598), den Erbauer des Escorial. Ihm zu Ehren wurde die nördlichste Inselgruppe im Malaiischen Archipel 1542 – 21 Jahre, nachdem der erste Europäer, Ferdinand Magellan, dort gelandet war – ›Islas Filipinas‹ getauft. Gerechter wäre es eigentlich gewesen, Magellan zu ehren und die Insel nach ihm zu benennen, war er es doch, der dort sein Leben ließ: Der portugiesische Seefahrer wurde auf der kleinen, Cebu vorgelagerten Insel Mactan vom Stammeshäuptling Lapu-Lapu erschlagen.

Lapu-Lapu wird als erster Freiheitsheld in der philippinischen Geschichte gefeiert – den Lauf derselben konnte sein mutiges Auftreten aber nicht ändern. Die Spanier kehrten zurück, denn die handelsstrategisch günstige Lage der ›Islas Filipinas‹, die Nähe zu China, Macau und den Molukken, hatte es dem Namengeber angetan; 1565 begann die spanische Kolonialherrschaft. Ihr Entree verschafften sich die Konquistadoren ganz im Sinne Philipps, des fanatischen Glaubenskämpfers, von dem Egon Friedell sagt: »Sein Leben war von einer einzigen fixen Idee beherrscht: der völligen Restauration der römischen Universalkirche und der Ausbreitung des spanischen Absolutismus über die ganze Welt.« Bereits der erste Eroberungszug stand unter der Leitung eines militärischen Befehlshabers und – eines Mönches. Kolonisierung hieß Chistianisierung, Klerus und Politik arbeiteten Hand in Hand. Die verschiedenen ins Land strömenden Orden, die Augustiner, Dominikaner, Franziskaner und Jesuiten, übten sehr bald auch weltliche Macht aus und gehörten zu den reichsten Großgrundbesitzern.

So mit höchster Legitimation ausgestattet, währte die spanische Kolonialherrschaft 333 Jahre. Man rechnet, daß es im Durchschnitt alle fünf Jahre einen Aufstand gab: lokale Erhebungen, Proteste gegen Zwangsarbeit und Ausbeutung durch die Großgrundbesitzer, die die Herrschenden meist schnell und blutig unterdrückten. Erst in der zweiten Hälfte des 19. Jahrhunderts forcierte und organisierte sich der Widerstand, die Befreiung vom spanischen Joch gelang den Filipinos dennoch nicht aus eigener Kraft: Die Amerikaner mischten sich ein, im spanisch-amerikanischen Krieg belagerten sie Manila und erreichten im Friedensvertrag von Paris 1898, daß ihnen die Philippinen gegen eine Entschädigungssumme übereignet wurden. Der Führer der Aufständischen, General Aguinaldo, der in den Amerikanern anfangs Verbündete im Kampf um die Unabhängigkeit gesehen hatte, fühlte sich bald von den ›Befreiern‹ betrogen. 1899 erklärte er den USA den Krieg. Die Amerikaner entsandten über 100000 Mann, so wichtig war ihnen das Archipel zwischen dem Südchinesischen Meer und dem Pazifischen Ozean, zwei Jahre tobte der Krieg, fast eine Viertelmillion Menschen kam ums Leben. 1901 gab Aguinaldo auf, die Philippinen wurden wieder Kolonie, auf die Hispanisierung folgte die Amerikanisierung des Inselstaats. Allerdings trug die Herrschaft der Amerikaner wesentlich liberalere Züge als die der Spanier; 1934, unter Roosevelt, wurde sogar ein Gesetz verabschiedet, das die langsame Entlassung der Philippinen in die Unabhängigkeit vorsah, die sich allerdings durch den Zweiten Weltkrieg und die japanische Besetzung verzögerte: Die Philippinen sind erst seit 1946 souveräner Staat.

Aus der historischen Situation erklärt sich, warum die Philippinen heute das ›westlichste‹ Land Asiens sind, ein Land, das in vielem eher lateinamerikanische als asiatische Züge trägt. Über 80 % der Bevölkerung sind römisch-katholisch, etwa fünf Prozent protestantisch und ebensoviele moslemischen Glaubens. Die Moslems leben hauptsächlich im Süden des Landes, wohin sie sich vor der spanischen Christanisierung flüchteten. Die Religion ist ein fester Bestandteil des Lebens der Filipinos, die vielen Kirchen des Landes brauchen über mangelnden Besuch nicht zu klagen, religiöse Feste werden unter großer emotionaler, bisweilen fanatischer Anteilnahme der ganzen Bevölkerung begangen – Menschen, die sich ans Kreuz schlagen lassen oder sich selbst geißeln, sind nichts Außergewöhnliches.

Sehr angenehm wird dem Besucher ein Relikt aus der Zeit der Herrschaft der Amerikaner auffallen: Obwohl die offizielle Staatssprache seit 1973 Filipino ist, sprechen etwa 50 % der 55 Millionen Filipinos Englisch, man wird also, außer in entlegenen Gebieten, keine Verständigungsprobleme haben. Was das Verhältnis zur Zeit angeht, so setzt sich wieder mehr das spanische Erbe durch: Die Fahrpläne der Busse oder Schiffe haben, wo sie überhaupt existieren, reinen Empfehlungscharakter; vor allem während der Regenzeit – Juni bis November – muß man mit Transportproblemen

Links oben: Der Mayon-Vulkan bei Legaspi, einer der zehn noch tätigen Vulkane auf den Philippinen
Unten: Jeepneys stellen die wichtigsten Verkehrsmittel auf den Inseln dar
Rechts: Reisterrassen von Banaue

rechnen. Entsprechend der Struktur des Landes – die Philippinen bestehen aus 7107 Inseln, die über ein Gebiet von 1295 000 Quadratkilometern verstreut liegen – gehören Flugzeug und Schiff zu den wichtigsten Verkehrsmitteln im interinsularen Bereich. Das Flugnetz ist sehr gut ausgebaut, wo möglich, sollte man den Jet den überfüllten, unpünktlichen Fähren vorziehen, zumal Fliegen sehr preiswert ist. Auf den Inseln verkehren Busse und die ›Jeepneys‹, aus Jeeps entstandene Kleinbusse. Eisenbahnstrecken befinden sich nur auf der sechstgrößten Insel Panay und auf der Hauptinsel Luzon.

Hier liegt auch die Hauptstadt des Landes, das 1571 von den Spaniern gegründete Manila, heute eine laute, verkehrsreiche Millionenstadt – in der Metropolitan Area leben über acht Millionen Menschen –, die mit den Problemen aller Dritte-Welt-Städte zu kämpfen hat: Übervölkerung, Slumbildung, Prostitution, Kriminalität. Sehenswert ist Intramuros, der älteste, von einer Mauer und acht Toren umgebene Stadtteil. Leider wurde das Viertel 1945 stark bombardiert, von den ehemals zwölf Kirchen blieb nur San Augustin erhalten, die Kathedrale wurde wieder aufgebaut. Beachtung verdienen außerdem das Fort Santiago sowie Chinatown und der chinesische Friedhof. In Las Pinas, einem südlich gelegenen kleinen Ort, sollte man sich unbedingt die berühmte Orgel ansehen, die Padre Diego Cera Anfang des 19. Jahrhunderts aus Bambus errichtete.

Auf Luzon, der mit 106 000 Quadratkilometern größten und historisch und kulturell bedeutendsten Insel des Landes, finden sich in Majayjay, Tanay, Morong, Vigan und Paoay interessante Kirchen aus der spanischen Kolonialzeit. Beeindruckender aber als die kunsthistorischen Sehenswürdigkeiten sind die landschaftlichen Höhepunkte: die Vulkane und Seen, die Cordillera Central, ein über 2000 Meter hoher Gebirgszug mit den berühmten, gern als ›Achtes Weltwunder‹ bezeichneten Reisterrassen bei Banaue, die vor etwa 2000 Jahren von den Ifugao angelegt wurden. Ein einziger Fluß bewässert eine Fläche von 250 Quadratkilometern; würde man die Wälle, die die Parzellen einfrieden, aneinanderfügen, so könnte man den halben Erdball damit umspannen.

Auch der Großteil der übrigen Inseln des Archipels wird von Bergketten eingenommen, etwa 65 % der Gesamtoberfläche der Philippinen sind gebirgig. Der höchste Berg ist der Mount Apo auf der Insel Mindanao mit 2954 Metern, er ist – ebenso wie der zweithöchste Berg, der Mount Pulog auf Luzon – ein noch tätiger Vulkan. Die Philippinen liegen in einer geologisch sehr unruhigen Zone, Erdbeben und Vulkanausbrüche kamen im Lauf der Geschichte immer wieder vor.

Touristisch sind die Philippinen ein relativ unerschlossenes Land. Das mag erstaunen angesichts dessen, was sie zu bieten haben: landschaftliche Vielfalt, unbewohnte, namenlose Inseln (nur 2773 der mehr als 7000 Inseln sind ›getauft‹), Korallenriffe, die zum Tauchen einladen und Strände, Strände, Strände: Die Küsten des Archipels sind 34 600 Kilometer lang, das entspricht 90 % des Erdumfangs. Daß der Tourismus in den letzten Jahren zurückging, hat politische Gründe: Die in den letzten Regierungsjahren von Präsident Marcos und seit seinem Sturz 1986 immer wieder aufflackernden Unruhen sind dafür verantwortlich.

Was Hotels und touristisches Angebot betrifft, muß man sich also bescheiden. Die meisten Unterkünfte sind sehr einfach, auch die Resorts der gehobenen Klasse können dem Vergleich mit dem Angebot auf Bali oder in Thailand nicht standhalten. Dafür sind die Philippinen aber – noch – ein Geheimtip, ein Dorado für Abenteurer, Individualisten und ›Island Hoppers‹.

Die beste Reisezeit sind die Monate Februar und März. Als Begleiter zu den Tausenden von Inseln ist der in der DuMont-Reihe ›Richtig reisen‹ erschienene Band ›Philippinen‹ von Roland Dusik zu empfehlen.

Oben: Pfahlbautendorf Zamboanga
Unten: Am dritten Wochenende im Januar wird zu Ehren des Jesukindes in Kalibo und Panay das Ati-Atihan-Fest gefeiert

Calatagan

Muß man in einem Land, das aus 7107 Inseln besteht, reich sein, um eine viereinhalb Kilometer breite Insel sein eigen nennen zu können? Wenn diese Halbinsel auf Luzon, nur 130 Kilometer südlich von Manila in einer Gegend liegt, in der die schönsten stadtnahen Strände zu finden sind, dann schon. Die Familie Zobel de Ayala auf jeden Fal ist reich, sie gehört zu den ältesten Familien der Philippinen und zählt bestimmt mehr als die Halbinsel Calatagan zu ihrem Besitz.

Calatagan diente den Zobel de Ayalas früher als Jagdgrund. Später wurde das Land urbar gemacht, Zuckerrohr- und Reisfelder entstanden, Haciendas wurden gebaut. Die kleine Stadt Calatagan profitierte von den Aktivitäten und wuchs; ihren Charme als Fischer- und Marktstadt hat sie nicht verloren. Der Ort soll einst Schlupfwinkel von Piraten gewesen sein, die das Südchinesische Meer unsicher machten – ein Geschäft, das sich anscheinend gelohnt hat: 1934 stieß man bei Ausgrabungen in der Nähe der Stadt auf sechs große Friedhöfe, in denen sich Hinweise auf eine vorspanische Besiedlung und vor allem auf einen blühenden Handel mit China fanden.

Wer diesen Teil Luzons besucht, sollte auch nach Tagaytay fahren und den wunderschönen Blick auf den Lake Taal genießen. Lake Taal ist ein Vulkansee, in dem eine Insel liegt, auf der sich wiederum ein Vulkan erhebt, in dessen Krater sich abermals ein See mit einer kleinen Insel befindet.

Hotel Punta Baluarte Interconti

Ein ruhiges Fleckchen für Individualisten

18-Loch-Golfplatz, Tennis, Reiten, Tauchen, Hochseefischen... Euch, das klingt feudal! Wird man hier die Spitzenverdiener der Nation treffen? Sich dreimal täglich umziehen müssen, bei leiser Musik und mit gespreiztem Finger dinieren? Der Empfang am Flughafen Manila deutet nicht darauf hin, er ist herzlich, normal, ungezwungen. Auch daß der vom Interconti geschickte Wagen auf halber Strecke zum Hotel – man fährt etwa zwei bis drei Stunden – zusammenbricht, paßt nicht ins Bild vom glatten, supereleganten, exklusiven Luxushotel, gibt aber Gelegenheit, die Hilfsbereitschaft der Filipinos kennenzulernen. Bei Dunkelheit kommen wir schließlich an, fahren durch eine betörend duftende Frangipani-Allee und finden den ersten Eindruck auch beim Beziehen der Zimmer bestätigt: Das Punta Baluarte ist ein etwas altmodisches, gut geführtes, aber in keiner Weise prätentiöses Hotel. Die Zimmer in den über die Anlage verteilten Bungalows sind einfach, aber sauber; mit den gefliesten Böden, den hölzernen Decken und Wänden wirken sie gemütlich, störend ist nur die laute Aircondition. Fernseher und Radio, sonst selbstverständlich in einem Drei-Sterne-Resort-Hotel, fehlen, auch Telefonverbindungen nach außen sind aufgrund der abgeschiedenen Lage nicht möglich.

Der Ruhesuchende hört das mit Freude: keine Anrufe, keine Belästigung. Das Punta Baluarte ist wirklich ein Ort zum Ausspannen. Allein die Weite der von bewaldeten Hügeln gesäumten Bucht wirkt beruhigend, vorgelagert sieht man Inseln, zu denen man Tauch- und Schnorchelausflüge unternehmen kann. Das Sportangebot hält, was der Prospekt verspricht, die beiden Pools, einer mit Süß- und einer mit Salzwasser, sind wohl etwas klein, wenn das Hotel mit 450 Gästen voll belegt ist. Daß das Meerwasser gelb ist, wenn die Flüsse viel Wasser führen, darf nicht irritieren: Hier mündet ein Fluß in die Bucht. Natürlichen Strand gibt es keinen, der kleine Sandstrand wurde künstlich angelegt. Zwei Restaurants und fünf Bars sorgen fürs leibliche Wohl, es gibt regelmäßig Buffets und Barbecue-Abende mit folkloristischen Darbietungen.

Cebu

Cebu, neuntgrößte Insel des philippinischen Archipels, liegt eine Flugstunde von Manila entfernt im Süden des Landes. Die 220 Kilometer lange und 20 bis 40 Kilometer breite Insel war schon in vorspanischer Zeit ein wichtiger Umschlagplatz im Handel mit China, Siam und Arabien und spielt auch heute noch aufgrund ihrer zentralen Lage im philippinischen Archipel eine bedeutende Rolle als Verkehrsknotenpunkt.

Cebu war die erste Insel des Archipels, auf der die Spanier landeten; 1521 legte Magellan hier an, schloß mit dem Inselherrscher den Blutspakt und bekehrte ihn und etliche hundert seines Volkes auch gleich zum christlichen Glauben. Dem Nachbarfürsten, dem Häuptling der Insel Mactan, der von diesem Bekehrungs- und Unterwerfungsritual nichts hielt, glaubte er militärische Stärke demonstrieren zu müssen – und fand bereits bei der Landung den Tod. Magellans Trüppchen zog ab, 24 Jahre später aber kehrten die Spanier zurück, nahmen Cebu in Besitz und gründeten hier die erste Hauptstadt ihrer Kolonie: Ciudad del Santissimo Nombre de Jesus, heute Cebu City.

Frühe Zeugen der spanischen Besiedlung sind Fort San Pedro und die Basilica Minore del Santo Niño, in der eine Jesufigur verehrt wird, die Magellan auf die Insel gebracht haben soll. Das Kreuz, das er anläßlich der Bekehrung der Cebuanos errichten ließ, wurde zum Wallfahrtsziel gläubiger Philipinos.

Hotel Argao Beach

Zutritt nur mit Badeschuhen

60 Hektar Grund, eine gepflegte Gartenanlage, Wiesen, die sogar am Ende der Trockenzeit noch sattgrün leuchten, am weißen Sandstrand alter Kokospalmenbestand, der dem sonnenbrandgefährdeten Mitteleuropäer Schutz und Schatten bietet, Strohgedeckte langgestreckte Hütten am Fuß sanfter grüner Hügel – so präsentiert sich das Argao Hotel, das etwa zwei Autostunden südlich von Cebu City an der Ostküste der Insel liegt.

Das Argao ist ein gepflegtes, gut instand gehaltenes Haus mit freundlichen, einfach ausgestatteten Zimmern. Sie sind im landesüblichen Stil unter Verwendung von Holz, geflochtenen Bambusmatten, Batikstoffen eingerichtet. Die Zimmer – insgesamt 137 – liegen ebenerdig, zwölf bis vierzehn sind in einem Bungalow untergebracht. Die Bungalows verteilen sich übers Gelände, einige stehen direkt am Strand, andere thronen auf den Hügeln. Über verschiedene Buchten hat man Zugang zum Wasser; wegen der Korallen – des Tauchers Freud, des Schwimmers Leid – sollte man Badeschuhe einpacken.

Das Argao wurde 1981 eröffnet, der Pool ist, wie es damals üblich war, eher klein gehalten. Speisen kann man am Pool oder auf der Terrasse, die, auf einem Felsen erbaut, direkt über den Strand reicht. Man serviert heimische und internationale Spezialitäten. Neben den Tennisspielern (zwei Plätze) hat das Argao vor allem Tauchern und anderen Wassersportlern etwas zu bieten: Segeln, Schnorcheln, Glasbodenboot, Ausflüge zur Cabilao Insel und anderen Tauchgründen, Windsurfen. Tauch- und Windsurfschulen sind vorhanden.

Badian Island Beach Hotel

Für Unterwasser-Ratten

Lassen wir Zahlen sprechen: Da haben wir 36 Zimmer in hübschen Bungalows am weißen Strand und »20 10l-Aluminiumtauchflaschen mit der Möglichkeit von DIN auf INT umzurüsten, 14 Lungenautomaten ›Poseidon cyclon‹ mit Fini und Inflatoranschluß, 10 Tarier-Westen, 8 Tarier-Jackets...« – die Zielgruppe ist klar, auf die das Badian Island Beach Hotel eingestellt ist: Taucher. Oder sagen wir, Wassersportler im allgemeinen, denn wer gerade mal keine 10l-Aluminiumtauchflasche erwischt, dem stehen Segel-, Ruder-, Motorboote, Schnorchelausrüstung, Windsurfbretter (Mistral/Competition) zur Verfügung, er kann eine Inselrundfahrt mit dem Glasbodenboot mitmachen oder sich einfach nur im Pool mit dem Wasserfall und der ›Swim up Bar‹ tummeln.

Badian Island liegt an der Westküste von Cebu; vom Flughafen fährt man etwa zwei bis drei Stunden mit dem Auto quer über die Insel; die Bootsfahrt durch die Lagune ist dann kürzer: Nach etwa zehn Minuten hat man das Hotel erreicht, ein kleines, ruhig und einsam liegendes Bungalow-Dorf auf der 110 Hektar großen tropischen Badian-Insel. Die Tauchgründe um diese und die nordwestlich gelegene Nachbarinsel Pescador gelten als ausgezeichnet Da gibt es Korallenriffe mit allen erdenklichen tropischen Fischarten, kleine und größere Höhlen, durch die man schwimmen kann, Steilabfälle bis zu 50 Metern. Die Tauchschule steht unter deutscher Leitung, es werden sowohl Kurse für Anfänger als auch für Fortgeschrittene angeboten.

Die Zimmer in den Bungalows sind im landestypischen Stil mit viel Holz und freundlich eingerichtet, alle haben Balkon mit Seeblick. Aircondition fehlt, dafür ist ein Ventilator angebracht. Telefonische Verbindung nach außen besteht nicht, auch Fernsehempfang ist aufgrund der abgeschiedenen Lage nicht möglich. Zwei Restaurants bieten philippinische und internationale Küche, Meeresfrüchte und Spezialitäten vom Grill.

Taiwan

Von der ›Ilha Formosa‹, der ›schönen Insel‹ schwärmten die Portugiesen, die das Eiland 1583 entdeckten, die Chinesen fanden den poetischen Ausdruck ›Terrassengestade‹ für das von Westen her stufenförmig ansteigende Land – und was fällt uns zum Namen ›Taiwan‹ ein? Nicht mehr als ›Made in...‹: T-Shirts, Elektrogeräte, Styropor-Schuhe, Spielzeug – Billig – und Massenware.

Wie prosaisch. Und falsch, weil einseitig. Zwar verdankt Taiwan den unglaublichen Aufschwung, den es in den letzten Jahren genommen hat, einzig der Industrie – ihr Anteil am Bruttosozialprodukt beträgt etwa 50 %, der der Landwirtschaft nur ca. fünf Prozent –, doch ist ›die Schöne‹ dadurch nicht etwa verstaubt und ergraut: 52 % des Landes sind mit Wald bedeckt, 25 % werden als Ackerland genutzt, noch immer sieht man Wasserbüffel durch Reisfelder ziehen, Teeplantagen, in denen der wunderbare Olong von Hand gepflückt wird. Wer einen geschäftlichen Aufenthalt in der hektischen, modernen und weitgehend gesichtslosen Zwei-Millionen-Stadt Taipeh mit ein paar Ausflügen in die Umgebung verbinden kann, wird baff sein, was die kleine Insel zu bieten hat: Da finden sich auf einer Fläche von 35961 Quadratkilometern – das ist etwas größer als Belgien und Luxemburg zusammen – wildromantische Küsten, Schluchten und atemberaubende Panoramastraßen, alpine neben subtropischer Vegetation. Zwei Drittel des Landes sind gebirgig, das Zentralgebirge zieht sich wie ein Rückgrat von Nord nach Süd, parallel dazu verläuft das Ostküstengebirge; letzteres erreicht Höhen von etwa 1000 Metern, die Berge des Zentralgebirges sind dreimal so hoch: 62 Gipfel über 3000 Meter, der höchste, Yushan, ragt mit 3997 Metern höher empor als der Großglockner.

Natürliche Ost-West-Verbindungen gibt es aufgrund der Landesnatur nicht; erst 1960 wurde der East West Cross Island Highway mit der berühmten Taroko-Schlucht eröffnet, der heute zu den spektakulärsten und landschaftlich schönsten Strecken auf der Insel zählt. Von Taipeh aus werden Ausflüge zu den Highlights der Insel veranstaltet: zum Sonne-Mond-See mit seinen Tempeln und Pagoden, nach Alishan, dem Höhenkurort, der auch Ausgangspunkt für Touren auf den Yushan ist, zum Kenting-Nationalpark im Süden...

Kunsthistorisch bedeutend ist Tainan, das von 1661 bis 1949 als Hauptstadt der Insel fungierte; die 50 Jahre japanische Besetzung (1895 – 1945) ausgenommen, war Taiwan in dieser Zeit Teil des chinesischen Reiches. Als dann nach dem Zweiten Weltkrieg die Nationalchinesen vor den Kommunisten flohen, wählten sie Taipeh als ›vorübergehenden Regierungssitz der Republik China auf Taiwan‹. Konflikte

Links unten: National Palast Museum in Taipeh
Rechts unten: Tzuen Pagode am Sonne-Mond-See
Mitte: Drachenparade in Taipeh

zwischen den Taiwanesen (etwa 17 Millionen), die die zwei Millionen Festlandschinesen als Eindringlinge und politisch überrepräsentiert empfanden, waren vorprogrammiert. Den Anspruch, ganz China zu repräsentieren, erkannte die UNO Taiwan 1972 ab. Kulturell ist das kaum möglich, denn in Taiwan befindet sich die umfangreichste chinesische Kunstsammlung der Welt: 600000 Exponate, von denen immer nur 600 gezeigt werden können, ruhen in erdbebensicheren, klimatisierten Räumen im Nationalen Palast-Museum, das neben dem Lungshan-Tempel und dem Nachtmarkt mit seinen Wahrsagern, Garküchen und Schlangenverkäufern zu den Sehenswürdigkeiten Taipehs gehört.

Chinesisch die Kultur, die Sprache, die Religion: Konfuzianismus, Mahajana-Buddhismus und Taoismus sind vorherrschend. Chinesisch auch die Küche: Hier findet man alle Köstlichkeiten der verschiedenen Provinzen vereint. Da man sich außerhalb des Hotels mit Englisch kaum verständigen kann, sollte man sich seine Ziele und Wünsche immer von Einheimischen aufschreiben lassen und nie vergessen, die Visitenkarten seines Hotels einzustecken, bevor man diesen sicheren Hort verläßt. Die Taiwanesen sind sehr freundlich und hilfsbereit, das öffentliche Verkehrssystem ist so gut ausgebaut und gekennzeichnet, daß man auch auf Reisen auf eigene Faust keine Probleme haben sollte. Als beste Reisezeit gelten Frühling und Herbst, im Sommer regnet es häufig.

Caesar Park Hotel

Für erholungsbedürftige Geschäftsleute

Wegen des Caesar Park Hotels extra nach Kenting? O nein. Wegen des Strandes? O nein, erst recht nicht. Der ist überlaufen, durch eine befahrene Straße vom Hotel getrennt und, was Vergleichbares im asiatischen Raum betrifft, ganz und gar indiskutabel. Aber: Sollte jemand im Rahmen einer Geschäftsreise oder einer Inselfahrt Bedürfnisse nach ein bißchen Luxus, Entspannung, Sport, Swimmingpool und gepflegtem Essen (das Hibiscus Garden Restaurant im sogenannten nordeuropäischen Stil ist allerdings zu meiden) verspüren, dann ist er in diesem ersten und bislang einzigen Resort-Hotel Taiwans genau richtig. Hier trifft man, im Service wie in der Ausstattung, auf internationales Niveau – der Besitzer Hiroyoshi Aoki hat jüngst die Westin-Kette gekauft –, es gibt eine Disco, Geschäfte, abendliche Unterhaltung. Die Zimmer sind nicht sehr phantasievoll, aber dennoch mit allen nötigen Annehmlichkeiten ausgestattet. Das Sportangebot soll ausgebaut werden; bislang gibt es ein Fitness-Center und ein Tauch-Shop, Hochsee-Fischtrips werden organisiert, Tennisplätze sind vorhanden. Man kann Motor- und Fahrräder mieten – reizvoll ist ein Ausflug in den nahegelegenen Kenting-Nationalpark –, Reiten und Golf werden in der Nähe angeboten.

Japan

Also, aufgepaßt und tief hineingegriffen in die Vorurteilskiste: Der Japaner, das weiß jeder Walkman-, Video- oder Kleinwagenbesitzer bestimmter Fabrikate, ist fleißig, familien- und betriebsverbunden. Er lebt in einem engen und teuren Land, so eng und so teuer, daß man als Reisender in ›Kapselhotels‹ schlafen muß, besseren Schubladen, 1 Meter breit, 1 Meter hoch, 2 Meter lang. Des Japaners Klima ist nicht viel anders als das unsere, nur daß im Sommer auch noch Taifune kommen. Der Japaner spricht mit Vorliebe Japanisch, was keiner versteht, kaum einer kann Englisch. Brauchen wir das? Nein. Ikebana kann man auch in der Volkshochschule lernen...

Spätestens hier muß man einhaken. Daß Japan ein teures Land ist, will keiner bestreiten – Geschäftsreisende wissen, daß Tokio und Osaka die teuersten Städte der Welt sind. Richtig ist auch, daß Japaner es nicht als unangenehm empfinden, eng aufeinanderzuleben – nie werde ich vergessen, wie der Manager des Moon Beach Hotels in Okinawa mir freundlich lächelnd erklärte, natürlich sei der Hotelstrand öffentlich und an schönen Tagen tummelten sich hier schon 3000 Menschen – auf 300 Metern Strand! Der hauseigene Swimmingpool wies eine ähnliche Belegungsrate auf: zwei Menschen pro Quadratmeter im Wasser und noch mal genausoviele, die am Beckenrand sitzend auf einen ›Parkplatz‹ in der Brühe warteten...

Für einen Europäer, speziell einen seine Verhältnisse ja auch schon als beengt empfindenden Mitteleuropäer, ein Graus. Unser Traum vom Strandurlaub beinhaltet Abgeschiedenheit, Ruhe, die Bucht, die uns allein gehört. Wie Robinson wollen wir leben – an den Stränden Japans überrennen uns die Freitags. Daher soll hier auch nicht der Eindruck erweckt werden, wir priesen das Land oder eines seiner Hotels als Dorado für einen zweiwöchigen Strandurlaub. Keineswegs. Jedoch soll derjenige, der eine Rundreise durch dieses kulturell faszinierende Land unternimmt oder geschäftlich unterwegs ist, wissen, daß es in Japan keineswegs nur Zonen gemäßigten Klimas gibt, daß da ganz im Süden, nur einen Breitengrad nördlich von Taiwan, eine subtropische Insel liegt: Okinawa.

Okinawa gehört erst seit 1879 zu Japan, früher war es selbständiges Königreich, und die Bewohner der Insel fühlen sich heute noch mehr mit Taiwan und Südostasien verbunden als mit Japan. Im Zweiten Weltkrieg fand hier die blutigste Schlacht im pazifischen Raum statt, bei der die Insel total verwüstet wurde und schätzungsweise 100000 Zivilisten ums Leben kamen. Anschließend, von 1945 bis 1972, stand Okinawa unter amerikanischer Verwaltung. Heute bemüht man sich darum, Ferienparadies für die Nordlichter zu werden, es entstehen neue Hotels internationalen Zuschnitts. Eines, das vielversprechendste, das Ramada Renaissance, war noch so neu, daß wir unsere Recherchen mit Schutzhüten und viel Phantasie durchführen mußten. Im bewohnbaren Zustand getestet und als absolut empfehlenswert kennengelernt: das Regent Okinawa in Naha, ein großzügiges, phantastisch geführtes Hotel, meilenweit entfernt von den ›Kapselhotels‹ aus der Vorurteilskiste!

Land/Ort	Hotel	Seite	Anzahl F.e. Sterne	Entfernung Flughafen	Entfernung nächster Ort	Anzahl Zimmer	Zimmer-service	Anzahl Restaurants	Anzahl Bars	Disco Nightclub
Malediven Reethi Raa	Reethi Raa	86	3	ca. 3 Boots-stunden	–	50	–	2	2	–
Malediven Faru	Club Med	87	4	30 min. Boot	–	133	–	2	2	ja
Malediven Villi Varu	Villi Varu	88	3	28km	–	60	–	1	1	–
Malediven BiYaDoo Island	BiYaDoo	89	3	28km 2 Std. Boot	–	96	–	1	1	–
Malediven Cocoa Island	Cocoa	90	3	28km	–	8	–	1	1	–
Malediven Kudafolhudu	Nika	91	5	70km	–	25	–	1	2	–
Indien Goa	Fort Aguada Beach	96	5	45km	15km	120	7-22.30h	1	3	ja
Indien Goa	Oberoi Bogmalo Beach	97	4	3km	9km	119	24 Std.	2	2	1 offen
Indien Goa	Taj Holiday Village	97	4	45km	15km	86	7-22.30h	4	4	ja
Sri Lanka Bentota	Robinson Club	102	4	60km	1km	150	–	2	2	ja
Sri Lanka Ahungalla	Triton	103	5	75km	9km	131	24 Std.	3	2	mehrmals wöch. Unterhaltungsprogr.
Thailand Pattaya	Royal Cliff Beach	108	5	150km	2km	719	24 Std.	5	6	ja
Thailand Hua Hin	Regent Cha-am	109	4	230km	8km	472	24 Std.	5	4	ja
Thailand Ko Samui	Imperial Samui	110	4	140km	25km	77	7-17h	1	1	–
Thailand Ko Samui	Tongsai Bay Ht.+Cottages	111	5	140km	25km	82	7–17h	2	1	–
Thailand Phuket	Meridien	112	4/5	30min.	15min.	464	24 Std.	4	2	ja
Thailand Phuket	Club Med	113	4	39km	39km	300	–	2	3	ja
Thailand Phuket	amanpuri	113	5	17km	45 min. mit Auto	40	6–24h	1	1	–

	Entfernung Golfplatz Anzahl der Löcher	Anzahl der Tennisplätze	Strand Information	Wassersport Möglichkeiten	Pools	Hotel Charakter
	–	–	Sand, fein, weiß 250m zum Riff	Schnorcheln, Windsurfen, Tauchen, Wasserski, Segeln	–	Schweizer Leitung, leger, einfach, freundlich
	–	–	Sand fein	Wasserski, Surfen, Segeln, Windsurfen, Schnorcheln, Tauchen	–	Clubatmosphäre
	–	–	Sand, fein flach abfallend	Wasserski, Windsurfen, Segeln, Schnorcheln, Tauchen	–	Jeder Bungalow Blick zum Meer und „eigener Strand“
	–	–	Sand fein	Wasserski, Windsurfen, Segeln, Schnorcheln, Tauchen	–	gehobener Standard für Malediven
	–	–	Sand, weiß, fein	Windsurfen, Segeln, Wasserski, Schnorcheln, Tauchen auf BiYaDoo	–	persönlich, intim, für Malediven gehobene Klasse
	–	1	Sand fein	Tauchen, Schnorcheln	–	Auf Wahrung der Privatsphäre bedacht, individuell
	–	2	Sand	Wasserski, Segeln, Windsurfen	1	bestes Badehotel Indiens
	2km	2	Sand, fein, weitläufig	Schnorcheln, Windsurfen, Rudern, Wasserskooter	1	internationaler Charakter
	–	2	Sand	Wasserski, Segeln, Windsurfen	1	ruhig, zwanglos
	–	2	Sand, fein	Surfen, Wasserski, Windsurfen Segeln, Tauchen	1	Clubatmosphäre
	–	1	Sand, breit und km lang	–	1	ruhig, gepflegt
	2km 18 Loch	6	Sand, Duschen, Liegen, Bar, Privatstrand, Sonnenschirme	Schnorcheln, Tauchen, Wasserski, Segeln, Windsurfen	3	besticht durch die Vielfalt des Angebots und hervorragenden Service
	18km 18 Loch	8	langgezogen, feinsandig	Segeln, Windsurfen	2	ideal für Gruppen und Familien
	–	–	idyllisch, weiß, fein, flach abfallend	Windsurfen, Tauchen, Wasserski in der Nähe	1	intimes, freundliches Hotel
	–	–	hoteleigen, feinsandig	Windsurfen, Tauchen, Wasserski, Segeln	1	ruhige, angenehme Atmosphäre
	auf Hotelgelände	4	600m lang, weiß, fein, flach abfallend	Windsurfen, Tauchen, Schnorcheln	2	Großhotel an wunderschöner Bucht gelegen
	–	7	Sand, weiß	Windsurfen, Segeln, Schnorcheln	1	Clubatmosphäre
	–	2	kleiner Sandstrand	Windsurfen, Tauchen	1	sehr exklusiv und gediegen

Land/Ort	Hotel	Seite	Anzahl Sterne	Entfernung Flughafen	Entfernung nächster Ort	Anzahl Zimmer	Zimmer-service	Anzahl Restaurants	Anzahl Bars	Disco Nightclub
Malaysia Penang	Rasa Sayang	118	5	31 km	16 km	216	24 Std.	3	3	ja
Malaysia Penang	Golden Sands	119	4	31 km	16 km	395	24 Std.	3	3	ja
Malaysia Pangkor	Pan Pacific	120	4	5 Std.	25 min. mit Fähre	161	24 Std.	3	2	ja
Malaysia Kuantan	Hyatt	121	5	16 km	5 km	177	24 Std.	2	3	ja
Malaysia Cherating	Club Med	122	4	50 km	3 km	300	–	3	2	ja
Indonesien Bali, Sanur	Hyatt	128	5	10 km	im Ort	387	24 Std.	6	4	ja
Indonesien Bali, Kuta	Oberoi	129	5	9 km	4 km	75	24 Std.	2	3	–
Indonesien Bali, Nusa Dua	Club Med	129	5	15 km	15 km	350	–	2	3	ja
Philippinen Punta Baluarte	Interconti	133	3	125 km	3 km	171	6.30–22 h	2	5	–
Philippinen Cebu	Argao Beach	134	3	1 ½ Std.	2 Autostd. südl. Cebu City	137	7–24h	1	1	–
Philippinen Cebu	Badian Island	135	4	97 km	2 km	36	7–24h	2	3	–
Taiwan Kenting	Caesar Park	137	5	2 Std.	0,5 km	251	24 Std.	3	4	ja
Japan Okinawa	Ramada Renaissance	139	5	22 m	17 m	392	24 Std.	4	3	ja

Entfernung Golfplatz Anzahl der Löcher	Anzahl der Tennisplätze	Strand Information	Wassersport Möglichkeiten	Pools	Hotel Charakter
27km 18 Loch	4	Sand, belebt	Tauchen i. d. Nähe. Schnorcheln, Wasserski, Windsurfen, Segeln	1	elegantes, gediegenes Haus
27km 18 Loch	4	Sand, belebt	Tauchen i. d. Nähe, Schnorcheln, Windsurfen, Wasserski, Segeln	1	leger, familienfreundlich
beim Hotel 9 Loch	2	Sand, hell, fein	Windsurfen, Fischen, Segeln, Schnorcheln, Tauchen	2	ruhig, zum Ausspannen
beim Hotel 18 + 9 Loch	3	Sand, belebt	Tauchen, Schnorcheln, Wasserski, Segeln, Windsurfen, Rudern	1	intern. Standard, großes, gepflegtes Haus
–	6	3 herrliche Strände	Schnorcheln, Segeln, Windsurfen	1	Clubatmosphäre
9-Loch beim Hotel 3-Loch pitch & putt	2	Schwimmen nur bei Flut Sandstrand	Wasserski, Schnorcheln, Windsurfen, Segeln, Motorboot	2	gediegenes Haus, das allen Ansprüchen gerecht wird
18 Loch	1	Sand, fein	–	1	für Individualisten
30 min: 9 Loch 1,5 h: 18 Loch	7	langer Sandstrand, fein	Segeln, Windsurfen, Schnorcheln	1	stilles Hotel mit eigenem Charme
beim Hotel 18 Loch	5	künstl. aufgeschütteter Strand	Schnorcheln, Tauchen, Segeln, Windsurfen	2	gepflegtes, modernes Hotel
–	2	Sand, Korallen (Badeschuhe), Baden b. Ebbe nicht möglich	Tauchen, Segeln, Schnorcheln, Windsurfen	1	komfortabel, abseits der modernen Zivilisation
–	1	kleiner Sandstrand, Fels, Koralle, Baden b. Ebbe nicht möglich	Schnorcheln, Tauchen, Windsurfen	1	landestypisch und gemütlich
–	2	sehr belebt, durch eine Straße vom Hotel getrennt	Tauchen, Schnorcheln, Segeln, Windsurfen	2	ideal als Unterbrechung einer Geschäfts- oder Besichtigungsreise
–	–	weitgehenst sauber, aber überfüllt.	Surfen, Yacht, Wasserski, Skooter, Pools	2	internationaler Standard

Südsee und Australien

Als Taufa'ahau Tupou IV., König von Tonga, 1979 auf Staatsbesuch in der Bundesrepublik war und deutsches Kapital in sein armes Südseeparadies locken wollte, verstand eine bunte Illustrierte sein Werben um Investoren gekonnt falsch und hatte einen Knüller parat: Der freundliche dicke König biete jedem deutschen Auswanderer Haus und Hof an, wenn er nur nach Tonga komme...

Der Fortgang der Geschichte ist bekannt. Viele, viele kamen – fast alle sind wieder weg.

Aber was hat damals so viele brave Bundesbürger ihre gesicherte Existenz aufgeben und sie mit Sack und Pack auf eine völlig unbekannte kleine Insel mitten im Pazifik ziehen lassen? Materieller Gewinn wie 1896 beim legendären Goldrausch von Klondike kann es nicht gewesen sein. Es waren wohl eher die ewigen Sehnsüchte des gehetzten Menschen im Industriezeitalter nach dem Paradies auf Erden, der wohlmeinenden Natur, die ihre Gaben im Überfluß verteilt, exotischer Tier- und Pflanzenwelt, zwölf Monate des Jahres währendem Sonnenschein – also nach dem Einklang mit der Natur und dem sorglosen, friedfertigen Leben tagein, tagaus.

Die Südsee als der erreichbare Garten Eden; der Gedanke bewegt schon seit Jahrhunderten europäischen Geist. »Man sollte oft wünschen, auf einer der Südseeinseln als sogenannter Wilder geboren zu sein, um nur einmal das menschliche Dasein, ohne falschen Beigeschmack, durchaus rein zu genießen«. Goethe zu Eckermann, vor bald 200 Jahren.

Damals freilich hatten Amerikaner und Japaner die tausend kleinen Paradiese noch nicht als Stützpunkte und Nachschubbasen ihrer Seeflotten im Zweiten Weltkrieg auserkoren, dienten Inseln und Atolle noch nicht als Testgelände und Mülldeponie westlicher Atommächte. Der Dollar und der Franc haben Kaufkraft gebracht, Arbeitsplätze geschaffen, für Zivilisation in unserem Sinn gesorgt. Aber unendlich viel der Sorglosigkeit und Unbefangenheit der Insulaner, der alten Kulturen und Gebräuche wurde dabei hinweggefegt.

Um im Bilde zu bleiben: Die Äpfel vom Baum der Erkenntnis sind längst gegessen, das Paradies hat seine Unschuld verloren. Aber als ein Paradies stellt es sich für den Reisenden allemal noch dar – dafür bürgen die geographische Lage, das Klima und die Menschen.

Allein über die Zahl jener Einsprengsel im Meer zwischen China, Australien und Amerika gehen die Angaben weit auseinander. Nimmt man nur die größeren, festen, bewachsenen Inseln, kommt man auf etwa 3000 – immerhin auf einem Drittel der Erdoberfläche. Zählt man all die kleinen Atolle, Riffs und Sandbänke mit, dürfte es rund 30000 sein. Den Besucher erwartet eine bunte Vielfalt an Kulturen und Sprachen, vergangenen und heutigen Einflüssen.

Die gesamte Inselwelt des Pazifik lebt in einem tropischen, feucht-warmen Klima ohne wesentliche saisonale Schwankungen. Faustregel: Je dichter am Äquator, desto heißer und um so geringer die nächtliche Abkühlung.

Die Südsee zählt, obwohl die Lebensverhältnisse häufig einfach und die Lebenshaltungskosten niedrig sind, nicht gerade zu den preiswerten Urlaubsregionen dieser Welt. Inselhüpfen zum Beispiel bietet sich angesichts der Geographie geradezu an, kann aber dank überwiegend hoher Flugpreise recht kostentreibend sein.

Und auch in Fünf-Sterne-Hotels oder vergleichbaren Unterkünften gilt zwar das westliche Preisniveau, nicht aber unbedingt die gewohnte Schnelligkeit und Gründlichkeit sogenannter Dienstleistungen. Vom ersten Tag der Reise an empfiehlt sich eine Umstellung auf eine eher pazifische Betrachtung der Dinge: Irgendwie wird schon alles klappen, für Hektik ist es viel zu warm, ein Lächeln ersetzt vieles, und überhaupt scheint die Sonne.

Die für europäische Augen auffällige Ähnlichkeit mit dem Schlaraffenland produziert prompt schnelle Klischees: Insulaner sind freundlich, aber faul, Energie und Ehrgeiz sind gering ausgeprägt, angenehme Folge: Kommerz und Kriminalität gering.

Aber Vorsicht! Auch durch die Straßen von Papeete (Tahiti) sollte man nachts nicht mit viel Schmuck und Bargeld wandern, und auch der Taxifahrer in Honiara (Salomon-Inseln) kennt mittlerweile die Tricks, den Fahrpreis aufzubessern. Und politisch gärt es in mancher friedlich und verschlafen wirkenden Ecke dieser vermeindlich heilen Welt, ob in Fidschi, Vanuatu oder Neu-Kaledonien.

Die große bunte Inselwelt zwischen dem nördlichen und südlichen Wendekreis wird in drei Gebiete unterteilt. Im Osten, der amerikanischen Seite zugewandt, liegt Polynesien, das ›Vielinselgebiet‹, teils frankophil wie die Inselgruppe um Tahiti, teils durch und durch amerikanisch wie Samoa oder Hawaii. Im Nordwesten die ungezählten kleinen Punkte im ewig-blauen Meer, genannt Mikronesien, mit den Marshall-Inseln, den Marianen und den Karolinen. Darunter Melanesien mit den allein 300 Inselchen der Salomonen, den Fidschi-Inseln, aber auch einer Landmasse wie Papua-Neuguinea.

Und westlich der melanesischen Inselwelt, sozusagen als linke Begrenzung der Südsee, die australische Ostküste mit kilometerlangen feinen Sandstränden und kräftiger, gleichmäßiger Brandung – nicht umsonst das Reiseziel von Surfern aus aller Welt; ihr vorgelagert eines der größten Naturwunder dieser Erde, das Great Barrier Reef, 2000 Kilometer lang, mit Hunderten überwiegend unbewohnter Vulkan- und Koralleninseln und Tausenden kleiner Riffs, korallenbewachsen und von bunten Fischen umschwärmt – ein Eldorado für Taucher. Die meisten der Inseln des Reefs sind als Teil eines gewaltigen Nationalparks, wie gesagt, unbewohnt. Auf einigen freilich kann man seinen Urlaub verbringen, und das sogar ganz ausgezeichnet...

Der Weg ins Südsee-Paradies ist lang. Zwischenlandungen eingerechnet, verbringt man einen Urlaubstag im Flugzeug; ein Aufwand, der durch den Zeitgewinn von rund zwölf Stunden (je nach Ziel) ein wenig gemildert wird. Schlimmer wird's auf dem Heimweg. Dann sind nicht nur die zwölf Stunden zur realen Flugzeit wieder hinzuzurechnen; auch der ›Jet-Lag‹ (erfahrene Fernreisende wissen es) fällt gen Westen ungleich stärker aus.

Davon abgesehen kommt einen die Südsee in mancher Hinsicht entgegen:

Wegen der geringen Klimaschwankungen ist die Reisezeit praktisch beliebig. Im Reisegepäck darf man getrost auf warme Sachen verzichten, solange man zwischen dem nördlichen und südlichen Wendekreis bleibt. Mit Englisch (respektive Französisch auf einigen Inseln) kommt man mühelos durch. Die gängigen Kreditkarten werden in besseren Hotels und Restaurants ausnahmslos akzeptiert. Visumspflicht gibt es für Westeuropäer bei der üblichen Urlaubsdauer nicht (Ausnahme: Papua-Neuguinea und Australien). Schutzimpfungen sind nicht nötig, und selbst die leidigen Malaria-Tabletten kann man bei der Mehrzahl der Südsee-Inseln zu Hause lassen. In dem eingesparten Platz im Koffer nehmen Sie lieber noch ein paar Farbfilme mit. Sie werden sie brauchen.

Denn auch wenn die Pazifische Welt nie wieder so rein, so unberührt sein wird wie zu Zeiten ihres großen Entdeckers James Cook – das Malerische, Sinnbetörende ist trotz Auto und Dollars, trotz Flughäfen und Hotelanlagen geblieben: die weißen Palmenstrände und die blauen Lagunen, der immergrüne Regenwald und die bizarren Korallenriffs, tropische Blüten und exotische Fische. Und – freundliche und schöne Menschen. Daß die schon lange dem Kannibalismus abgeschworen haben, ist wenigstens ein Vorteil, den der heutige Entdecker James Cook voraus hat.

Air Whitsunday

VICTORIA THEATRE
CRITERION STORE

Tahiti

Tahiti – das ist für viele Europäer der Inbegriff der Südsee; für die, die vom Urlaub dort erst noch träumen, ebenso wie für jene, die schon da waren – und das liegt vermutlich an ihrer einzigartigen Mischung aus polynesischer Kultur und französischer Lebensart.

Französisch ist Amtssprache, aber auch mit Englisch gibt es kaum Probleme, und das gilt ebenso für die anderen Gesellschaftsinseln – Bora Bora, Moorea, Raiatea oder Huahine – wie für die weiteren 120 Inseln im Umkreis von fast 3000 Kilometern; immerhin ein Gebiet von der Größe Westeuropas. Denn alle diese Austral-, Gambier-, Gesellschafts- und Marquesas-Inseln sind seit 1880 französisches Staatsgebiet; zwar seit vier Jahren mit autonomer Verwaltung, aber in den großen Fragen der Politik wie in den kleinen Dingen des Lebens unübersehbar von Frankreich geprägt – Autokennzeichen, Straßencafés oder Pernod-Reklame machen es deutlich.

Vor 150 Jahren sah das ganz anders aus. Im Hafen von Papeete ankerten die Walfänger, die Stadt war ein rauhes Pflaster, während draußen die Polynesier von Kopra, Fischfang und ein wenig Landwirtschaft lebten.

Nichts davon ist übriggeblieben. Heute heißt die Haupteinnahmequelle Tourismus; aber das muß niemand abschrecken. Etwas mehr als 100000 Urlauber aus aller Welt verteilen sich pro Jahr auf den Gesellschaftsinseln – und das darf man wörtlich nehmen. Touristenhochburgen, Überfremdung, gar einen Teutonen-Grill wie in Spanien gibt es in Französisch-Polynesien nicht.

Tahiti – das sind eigentlich zwei Inseln, auf einer Länge von nur zwei Kilometern miteinander verbunden. Der größere Teil mit der Hauptstadt Papeete im Nordosten heißt Tahiti Nui und ist auf der 120 Kilometer langen, durchgehend asphaltierten Küstenstraße an einem Tag mit zahlreichen Zwischenstopps zu bewältigen. Der kleinere, Taiarapu, kann nicht umrundet werden.

Tahiti bietet Foto- und Filmmotive in Hülle und Fülle – weiße und schwarze Palmenstrände, bizarr geformte Vulkankegel, über 2000 Meter hohe Berge, dschungelartige Vegetation im Landesinneren und liebliche, weite Landschaft in Küstennähe, Wasserfälle, Kaskaden und Grotten.

Um die vielen verstreut gelegenen Natursehenswürdigkeiten, aber auch alte Kirchen, Tempel, Gärten und Museen zu entdecken, sollte man zum Leihwagen greifen – schon, um sich nicht über die deftigen Taxi-Fahrpreise ärgern zu müssen.

Die rauhen Seebären der ›Endeavour‹ des James Cook oder der ›Bounty‹ des berüchtigten Captain Bligh (bevor sie gegen ihn meuterten) – sie haben ein anderes Tahiti vor 200 Jahren kennengelernt: verträumt und im Überfluß in den Tag hineindösend, ohne die strengen Vorstellungen der Alten Welt von Sitte und Moral, was die Matrosen nach monatelangen Entbehrungen auf hoher See offenbar sehr genossen haben.

Das meiste der ursprünglichen, unbefangenen polynesischen Lebenseinstellung – ohne Besitzstreben, ohne Eifersucht und Erwerbssinn – ist seither mit dem Einzug unserer Zivilisation dahingegangen. Unausrottbar scheinen dagegen bis heute die Vorstellungen in europäischen Köpfen von braunhäutigen, blumenbekränzten, lebens- und liebesfrohen Südseemädchen zu sein, die nur darauf warten, sich dem Besucher vom anderen Ende der Welt leidenschaftlich hinzugeben...

Vor Illusionen sei gewarnt. Die Blumenkinder der Südsee, leicht geschürzt und blütengeschmückt, wie sie schon Paul Gauguin gemalt hat, gibt es zwar noch – und nicht nur auf Hotelprospekten oder an Folklore-Abenden –, aber die Unbefangenheit und Sorglosigkeit, die ist ein schönes Märchen. Die (oder der) schöne Wilde am Strand hat ähnliche Probleme wie wir: mit dem Freund, dem Job und dem Sparen auf einen Videorecorder...

Die Bewohner Tahitis und der umliegenden Inseln sind französische Staatsbürger. Daß sie Angehörige eines Überseeterritoriums der ›Grande Nation‹ sind und alle fünf Jahre wieder Vertreter ins Parlament nach Paris entsenden, hindert sie nicht, etwas distanziert von den ›Popaa‹ zu sprechen. Franzosen waren früher beliebter bei den Polynesiern als heute, denn sie haben außer Baguette, Café au lait und ›Savoir vivre‹ in den letzten zwei Jahrzehnten auch andere, unangenehmere Dinge in den Pazifik mitgebracht.

1300 Kilometer von Tahiti entfernt liegt das Mururoa-Atoll, seit 1968 trotz aller Proteste das Experimentierfeld französischer Atombombenversuche, bislang über hundert, zuerst überirdisch, seit 1974 unter der Wasseroberfläche. Die schöne Inselwelt ist seither verändert – geologisch durch unterirdische Verwerfungen, politisch durch die Sorge über erhöhte Radioaktivitätswerte und vermehrte Krebserkrankungen. Im Südsee-Paradies Tahiti war es denn auch unruhig in den siebziger Jahren. Kundgebungen und Sprengstoffanschläge in Papeete gehören gleichwohl heute der Vergangenheit an. Die Franzosen werden widerwillig als die Garanten eines Lebensstandards anerkannt, der immer noch höher ist als in fast allen jungen unabhängigen Inselrepubliken des Stillen Ozeans.

Ein Gebäude hat alles verändert. Seit Faaa, der internationale Flughafen, Anfang der sechziger Jahre eröffnet wurde, ist Tahiti aus aller Welt leicht erreichbar geworden. Wer sich vor 30 Jahren noch per Schiff oder kleinem Propeller-Flugzeug an Polynesien geradezu heranschleichen mußte, besteigt heute in San Francisco oder Paris den Großraum-Jet und landet Stunden später auf einem für Südsee-Verhältnisse riesigen Flughafen mit mehreren Terminals. Tahiti ist der Hauptumschlagplatz des modernen Ferntourismus geworden. Entsprechend haben sich die Lebensverhältnisse der Bewohner gewandelt. Die Dienstleistungsindustrie dominiert. Junge Tahitianer lernen heute nicht mehr den Fischfang wie ihre Väter, sondern arbeiten in Hotels und Restaurants, fahren Taxi oder ›le truck‹, offene Lieferwagen mit Holzbänken und dröhnender Stereo-Anlage, oder sie arbeiten in Großraumbüros in den modernen Betonklötzen der Hauptstadt Papeete. Die ist denn auch der lauteste, quirligste Ort in der Südsee unterhalb Hawaiis. Papeete bietet Nachtleben, Restaurants und Bars für jeden Geschmack, Boutiquen und Verkehrsstaus – und, wie sollte es anders sein, die höchsten Preise weit und breit. Die Folgen kann besichtigen, wer sich mit dem Auto von den Schokoladenseiten Tahitis löst und aus Papeete und den malerischen kleineren Orten hinausfährt zu den Wellblechsiedlungen dahinter, in denen Familien zusammengepfercht ohne Wasser- und Stromanschluß leben – trotz eines der statistisch höchsten Pro-Kopf-Einkommen der ganzen Südsee.

Hotel Tahara'a

Blick über die Bucht

Um diese Lage dürften manche Hoteldirektoren das Tahara'a beneiden – hoch oben am dichtbewaldeten Hang mit Blick über die Matavai-Bucht, in der früher die Segelschiffe landeten. Hier stand vor 200 Jahren Captain James Cook kurz nach seiner Ankunft in Tahiti. Die Hanglage dieses Terrassenhotels sorgt für eine ungewöhnliche Raumaufteilung: Der Swimmingpool ist auf dem Dach, ebenso Lobby und Rezeption. Wer zum dunklen Vulkansandstrand will, muß dafür einige Minuten laufen.

Das Tahara'a betont die tropische Note mit viel Blütenpracht und exotischen Früchten auf dem Frühstücksbuffet auf der Terrasse. Mit 200 Zimmern zählt es schon zu den größeren Anlagen in der Südsee; jedes Zimmer ist ausgestattet mit zwei Doppelbetten und Air-Condition – und unvergeßlichem Meerblick. Wer Insulaner-Gefühle entwickelt, kann an polynesischen Tanz- und Handarbeitskursen teilnehmen.

Hotel Beachcomber

Elegant und lebhaft

Nur fünf Taxi-Minuten vom Flughafen und zehn vom Zentrum Papeetes entfernt, liegt Tahitis wohl bekanntestes Hotel, der Beachcomber; eine weitläufige Anlage mit palmenbestandenen Rasenflächen, großzügigem Swimmingpool, 183 Zimmer mit Meerblick und 17 Overwater Bungalows, den einzigen auf Tahiti. Der Beachcomber ist elegant und dennoch immer lebhaft – tagsüber am Pool, zur Happy Hour an der Bar bei Live-Folklore oder abends mit tahitianischer Tanzgruppe beim französischen oder polynesischen Dinner neben der Terrasse. Nicht unbedingt selbstverständlich auch in den besseren Häusern des Südpazifik: Minibar und Selbstwähltelefon in jedem Zimmer.

Wer an polynesischer Kunst und Handarbeit interessiert ist, findet täglich in der Lobby eine kleine Ausstellung örtlicher, nicht aufdringlicher Händler mit allerlei Phantasieprodukten aus Muscheln oder Blüten.

Und wer morgens das bunte Markttreiben erleben oder abends einen Barbummel durch Papeete unternehmen will, sollte mal ›le truck‹ ausprobieren und auf der Holzbank eines Kleinlasters bei Disco-Musik und bunter, flackernder Beleuchtung mitfahren. Die Haltestelle ist direkt vor der Hoteleinfahrt, bezahlt wird erst nach dem Abspringen. Eine lebhaftere Stadt gibt es in der ganzen Südsee nicht.

Moorea

Gerade 6000 Einwohner hat die idyllische Insel – aber eine eigene Fluglinie. Wer frühmorgens mit Air Moorea von Tahiti hinüberhüpfen will, kann auf dem Flughafen von Papeete ein Beispiel pazifischer Gelassenheit erleben.

Zwar werden auf dem aushängenden Flugplan halbstündige Abflüge versprochen, aber außer einer freundlichen dunkelhäutigen Bedienung an der Cafeteria gegenüber dem verwaisten Schalter ist weit und breit niemand zu sehen. Ein wenig hat auch der Reisende schon von der Südsee-Lebensart eingeatmet, bleibt folglich ganz entspannt (obwohl der gebuchte Flug eigentlich in fünf Minuten starten soll) und bestellt erst mal Espresso und Croissants. Nach wenigen Minuten hat man plötzlich einen Nachbarn an der Theke, der fragt, ob man in Eile sei, auch erst mal einen Kaffee verlangt – und sich als der Pilot vorstellt.

Anschließend geht es schnell. In zehn Minuten ist die kleine Maschine drüben; die sind aber unvergeßlich. Moorea zeigt sich schon aus der Luft von seiner schönsten Seite, mit grünblauem Farbspiel des Wassers innerhalb und außerhalb der Lagune, mit dem 1200 Meter hoch aufragenden Berg Tohinea, mit tiefen grünen Tälern und in der Morgensonne weiß leuchtendem Sandsaum.

Gleich nach der Landung sollte man sich einen Leihwagen sichern; es gibt nicht allzu viele, und die 60 Kilometer lange Umrundung lohnt sich. Die Inselstraße führt durch kleine, beschauliche Dörfer, vorbei an Ananas- und Vanille-Plantagen und weitläufigen, hohen Palmenwäldern – und fast immer entlang feinkörniger, menschenleerer Strände.

Nur zehn Kilometer vom Flughafen entfernt liegt ein Stück Bilderbuch-Südsee: die Baie de Cook; nach dem Flug ein grandioser Start auf Moorea.

Irgendwann vor 200 Jahren landeten die ersten christlichen Missionare auf der Insel. Ihre Hinterlassenschaften sind noch heute zu besichtigen, in Form einiger alter, gut erhaltener Kirchen – aber auch in der Lebensweise der Mooreaner, die zwar immer noch beschaulich, aber eben doch von einigen Mitbringseln ihrer ›Entdecker‹ geprägt ist, die vor zwei Jahrhunderten noch kein Mensch in dieser Idylle kannte; weder eine Uhr noch Geld oder irgendeinen Privatbesitz – und schon gar nicht eine Lebensform wie die Ehe.

Diese Errungenschaften brachte erst die ›London Missionary Society‹ im Jahre 1778 mit. Ob die Menschen von Moorea damit heute glücklicher sind?

(Seite 153)
großes Bild: Moorea aus der Luft
kleines Bild: Kristallklares Wasser in der Lagune
links: Berge und Buchten, Mooreas kontrastreiche Landschaft
unten: Eine kleine Insel, aber eine eigene Fluglinie

Hotel Kia Ora

Für stille Genießer

Je nach Temperament und Urlaubsphilosophie kann der Moorea-Besucher zwischen zwei grundverschiedenen Domizilen wählen. Wer es gediegen und zurückgezogen liebt, wird im Sofitel-Hotel Kia Ora, fünf Autominuten vom Airport entfernt an der Ostküste gelegen, sein Ferienparadies finden; wer auf Gesellschaft, Trubel und Unterhaltung bis tief in die Nacht wert legt, sollte in den Club Méditerranée an der nordwestlichen Ecke Mooreas ziehen.

Das Kia Ora ist eine weitläufige, großzügig gestaltete Anlage mit gepflegtem Rasen und schattenspendenden Palmen zwischen den verstreut gelegenen reetgedeckten Bungalows. Sie sind geschmackvoll möbliert und bieten angemessenen Komfort – von der Klimaanlage bis zur Sonnenterrasse. Tennis, Wasserski, Sea-Bob, Tauchen oder Segeln – sportliche Anreize gibt es reichlich. Das Restaurant offeriert feine französische Küche, bereichert um polynesische Einflüsse, und abends Live-Musik aus Tahiti, aber nie laut und störend.

Das Kia Ora ist der ideale Ort für Leute mit feiner Lebensart.

Club Méditerranée

Irgendwas ist immer los

Wenn nicht gleich an der Rezeption, dann spätestens an der Bar am Ende des turnhallengroßen Hauptgebäudes trifft man Uncle Mike – mit listigen Äuglein, imposant aufgezwirbeltem Schnauzbart und einem wahrscheinlich extra angefertigten überlangen Sarong um den majestätisch herausgestreckten Bauch. Uncle Mike ist mehr als ein GO, ein Gentil Organisateur – er ist wandelndes Lexikon, ›enfant terrible‹ und Alleinunterhalter, der auf alle Fragen eine Antwort weiß, alle kennt und sich beträchtlich von seinen braungebrannten, sportlichen, allzeit flirtbereiten männlichen und weiblichen Kollegen unterscheidet. Die sind wesentlich jünger als er, aber das teilt er mit der Mehrzahl der Gäste, die – das mag beruhigen – auch nicht alle dem weltweit hochgehaltenen Bild des jung-dynamischen, ewig surfenden oder tennisspielenden, nach der letzten schrillen Mode gestylten Club-Med-Gastes entsprechen. Die wollen sich – wie halt andere Urlauber auch – entspannen, das Bäuchlein in die Sonne legen und zu sportlichen Anstrengungen oft erst überredet werden. Die Animation freilich klappt ganz ausgezeichnet. Es ist immer irgend etwas los, mal ein ›Champagne Sunset Cruise‹, mal ein Barbecue auf der kleinen, wildüberwucherten Insel gegenüber, und jeden Mittwoch die obligate Geburtstagsparty mit einer Riesentorte.

Nur der kleine Club der französischen Individualisten, der er bei der Eröffnung 1962 mit 80 Betten mal gewesen sein mag, der ist er schon lange nicht mehr. Heute stehen 375 nett, aber schlicht eingerichtete Bungalows für 750 Gäste bereit; täglich kommen und gehen Amerikaner, Europäer und mittlerweile auch Japaner, am reichhaltigen und umfangreichen Buffet sieht man morgens, mittags und abends neue Gesichter. Das bietet natürlich auch Vorteile: Hier schließt man Urlaubsbekanntschaften rund um den Globus.

Bora Bora

Probieren Sie es mal: Fragen Sie Bekannte spontan nach dem Namen irgendeiner Südsee-insel; eine der häufigsten Antworten wird Bora Bora sein. Liegt es am einprägsamen Namen, daran, daß die Insel in Schlagern besungen worden ist? Tatsache ist, daß Bora Bora eines der schönsten Eilande im Südpazifik ist. Fast klischeehaft erfüllt es die Vorstellungen von einer Südsee-Insel: mit wild wuchernder Vegetation, palmenbewachsenen Stränden vor tropischem Regenwald und zwei immerhin 725 und 660 Meter hohen Vulkangipfeln auf der nur 38 Quadratkilometer großen Lagunen-Insel, bewohnt von noch nicht einmal 3000 Polynesiern. In knapp zwei Stunden läßt sie sich bequem mit einem kleinen gemieteten Motorroller auf der schmalen asphaltierten Küstenstraße umrunden.

Die Anreise vom 260 Kilometer entfernten Tahiti dauert mit dem Flugzeug eine gute halbe Stunde. Der Gast schreitet durch das kleine, moderne Flughafengebäude, fällt fast ins Wasser – und stellt erst da fest, daß er noch lange nicht am Ziel ist.

Die Maschine ist auf Motu Mute gelandet, einer der malerischen Riff-Inseln, die in rund fünf Kilometern Abstand um Bora Bora liegen. Das Gepäck wird in ein Boot umgeladen, und dann geht es 20 Minuten immer entlang der Küste durch die Lagune zum Hafen von Vaitape – ein großartiger Weg, sich langsam Bora Bora anzunähern.

Wer sich in den nächsten Tagen vom Strand, dem weißen, feinkörnigen Sand und dem angenehm temperierten, glasklaren Wasser zu lösen vermag, der sollte die Lagune mit dem Glasbodenboot erkunden und unbedingt eine Exkursion zu einer der Riff-Inseln unternehmen. Besser noch, man geht auf seine eigene Entdeckungsreise, mit Schnorcheln und Flossen oder gar mit Sauerstoffflaschen. Es gibt viel zu entdecken in dem je nach Tiefe helltürkis bis tiefblau schimmernden Wasser der Lagune.

Wer auf Bora Bora dagegen ausschweifendes Nachtleben, Bars und Discos erwartet, wird enttäuscht sein. Außer Drinks und Dancing in den Hotels und ihren fast allabendlichen tahitianischen Musik- und Tanzdarbietungen mit ansehnlichen braunen Körpern herrscht Ruhe – selbst im Hauptort Vaitape geht man früh zu Bett. Und das ist auch gut so, denn bereits im Morgengrauen wird man überall auf der Insel durch kräftiges Hähnekrähen geweckt...

Bora Bora – Südsee-Idylle wie aus dem Bilderbuch

unten: Die schönste Art, in Polynesien zu wohnen: Overwater Bungalows, reetgedeckte Strandhütten auf Pfosten im flachen Wasser der Lagune

Hotel Marara

Mit eigener Insel

Gebaut wurde es als Filmkulisse. Der italienische Produzent Dino de Laurentiis ließ hier 1978 den Streifen ›Hurricane‹ mit Mia Farrow drehen – und vermachte es anschließend seiner Tochter Raffaela. Vielleicht kommen deswegen noch heute die meisten europäischen Gäste aus Italien.

Der Ankömmling sieht erst einmal rot: Hibiskus-Blüten überall – im Haar der freundlichen Angestellten, auf dem Boden, auf dem Bett, selbst in der Toilettenschüssel.

Drei Sorten von Bungalows stehen zur Auswahl: Im Grünen etwas zurückgelegene ›Garden Bungalows‹, ›Beach Bungalows‹ und die zweifellos schönsten, in Polynesien häufig anzutreffenden ›Overwater Bungalows‹. Alle sind reetgedeckt und komfortabel, aber nicht luxuriös. Weder Telefon noch Radio oder Fernsehen übertönen das leise Klatschen der Wellen an den Pfosten der Strandhütten; dafür haben sie eine eigene kleine Terrasse mit direktem Zugang zum Meer.

Hotel Bora Bora

Für Sportler und Sonnenanbeter

Es darf sich mit Recht schlicht ›Hotel Bora Bora‹ nennen, denn es war das erste und lange Zeit das einzige auf der Insel.

Auch hier sind die auf Stelzen über dem Wasser stehenden 15 Bungalows die schönsten der ganzen Anlage. Herzstück aber ist das leicht erhöht gelegene Restaurant mit Terrasse. Erst beim Aperitif den Sonnenuntergang beobachten, dann das ausgezeichnete ›Seafood Polynesian Style‹ genießen – hier lassen sich unvergeßliche Abende verbringen.

Das Tagesprogramm ist nicht minder eindrucksvoll, besonders für den, den es aufs Wasser zieht. Das Hotel verleiht Schnorchel, Sauerstoffflaschen und Motorboote, veranstaltet Katamaran-Touren zum Sonnenuntergang oder zum Barbecue und hält für individuelle Wünsche die Zehn-Meter-Jacht ›Moana‹ bereit. Oder man interessiert sich für die wohlschmeckenden Seiten des Pazifik und fährt in einem der beiden Fischerboote hinaus aus der Lagune – zur Jagd auf Bonitos, Mahi-Mahis oder gar Barracudas.

Huahine

Noch eine Insel, die aus zwei natürlichen Teilen besteht. 78 Quadratkilometer umfassen beide; gerade richtig für einen Tagesausflug auf einem gemieteten Motorroller oder in einem Leihwagen. Die Kamera sollte man auf Huahine nicht vergessen; es gibt viel zu fotografieren. Ungewöhnlich für die polynesischen Inseln sind beispielsweise zwei Binnenseen im Norden der Insel, beide reich an Krebsen und Fischen, für die die ersten Reusen bereits im 16. Jahrhundert ausgelegt wurden. Huahine ist eine der ältesten besiedelten Inseln der Gegend; eine uralte Pfahldorfsiedlung und Pilgerstätten am Fauna-See zeugen von den Vorfahren der heutigen Polynesier. Huahine bietet in dieser Hinsicht mehr als die meisten anderen Inseln in Französisch-Polynesien – alte Tempelgelände, sogar ein ›Open-Air-Museum‹.

Noch vergleichsweise neu ist dagegen der Tourismus auf der Insel – und wohltuend dürftig die Infrastruktur. Alle 14 Tage fährt ein Schiff nach Tahiti, Flugverbindungen sind selten häufiger als zweimal pro Tag. Einziges nennenswertes Hotel ist das Bali Hai. Einsamkeitsgefühle sind freilich leicht zu vertreiben: In nur 40 Flugminuten ist man in Papeete, der Hauptstadt Tahitis mit ihrem bunten Markttreiben und dem kleinen, aber feinen Nightlife. Raiatea, die ebenfalls sehenswerte Nachbarinsel, ist 47 Kilometer entfernt – ein reizvoller Tagesausflug per Boot.

Hotel Bali Hai

Romantik unter Palmen

Das Hotel auf Huahine ist vermutlich das schönste der vier Bali Hais auf den Gesellschaftsinseln. Es liegt romantisch und abgelegen an einem palmenbestandenen, leuchtendweißen Strand und bietet, nicht luxuriös, aber sehr komfortabel, alle Zutaten für einen idealen Südsee-Urlaub: vielfältige Wassersportmöglichkeiten vom Windsurfing bis zum Hochseeangeln, außerdem einen Swimmingpool, Tennis- und Reitgelegenheit, Kanu-, Fahrrad- und Autoverleih. Für die eher ruhigen Genießer gibt es ein Gourmet-Restaurant, regelmäßige Strandpicknicks und die obligaten allabendlichen ›Tahitian Dance Shows‹. Wer an der Geschichte Huahines interessiert ist – die Insel ist immerhin seit dem 9. Jahrhundert besiedelt –, kann an archäologischen Touren teilnehmen – oder gleich im Hotel bleiben. Auf dem Grundstück gibt es nämlich auch historische Ausgrabungen.

links: Mit dem Katamaran rund um Huahine
unten: Verträumt und malerisch – das Bali Hai

Raiatea

Wer romantisch anreisen will, kann versuchen, auf dem ›Windsong‹ mitzukommen, einem Dreimaster, der einmal pro Woche die 210 Kilometer von Tahiti nach Raiatea segelt und in der ›Hauptstadt‹ Uturoa landet, in der die meisten der 9000 Einwohner leben. Die ist für ihre geringe Größe schon fast international: Es gibt ein französisches und ein chinesisches Restaurant – übrigens auch eine chinesische Schule und gleich fünf Kirchen –, und wer das Telefonbuch aufschlägt, stößt auf ein paar ›Meyers‹ und ›Neuffers‹. Die Deutschen haben, so scheint es, Raiatea schon lange vor dem Zeitalter des Tourismus entdeckt. Ein Zeitzeugnis dafür ist eines der beliebtesten Tauchziele vor der Küste: ein untergegangener deutscher Schoner, dessen Anker heute den Eingang des Bali Hai Hotels ziert.

Eine Inselumrundung per Auto oder Motorroller ist auf Raiatea nicht möglich; im Süden der Insel fehlt eine durchgehende Straße. Lohnenswert sind Landausflüge gleichwohl, hinein in die Dschungelvegetation im Inneren der Insel, zum Beispiel auf der Westseite entlang des Faaroa River, oder aber hinüber auf die nur fünf Kilometer entfernte Nachbarinsel Tahaa. Übrigens eine geologische Besonderheit in der Südsee: Zwei Inseln in einer gemeinsamen Lagune, die Taucher mit seltenen gelbblauen und violetten Korallen in nur 15 Metern Tiefe anlockt. Der Fischreichtum der Umgebung läßt sich freilich auch an Land bewundern, im Hafen von Uturoa, in dem den ganzen Tag über Fischerboote landen und braune Fischerjungen schwitzend silbern glänzende Fischleiber, die nur wenig kleiner sind als sie selbst, direkt vom Boot in die Markthalle schleppen.

Hotel Bali Hai

Mit den Fischen zu Bett gehen

Das Bali Hai kann sich einer guter Erfindung rühmen: Es war vor über 20 Jahren das erste Hotel in Französisch-Polynesien mit Overwater Bungalows – und alle neun sind obendrein pfiffig ausgestattet. Jeder hat eine herausnehmbare Glasluke im Boden sowie eine Lampe, die nachts die bunten Fische der Südsee anlockt, die sich dann aus rund einem Meter Entfernung bewundern lassen. Nachteil der gemütlichen Hütten: Sie liegen an der Ostseite der Insel, ab Mittag ist es schattig.

Drei Bootsminuten vom Hotel entfernt liegt die dazugehörige kleine Insel, für Schnorchler und Flaschentaucher gleichermaßen geeignet. Wer sich an die Sauerstoffgeräte noch nicht heranwagt, der gehe zu Marie France, der reizenden Französin, die, nur hundert Meter rechts vom Hotel gelegen, seit einigen Jahren eine kleine Tauchschule betreibt.

Und wenn Sie auf Raiatea auf den Geschmack des ›Aussteigens auf Zeit‹ gekommen sind, dann besichtigen Sie einmal das zum Bali Hai gehörende Appartement-Haus, dort kann man möblierte Appartements gleich monatsweise mieten.

Rangiroa

Was für eine ungewöhnliche Gegend: Die 780 Quadratkilometer Land des Tuamotu-Archipels verteilen sich auf 78 im Stillen Ozean verstreute größere Atolle, also Koralleninseln, die von schützenden Riffs umgeben sind. Das flache, ruhige Wasser innerhalb des Riffs bezeichnet man als Lagune, ein bevorzugter Lebensraum von Perlen und Muscheln und darum ideal zum Schnorcheln und Tauchen oder (wer es noch bequemer liebt) für Fahrten mit dem in der Südsee weitverbreiteten Glasbodenboot.

Das größte Atoll innerhalb der Tuamotu-Inselgruppe ist Rangiroa, 70 Kilometer lang und 25 Kilometer breit. Es liegt rund eine Flugstunde von Tahiti entfernt und ist durch tägliche Verbindungen leicht erreichbar. Aber anders als die berühmten Gesellschaftsinseln wie Tahiti, Moorea oder Bora Bora steht Rangiroa erst am Beginn seiner touristischen Karriere.

Wie überall für die gerade 8500 Bewohner des Tuamotu-Archipels ist auch hier die Haupteinnahmequelle nicht der Fremdenverkehr, sondern – wie eh und je – die Kopra- und Muschelernte. Auf ein ausgebautes Vergnügungsangebot darf der Besucher nicht hoffen – und die polynesische Lebensart, der natürlich begrenzte Ehrgeiz, läßt keine schnellen und radikalen Änderungen erwarten. Und das ist auch gut so, denn lärmende und neonfunkelnde Laguneninseln mit Disco und Hamburger-Buden wären wohl das Ende des Südsee-Zaubers.

Hotel Kia Ora Village

Schwimmen im Farbenmeer

Der Gast des Kia Ora wohnt nicht hinter irgendeiner Zimmertür eines langen Etagen-Flures, sondern – wie in so vielen besseren Häusern in Französisch-Polynesien – im eigenen Bungalow. Es ist eine kleine, aber feine Hotelanlage; 25 Bungalows und 5 Suiten gibt es, unmittelbar am feinsandigen weißen Strand gelegen. Entsprechend der Größe gibt es nur ein Restaurant und eine Bar, die aber bieten gepflegte Speisen und Getränke. Das Sportangebot beschränkt sich auf das Wasser; auf Golf und Tennis muß man verzichten – aber vom Segeln bis zum ›Scuba Diving‹, dem Tauchen mit Sauerstoffflaschen, wird alles geboten. Wer sportlich, aber ansonsten geruhsam Ferien machen will, ist hier richtig. Und die grünen, schattenspendenden Palmen über dem weißen Sand, der leuchtendblaue Himmel und das türkisfarbene Wasser bilden ein unvergeßliches Farbspiel, höchstens noch übertroffen von einem Sonnenuntergang auf Rangiroa.

links: Rangiroa – ein Atoll aus der Luft
kleines Bild: ideale Schnorchel-Bedingungen im Tuamotu-Archipel

Vahine Kaina 1

Manihi

Über keines der 78 Atolle des Tuamotu-Archipels kann man wohl schreiben, ohne auf das berühmteste – oder soll man sagen: das berüchtigtste? – einzugehen. Die Rede ist vom Mururoa-Atoll, seit 1966 Kernwaffen-Versuchsgebiet der Franzosen. 41 Atombomben wurden in den ersten Jahren in einigen hundert Metern Höhe gezündet, mit meßbaren radioaktiven Auswirkungen selbst noch auf den fernen Fidschi-Inseln. Mururoas Nachbaratoll Fangataufa, ebenfalls ein Versuchsgebiet, mußte gar wegen Verseuchung für lange Jahre für jeden Zutritt gesperrt werden. Die Proteste der pazifischen Anliegerstaaten, Aktionen von Greenpeace und gar eine Verurteilung durch die UNO-Vollversammlung haben die Atomtests zwar bis heute nicht beenden können, aber wenigstens finden sie seit 1974 unterirdisch statt; in 600 bis 1000 Metern Tiefe wurden seither dort über siebzig Sprengsätze gezündet.

Kann man in einer solchen Umgebung gefahrlos Urlaub machen? Ein Blick auf die Landkarte mag beruhigen. Der gesamte Tuamotu-Archipel ist über 1300 Kilometer lang; Mururoa liegt am südöstlichen Ende, Rangiroa und Manihi am nordwestlichen. Eine offizielle Gesundheitsstatistik gibt es in diesem Teil des Südpazifik zwar bis heute nicht, und entgegen französischen Angaben werden immer wieder Vermutungen über erhöhte Zahlen von Leukämie-, Knochenmarkkrebs- und Tumorerkrankungen laut – aber 15 Jahre nach dem Ende der oberirdischen Tests und bei der üblichen Urlaubs-Aufenthaltsdauer darf man wohl ohne Besorgnis nach Französisch-Polynesien reisen.

Das Manihi-Atoll zählt, anders als Rangiroa, zu den kleinen Inseln der Tuamotu-Gruppe, ist aber nicht minder sehenswert: eine klassische Südsee-Schönheit.

Hotel Kaina Village

Für den Familienurlaub

Gemütlich und leger geht es im kleinen Kaina Village zu. Ganze 16 Bungalows stehen auf der palmenbestandenen Anlage. Die Einrichtung ist geschmackvoll, aber nicht luxuriös. Es klingt zunächst abschreckend für verwöhnte Ohren: Aus der Dusche kommt nur kaltes Wasser – aber in dieser Gegend ist selbst das nicht wirklich kalt und außerdem eher eine willkommene Erfrischung. Es gibt eine Bar und ein Restaurant und ansonsten erst gar keine Versuchung irgendeiner Art von ›Nightlife‹, weder im Hotel, noch in der Umgebung. Dafür wird ein prachtvoller breiter Strand geboten und natürlich Tauchmöglichkeiten und Bootsausflüge außerhalb der Lagune. Manihi liegt 90 Flugminuten von Tahiti entfernt; der Trubel Papeetes ist also durchaus erreichbar, wenn die Beschaulichkeit des Atolls mal zu langweilig werden sollte. Ansonsten aber sind Manihi und das Hotel Kaina Village so recht geeignet für einen ruhigen Familienurlaub.

Rarotonga/Cook-Inseln

Auch hier hat der große Weltumsegler James Cook als erster Europäer seinen Fuß in den weißen Sand gesetzt (1773). Die neun Inseln und zahlreichen kleinen Atolle liegen verstreut ungefähr zwischen den Gesellschaftsinseln und Tonga und sind ein beliebtes Ferienziel der Neuseeländer. Die kreisrunde, bergige Hauptinsel Rarotonga ist eine sogenannte Strandriffinsel – der schützende Korallenring liegt sehr dicht vor der Küste mit ihren teilweise wunderschönen Stränden.

Rarotonga ist nicht so abgeschieden und polynesisch verträumt, wie man angesichts der Lage vermuten sollte; auf der geteerten Ringstraße herrscht durchaus lebhafter Autoverkehr, Hotelzimmer sind vor allem in der Hochsaison zwischen Juni und September oft ausgebucht. Gleiches gilt für die nicht sehr zahlreichen Flüge, am besten über Tahiti oder Auckland. Beim Inselhüpfen in der Südsee kann man also auf Rarotonga Überraschungen erleben und sollte lieber vor Reiseantritt an Reservierungen denken.

Die Cook-Inseln waren von 1888 bis 1901 britisches Protektorat; geblieben ist die offizielle englische Sprache. Die hier lebenden gut 20000 Polynesier sind von außerordentlicher Freundlichkeit und Gastfreundschaft; die Inseln machen einen sauberen und für Südsee-Verhältnisse wohlhabenden Eindruck. Das Klima ist mit einem fast ständig wehenden leichten Wind und eher gemäßigten Temperaturen ausgesprochen angenehm; und an landschaftlicher Schönheit steht das weithin unbekannte Rarotonga so weltbekannten Namen wie Bora Bora oder Tahiti nicht nach.

Hotel Rarotongan

Am weißen Strand . . .

Es ist nicht nur das schönste Hotel auf den Cook-Inseln – es liegt auch an einem der schönsten Sandstrände, mit idealen Bade- und Schwimmbedingungen bei Flut. Drei Restaurants und eine Poolbar bieten polynesische und neuseeländische Küche; das 150-Zimmer-Hotel, malerisch unter Palmen gelegen, offeriert ein bemerkenswertes Aktivitätenprogramm, von Aquarobics bis zu Riffwanderungen. 25 Autominuten sind es bis zum Flughafen und bis zum größeren Ort Avarua. Nicht gerade preiswert, aber unvergeßlich ist ein Flug-Abstecher zu dem eine Stunde entfernten Aitutaki, einem Südsee-Atoll in einer großen, türkisfarbenen Lagune wie aus dem Bilderbuch. Dort eine Kanufahrt, ein paar Stunden am schneeweißen Strand – und das Robinson-Gefühl ist perfekt. Ein etwas einfacheres Resort-Hotel mit 24 Bungalows bietet sich zur Übernachtung an.

Fidschi-Inseln

»Bula«, sagt der Zollbeamte am internationalen Flughafen Nadi, und dieses Grußwort wird man während eines Aufenthaltes auf den Fidschi-Inseln noch ungezählte Male hören. »Bula« sagt man morgens, mittags, abends, zur Begrüßung und zum Abschied, und immer ist es von einem warmen, freundlichen Lächeln begleitet. Auch die jährlich 200000 Touristen aus aller Welt haben die Menschen auf Viti Levu, der Hauptinsel, noch nicht so verändert, wie das anderswo längst geschehen ist; und auf die anderen über hundert bewohnten der 322 Fidschi-Inseln kommen ohnehin nur die wenigsten Besucher.

Wer sich Fidschianer klein und grazil vorstellt, weil ihr Name irgendwie so klingt, der irrt gewaltig. Hochgewachsene, kräftige Menschen sind sie, deren Vorfahren noch bis vor gut hundert Jahren von Zeit zu Zeit gern ein ›Vaku Balavu‹, ein ›Langschwein‹ verzehrten...

Menschenfresserei war wahrlich keine exklusive Vorliebe der Fidschi-Bewohner, sondern weit verbreitet in der Südsee. Um 1850 war hier mit dem Einzug des Christentums freilich Schluß mit dieser Spezialität. Friedlich ging es deswegen auf den Fidschis noch lange nicht zu. Die wilden Jahre waren erst 1874 vorbei, als Königin Victoria dem beinahe flehentlichen Drängen des letzten fidschianischen Königs nachgab und das Inselreich zur britischen Kronkolonie erklärte. Erst seit 1970 sind die Fidschis unabhängig – gleichwohl Mitglied im Commonwealth, und so ist Queen Elizabeth II. auch weiterhin das formale Staatsoberhaupt. Auch ohne ihre Bilder ist der britische Einfluß unübersehbar – im politischen System des Inselreichs, im Stil der alten Kolonialhäuser und in den Nachfahren der Einwanderer aus einer anderen ehemaligen britischen Kolonie. Über 60000 Inder kamen vor hundert Jahren, um bei der intensiven Zuckerrohr-Bepflanzung ihr Geld zu verdienen. Die meisten blieben. Heute bilden die Inder sogar die knappe Mehrheit der Bevölkerung. Sie sind fleißig und geschäftstüchtig – beides nicht gerade klassische Tugenden der Fidschianer, und darum sind sie auch nicht sonderlich beliebt.

Palmen, heller Sand, klares Wasser und wenig Menschen: Strandidylle auf Viti Levu, der Hauptinsel der Fidschis.

Von November bis März ist Regenzeit. Das bedeutet nicht pausenlosen Niederschlag, aber eine gute Chance, die Naturgewalt eines plötzlich heraufziehenden und ebenso schnell wieder verschwindenden tropischen Regengusses zu erleben. Ansonsten sind die Fidschis touristenfreundlich: Es gibt wie in den meisten Inselparadiesen des Südpazifik keine tropischen Krankheiten, also auch keine Malaria, selbst das Leitungswasser ist trinkbar. Ein Visum ist nicht erforderlich – und daß die Fidschis nicht sonderlich preiswert sind, ist in der Südsee keine Besonderheit.

Eine Ausnahme ist dagegen die Vielfalt des Inselreichs. Von mehrtägigen Yacht-Touren durch die Welt der über 300 Eilande bis zum ›Aussteigen‹ auf Zeit auf einer der kleinen Inseln ist alles möglich. Was soll man empfehlen? Die zweitgrößte Insel Vanua Levu mit ihren riesigen Kokos- und Zuckerrohrplantagen; Ovalau, auf der die Kolonialzeit noch übriggeblieben scheint; Taveuni, die Garteninsel mit Wasserfällen und Vulkanen? Einen ausge-

Den Indern würde vermutlich heute schon fast das ganze Inselreich gehören, gäbe es da nicht jene immer noch gültige Regelung, nach der Grund und Boden nur Fidschianern gehören darf. So haben die beiden fast gleich großen Bevölkerungsgruppen ein merkwürdiges Verhältnis zueinander: Sie mögen sich nicht sonderlich, vermischen sich schon gar nicht – aber offene Feindseligkeiten, gar Rassenkrawalle gibt es nicht. Im Repräsentantenhaus in der Hauptstadt Suva sitzen fein ausbalanciert 22 Inder und 22 Fidschianer. Im Straßenbild Suvas dominieren die Inder, auf dem flachen Land sieht es dagegen aus wie seit Jahrhunderten.

Da leben die Fidschianer, wie sie immer gelebt haben – in kleinen Dörfern mit streng patriarchalischer Ordnung, mit einem Häuptling und dem respektgebietenden Familienoberhaupt, in Gemeinschaften ohne Konkurrenz und Karriere, wohl aber geborgen und friedfertig und, vor allem, ohne Hast. Inmitten einer verschwenderisch reichen Natur, die alle ohne Mühsal satt werden läßt, liegt solche Beschaulichkeit wohl nahe, und dennoch: Auch auf den Fidschis zieht es die jungen Leute in die glitzernde Metropole Suva mit ihren 90000 Einwohnern, ihren Bars und Geschäften, den vielen Autos und fremden Menschen, in der alles mögliche angeboten wird, nur nicht genügend Arbeitsplätze. Und so gibt es in der Hauptstadt jene Vorboten moderner Zeiten, die auf dem Land vorerst noch undenkbar sind: Arbeitslosigkeit, Alkoholprobleme, Jugendkriminalität. Suva zeigt den Umbruch wie durch ein Brennglas. Im Hafen legen wie eh und je die Fischerboote an, hundert Meter entfernt steht das erste Parkhochhaus aus Beton und am Stadtrand der ›Royal Suva Yacht Club‹, verblichener Glanz britischer Kolonialherrschaft. Und auf dem Weg zum abendlichen Cocktail dort kann es einem passieren, daß man einen dunkelhäutigen jugendlichen Anhalter aufliest, der unbekümmert erzählt, daß er wegen Schlägereien schon zweimal im Gefängnis gesessen hat – und der einen im nächsten Moment mit strahlenden Augen und entwaffnender Herzlichkeit zu seiner Familie aufs Land einlädt, auf einen Schluck Kava, das berauschende (und abscheulich schmeckende) Nationalgetränk. Wer ursprüngliche Lebensweise auf den Fidschis kennenlernen will, sollte eine solche Einladung nicht abschlagen...

»The first newspaper published in the world today« – die weltweit erste Tageszeitung des heutigen Tages, vermerkt stolz die Unterzeile der ›Fiji Times‹, und das ist unbestreitbar richtig. Die Fidschis liegen mitten in der Südsee, aber haarscharf an der internationalen Datumsgrenze. Das kann ungeahnte Folgen haben. Wer inselhüpfend die Südsee erkunden will und die Fidschis westwärts verläßt, ist plötzlich wieder am Vortag angelangt – und umgekehrt. Da hilft nur eins: bei Flug- und Hotelbuchungen genau aufpassen!

zeichneten Querschnitt bietet die Hauptinsel Viti Levu, mit verträumten Dörfern, üppiger tropischer Vegetation, schmalen, dafür meist menschenleeren Stränden und den schönsten Hotelanlagen der gesamten Fidschis, die wir auf den nächsten beiden Seiten beschreiben. Alles, was Fidschi ausmacht, findet man auf Viti Levu – vorausgesetzt freilich, man löst sich von Strand und Wassersport und geht auf Entdeckungsreise. Die Straßen sind schmal, aber in meist ordentlichem Zustand, die Fidschianer, wie gesagt, freundlich; sie nötigen den Gast oft winkend zum Anhalten und können sich in leidlichem Englisch zumeist auch verständlich machen.

Die gefürchteten vierzackigen Kannibalengabeln stehen längst in den Museen, lebendig geblieben sind dagegen die rituellen Zeremonien und Feste mit farbenprächtigem Kostüm- und Blumenschmuck. Wer Glück hat, erlebt sie nicht nur bei den allabendlichen Shows in den Hotels, sondern hautnah in den Dörfern. Aber hüten Sie sich vor zuviel Kava!

Kontraste auf Viti Levu: Beschaulichkeit und moderne Zeit – aber nach wie vor freundliche Fidschianer

Sheraton Fiji
Tropisches Flair im modernen Gewand

Wer es bequem angehen lassen will, bleibt gleich im Sheraton. Gemeinsam mit dem direkt benachbarten Regent of Fiji liegt es nur knappe 20 Autominuten vom Internationalen Flughafen Nadi (sprich: Nandi) entfernt. Das Sheraton ist eine großzügig gestaltete Anlage auf einer Landecke mit weißem Strand auf zwei Seiten und flachen Gebäuden (auf Fidschi darf außer in Suva nur bis Palmenhöhe gebaut werden). Alle 300 Zimmer und 21 Suiten bieten Meerblick, eine helle, moderne Ausstattung mit einem auf Fidschi gar nicht selbstverständlichen Farbfernseher und direkter Telefonverbindung. Das Sheraton Fiji ist auf Sportaktivitäten ausgelegt – vom Volleyball über Segelkurse bis zum Hochseeangeln. Viel Mühe haben sich die Landschaftsgärtner gegeben. Gepflegte Grünflächen, sieben Blumengärten, tropische Pflanzen und Palmen sorgen für Südsee-Flair.

Vier Restaurants bieten Abwechslung beim Essen, wobei unter Südsee-Spezialitäten nicht nur fidschianische Köstlichkeiten verstanden werden, sondern auch in die Kochtöpfe einiger anderer Pazifik-Inseln geblickt wird.

Wer nicht auf eigene Faust ins Land will, findet ein ausgesuchtes Programm vor: Wildwasserfahrten auf dem Ba River, Helikopter-Flüge über die Berge oder ›Game Fishing‹, Fischfang mit Einheimischen.

The Fijian
Ringsum Strand

Mehr Strand kann ein Hotel nicht bieten: The Fijian liegt auf einer kleinen, der südlichen Coral Coast vorgelagerten Insel namens Yanuca, ist durch eine schmale Brücke mit dem Festland verbunden und wird demzufolge von einem weißen Sandstreifen umsäumt, ringsum dahinter das flache, glasklare Wasser der Lagune. Das Wassersportangebot umfaßt denn auch alle gängigen Arten, zumeist mit Lehrgangsangeboten. 347 Zimmer und 13 Suiten gibt es; die Auswahl reicht vom Standardraum bis zum Strandbungalow, familienfreundlich mit zwei Schlafzimmern und komplett eingerichteter Küche.

The Fijian liegt, abgesehen vom nahen kleinen Ort Sigatoka, abgeschieden inmitten der Natur. 45 Minuten sind es mit dem Auto bis zum Flughafen, in der Gegenrichtung sogar zwei Stunden bis zur Hauptstadt Suva. Bei der Lage und angesichts von vier Restaurants und fünf Bars ist das zu verschmerzen. Und außerdem gibt es im Hotel Leihwagen.

The Regent of Fiji

Eleganz im melanesischen Stil

Unmittelbar neben dem Sheraton, 10 Autominuten von der kleinen Stadt Nadi entfernt, liegt das Regent of Fiji, noch grüner, noch tropischer – die schönste Anlage auf Fidschi. Ein internationales Architekten- und Designer-Team hat es 1975 erbaut, im melanesischen Stil mit viel Holz und Bambus in Erdfarben und bis unter die Holzdecken ragenden Grünpflanzen. Die 300 Räume, mit Rattanmöbeln und Wandteppichen wohnlich ausgestattet, sind jeweils grätenförmig zu ›Villages‹ mit fidschianischen Dorfnamen zusammengefaßt: Loloma, Maravu, Kalokalo... Die tropischen Gärten bieten einen Querschnitt durch die Flora Fidschis, sorgfältig an der Rezeption aufgelistet. Eine große Art Gallery bietet ausgesuchtes Kunsthandwerk der Fidschis an. Zwei der schönsten Details: Der Dining Room mit Terrasse und einem herrlichen Blick über die palmenbestandene Bucht und eine reetgedeckte Poolbar mit tropischen Cocktails. Eine erstklassige Mischung aus Eleganz und landestypischer Kultur.

Hyatt Regency Fiji

Kinder erwünscht

Es liegt an der Südküste Viti Levus und genau in der Mitte: 92 Kilometer sind es bis Nadi, 94 bis Suva. Viel passiert in der Gegend rund um das Hyatt nicht gerade – aber das hat Vorteile. Rechts und links erstreckt sich endloser Strand, der sportlichen Betätigung sind kaum Grenzen gesetzt. Es gibt vier Flutlicht-Tennisplätze, Squash, Golf und jede Menge Wassersport, sowie alle zwei Wochen die Gelegenheit, mit den Einheimischen eines nahen Dorfes auf Fischfang zu gehen und die Beute abends beim gemeinsamen Barbecue am Strand zu verspeisen.

249 Zimmer hat das 1979 eröffnete Hotel, eingerichtet im traditionellen Landesstil; in 23 von ihnen wird der noch aufmerksamere Service des ›Regency Clubs‹ geboten. Wegen seiner ruhigen Lage und des ›Child Care Centre‹ mit täglich wechselndem Programm ist das Hyatt das kinderfreundlichste Hotel auf den Fidschis.

Neukaledonien

In den letzten zwanzig Jahren sorgten sie für eher negative Schlagzeilen. Die Kanaken, die Ureinwohner, kämpfen seit Anfang der siebziger Jahre verstärkt für ihre Unabhängigkeit; das Mutterland Frankreich will auf die 400 Kilometer lange und 50 Kilometer breite Landmasse vor dem australischen Kontinent nicht verzichten – vielleicht wegen des viertgrößten Nickelvorkommens der Welt, wegen stattlicher Gold-, Kupfer- und Zinkschätze, vielleicht auch aus Sorge, daß ein erfolgreicher Widerstand gegen die ›Grand Nation‹ auf den anderen französischen Besitztümern im Pazifik Schule machen könnte. Der vorerst letzte Stand stammt vom 6. November 1988: In einem Referendum entschieden sich die Franzosen für einen Plan, nach dem Neukaledonien in drei weitgehend selbständige Verwaltungsbezirke aufgeteilt wird, eine kräftige Geldspritze aus Paris bekommt und in zehn Jahren selbst über seinen Verbleib beim Mutterland entscheidet. Ob dieser Plan ausreicht, in den nächsten Jahren für Frieden in Neukaledonien zu sorgen, weiß in Paris und in Nouméa zur Zeit niemand.

Derzeit wird der Besucher noch dezent gebeten, die Hauptstadt nach Einbruch der Dunkelheit nicht mehr zu verlassen. Wenn er sich daran hält, braucht er sich um seine Sicherheit während seines Aufenthaltes nicht zu sorgen.

›Neukaledonien‹, Neu-Schottland, nannte Entdecker James Cook das große Eiland, vielleicht, weil es ihn an seine Heimat erinnerte. Die dichtbewaldeten Bergrücken, das satte Grün wirken auf der anderthalbstündigen Fahrt vom Flughafen in die Hauptstadt Nouméa auch wirklich eher wie mitteleuropäische Gegenden – wäre da nicht das Klima.

Club Méditerranée

Ein Dorf im Hochhaus

Diese Filiale des Club Méditerranée fällt ein wenig aus dem Rahmen; schon von einem Clubdorf zu sprechen ist nicht sehr treffend angesichts eines für örtliche Verhältnisse stattlichen Hochhauses mit 272 Zimmern. Der Rest ist wieder so normal, wie es in einem Club Med denn sein kann: wasser- und strandfreundliche Plastikperlen statt Geld, Vornamen statt Visitenkarten, allzeit gut gelaunte braungebrannte GOs, die pausenlos zu irgendwelchen Sportbetätigungen animieren – und irgendwas ist immer los. Der Club vereint die Vorteile einer abgelegenen Anlage direkt am Strand mit denen der Stadtnähe. Nur vier Kilometer sind es bis Nouméa mit allerlei Bistros, kleinen Bars und einem Hauch von ›Nightlife‹. Europäer wird man im Club Med kaum treffen – stattdessen Australier, Neuseeländer und Japaner, und von denen auffällig viele ›Honeymooners‹. Für Frischvermählte gibt es ein Fünf-Tage-Spezialangebot, mit der sie der heimischen Hochzeitsfeier entgehen können. Gute Gründe gibt es: In Japan beschenken nicht die Freunde und Verwandten das Brautpaar – sondern umgekehrt!

Salomon-Inseln

Kürzlich feierten sie den zehnten Jahrestag ihrer Unabhängigkeit, vom Rest der Welt wenig beachtet – vielleicht, weil es ohne tagelange überschäumende Freudenfeste abging, denn dazu gab es kaum Anlaß. Die Solomon-Islands, bei uns auch oft noch Salomonen genannt, sind genau wie der befreundete südliche Nachbar Vanuatu (die früheren Neuen Hebriden) ein armes Südsee-Paradies. Die rund 200000 Melanesier, auf einem halben Dutzend großer und vielen kleinen Inseln verstreut, leben vom Taro- und Bananenanbau und vom Kopraexport. Aber die Weltmarktpreise sind im Keller, Industrie gibt es nicht, und Touristen verirren sich kaum hierher. Dabei findet man alles, was den Zauber der Südsee ausmacht, auch auf den Salomonen: tropische, dschungelartige Vegetation, unbeschwerte, fröhliche Menschen, Traumstrände und glasklares Wasser. Die Salomon-Inseln sind ein Tauch-Paradies, speziell für Wracktaucher. Der Höhepunkt des Pazifik-Krieges der vierziger Jahre zwischen Amerikanern und Japanern tobte in dieser Ecke der Südsee; wieviel versenkte Kriegs- und Versorgungsschiffe algenüberwuchert und von bunten Fischen umschwärmt auf dem Meeresboden liegen, weiß niemand genau. Einige Dutzend sind bekannt, und sie sind das Ziel von Unterwasserfreunden aus aller Welt, die für ihr Hobby auch Nachteile in Kauf nehmen. Es gibt wenige Hotels – und kein wirklich ausgezeichnetes.

Hotel Mendana

Nur für leidenschaftliche Taucher

Das Hotel Mendana in der Hauptstadt Honiara zum Beispiel erfüllt gerade einen Drei-Sterne-Standard, ist in Regierungshand und darum ein wenig vernachlässigt. Die graue Betonfassade eines vor zwei Jahren errichteten Seitenflügels ist bis heute nicht verputzt, die Zimmer sind, sagen wir, zweckmäßig eingerichtet, der Hotelstrand ist klein und steinig. Aber: Es ist das beste auf den Salomon-Inseln, und daher ausschließlich ein Tip für Unterwasser-Fanatiker, speziell für Wracktaucher. Der Meeresboden ringsum ist ein Eldorado; es werden ausgezeichnete Exkursionen angeboten, und direkt am Hotel ist ein Tauch-Shop, der nicht nur gut sortiert ist, sondern dessen freundliche und hilfsbereite Mannschaft die (Unterwasser-) Gegend wie ihre Westentasche kennt und gute Ratschläge geben kann. Das Hotel Mendana liegt zentral in der 28000-Einwohner-Stadt Honiara. Viel Abwechslung gibt es nicht; dafür erlebt man melanesisches Leben pur, ohne Touristenrummel.

Papua-Neuguinea

Wer die Abenteuerlust in sich spürt, kann hier einer der letzten großen Herausforderungen dieser Welt begegnen. Papua-Neuguinea – das ist gleichzeitig ein Festland und ein Inselreich; das ist ethnische Vielfalt mit allein 700 verschiedenen Landessprachen, mit 600 Archipelen und Inseln, von denen fast jede ihre eigene Geschichte und Kultur hat. Die große Hauptinsel, deren östliche Hälfte zu Papua-Neuguinea und die westliche zu Indonesien gehört, ist immerhin die zweitgrößte der Welt. Von 1884 bis 1918 hieß sie schon mal ›Kaiser-Wilhelm-Land‹; aber so wenig, wie die Deutschen mit ihrer fremdartigen Kolonie vor der australischen Küste etwas anfangen konnten, so wenig überblickt die heutige, unabhängige Regierung in der Hauptstadt Port Moresby ihr Staatsgebiet. Das Landesinnere ist in Teilen bis heute unerforscht. Ein im feucht-heißen Klima ausgezeichnet wuchernder tropischer Dschungel macht den Zutritt ohne Machete unmöglich; Straßen gibt es kaum. Zitieren wir ein Fachbuch: ›Erreicht man nach durchschnittlich zehnstündigem Marsch eine winzige freie Flächen mit einer Blätterhütte, so ist man sicher, den ganzen Tag über den richtigen Weg gegangen zu sein.‹ Aber obwohl der Dschungel fast undurchdringlich und lebensfeindlich erscheint, beherbergt er ein paar hunderttausend Menschen verschiedener, oft verfeindeter Stammesgruppen, die für ihre Rituale und ihre Feiern – und nicht für knipsende Touristengruppen – noch den Lendenschurz aus Gras, die Muschelkette und den Nasenpflock aus Eberzähnen anlegen und den Kopfschmuck aus Federn, Haar und geflochtenen Gräsern aufsetzen. Hinter dem Dschungel das Hochland – schroffe Schieferberge, bis zu 5000 Meter hoch, bewohnt von Bergvölkern, die vor 50 Jahren die ersten Weißen gesehen haben und gedacht haben sollen, ihre verblichenen Vorfahren kehrten zurück. Hier ist die westliche Zivilisation bis heute nicht eingekehrt – und doch gibt es auch in dieser rauhen Gegend bereits die ersten Fremden: ›Birdwatcher‹, die sich wochenlang mit nichts anderem beschäftigen, als die zahlreichen Arten von Paradiesvögeln zu beobachten, und mitten im Dschungel hin und wieder kleine Gruppen von Studienreisenden, die zwar keine bequemen Ausflüge unternehmen, dafür aber mitten im Busch hautnahen Kontakt zu den furchterregend aussehenden Papuanern knüpfen und an Krokodiljagden und ›Sing Sings‹, den großen Festen, teilnehmen können.

Die Steinzeitmenschen beim Stammestanz
links oben: Tropisch wuchernder Dschungel mit feucht-heißem Klima
links unten: Eingeborene Jäger, bei Fotojägern sehr beliebt
Mitte: Südseestrand auf Arovo Island mit Schiffswrack direkt vor der Hotelanlage
rechts oben: Die Bungalows der Anlage sind modern und geschmackvoll ausgestattet

Arovo Island Resort

Eleganz in der Wildnis

Papua-Neuguinea verfügt über natürlichen Reichtum. Niemand leidet Hunger in diesem tropisch-wilden Paradies; der Export von Kaffee, Kupfer und Gold bringt genügend Geld ins Land, die Rohstoffreserven zählen zu den größten der Welt. Die Regierung ist also auf die Einnahmequelle Tourismus nicht angewiesen und fördert ihn auch gar nicht erst. Und so ist Papua-Neuguinea eines der teuersten Reiseländer der Welt – aber große Strandhotels, Clubdörfer, irgendeine Art von Urlaubsindustrie findet man in der zauberhaften Inselwelt nicht. Kleine, aber feine Ausnahme: Arovo Island.

Den Namen werden Sie auf der Landkarte vergeblich suchen, dafür ist die Insel zu klein. In einer knappen halben Stunde könnte man sie zu Fuß umrunden – wären da nicht hin und wieder umgestürzte Palmen und dichter Dschungel, bis ans Wasser reichend, der den Blick auf einige kleine, menschenleere Buchten mit schneeweißem Sand und dichtem Palmendach versperrt. Arovo ist der Urwaldinsel Bougainville vorgelagert. Mit ›Air Niugini‹ landet man auf dem Flughafen von Kieta und wird von dort mit dem Auto in 20 Minuten auf guter Teerstraße – links der Dschungel, rechts durch Palmen das Meer durchschimmernd – zum Bootsanleger gefahren. Von dort geht es in weiteren 10 Minuten mit schäumender Bugwelle hinüber nach Arovo.

Das erste, was man sieht, ist ein malerisch gestrandetes Schiffswrack, verrottet und bewachsen; von den zwei Dutzend Bungalows, verstreut in Rasen eingebettet und unter Palmen, ist vom Wasser aus nichts zu sehen. Sie sind geschmackvoll und gut eingerichtet, von der Minibar bis zur Klimaanlage. Das Innendesign dieser Anlage würde man eher irgendwo in München, Mailand oder New York vermuten als auf einer winzigen, abgelegenen Insel in Papua-Neuguinea. Zarte Pastelltöne, viel Grau und Pink herrschen vor, im Restaurant, mit großen Schiebetüren in eine luftige kleine Halle zu verwandeln, wird auf feinem Porzellan und Glas serviert, der Service ist sehr ordentlich – in der Südsee auch keine Selbstverständlichkeit. Vielleicht ist es dieser Kontrast, der so fasziniert: die wilde, weitgehend naturbelassene Insel und die elegante Gastlichkeit mitten darin. Arovo ist – natürlich – ein Paradies für Taucher und Schnorchler; keine 20 Meter sind es bis zum nächsten farbenprächtigen Korallenriff, und mit dem Motorboot gelangt man zu umliegenden Schiffswracks. Das nötige Zubehör von Flossen bis zu Sauerstoffgeräten gibt es in einem kleinen Tauch-Shop direkt am Strand.

Guam

Wie an einer senkrechten Perlenschnur aufgereiht liegen die Marianen in der nordwestlichen Ecke des Pazifik, knapp 3000 Kilometer von Japan im Norden und den Philippinen im Westen entfernt – aber über 10000 Kilometer vom amerikanischen Kontinent im Osten. Das ist wichtig zum Verständnis der südlichsten der Marianen-Perlen. Guam ist weltweit einer der wichtigsten strategischen Stützpunkte der USA, oder, wie man in der Südsee sagt, ›ein unsinkbarer Flugzeugträger‹. Seit 1898 wird Guam von den Vereinigten Staaten verwaltet; seit 1950, nach einer dreijährigen Besetzung durch die Japaner während des Pazifik-Krieges, ist es US-Territorium; kein Bundesstaat wie Hawaii, wohl aber im amerikanischen Kongreß durch einen Repräsentanten vertreten. Aber ob Bundesstaat oder nur Territorium: Guam ist so amerikanisch wie Hawaii oder American-Samoa. Die GIs sorgen für Umsatz und wirtschaftliche Blüte auf der Insel, der Lebensstil, auch der der ursprünglichen Einwohner, der Chamorros, hat sich zunehmend von spanischen Einflüssen hin zum ›american way of life‹ gewandelt – kommerzieller, lauter, schneller, aber auch effizienter.

Guam ist eine Vulkaninsel mit teils hügeligem, teils zerklüftetem Bergland. Im Süden und Osten dominieren Mangrovensümpfe und dunkelfarbige Sandstrände, die klassischen Südsee-Postkarten-Ansichten finden sich nur an der Westküste. Dort, ungefähr in der Mitte, liegt auch die Hauptstadt Agana mit nur 7000 Einwohnern, einem imposanten Shopping-Center – und sogar einer kleinen Freiheitsstatue. Den Norden Guams beherrscht die US-Army, den Süden dagegen die Chamorros mit ihren alten Dörfern wie Umatac, wo Magellan 1521 landete, und Merizo, von wo aus man in zehn Minuten zur idyllischen Koralleninsel Cocos-Island übersetzen kann.

Was Guam an Sehenswürdigkeiten zu bieten hat, ist an einem Tag abzuhaken. Ein längerer Aufenthalt lohnt sich dagegen für Surfer, Taucher und Leute, die einfach guten Strand, Sonne und Wasser genießen wollen. Talofo Bay im Südosten ist wegen seiner starken, gleichmäßigen Brandung bei Wellenreitern sehr beliebt, Tumon Bay, etwas weiter nördlich auf der westlichen Seite, gilt als das ›Waikiki von Guam‹ – eine weite, langgestreckte Bucht mit herrlichem Strand, an dem alle bedeutenden Hotels der Insel versammelt sind.

Ein Paradies für Surfer, Windsurfer und Schwimmer: Guam, ein Stück Amerika in der Südsee

Guam ist auch ein Paradies für Hobby-Ornithologen. Eine farbenprächtigere Vogelwelt läßt sich kaum denken; Tauben, Papageien und Kakadus mit hochaufragendem Kopfschmuck sind mittlerweile ein beliebtes Mitbringsel – aber Vorsicht, wenn man sie gleich nach der Ankunft kauft und in einem ebenerdigen Hotelzimmer oder Bungalow wohnt: Die exotischen Buntgefiederten erfreuen nicht nur Menschen, sondern auch Schlangen, und von denen gibt es auf Guam reichlich.

Zwischen August und Oktober sollte man diese Ecke des Pazifik nicht ansteuern, dann herrscht Regenzeit. Und noch ein wichtiger Hinweis: Guam ist, wie gesagt, US-Territorium, und das bedeutet: Sie brauchen für die Einreise ein gültiges Visum für die Vereinigten Staaten!

Aber auch auf der Insel werden Sie allerlei aus den USA Bekanntes wiederfinden, von den Hamburger-Schnellrestaurants bis zum Greyhound-Rennen. Vor Guam kann man übrigens auch stilecht durch die Südsee kreuzen. Ein kleiner Veranstalter bietet ein- und mehrtägige Windjammer-Touren auf einem alten Zweimaster an.

Pacific Island Club

Sport, Spiel und Spaß

Ein durch und durch amerikanisches Luxushotel, von der Zusammenstellung der Menü- und Weinkarte bis zur unentbehrlichen Plastikkarte – denn der ›Pacific Island Club‹ legt Wert auf das Wort ›Club‹. An der Farbe wird man erkannt: Pinkfarbene ›Membership Cards‹ verraten ›Honeymooners‹, Silber steht für Vollpension, Gold für die Bewohner der Suiten und strandnahen Bungalows. Bezahlt wird in den Shops, den beiden Restaurants und den drei Bars mit ›Tiki Beads‹, verschiedenfarbigen ovalen, wasserfesten Plastik-Chips – Club Med läßt grüßen.

Bemerkenswert ist das umfangreiche Sport- und Vergnügungsangebot, Wasser-Volleyball, Tauchen und Parasailing tagsüber, abends im Amphitheater täglich etwas anderes, vom Jitterbug-Contest bis zu ›Coconut Olympics‹. Direkt neben dem leuchtend blauen Wasser des Swimmingpools schimmert dunkelgrün eine künstliche Lagune mit einem Wasserfall, hinter dessen rauschendem Vorhang die ›Grotto-Bar‹ zu tropischen Cocktails einlädt, und von denen gibt es wie überall auf den Südsee-Inseln allerlei verlockende: süß, in allen Farben – aber meist auch sehr kräftig.

Hilton International Guam

Eleganz am Strand

Die eleganteste Art, auf Guam zu wohnen, offeriert das Hilton. Allein zwischen vier verschiedenen vorzüglichen Restaurants kann der Gast wählen, unter anderem einem japanischen (das der stetig wachsenden Gästezahl aus Nippon Rechnung trägt) und einer ›Dinner Show‹, die neben einem Buffet mikronesischen und polynesischen Gesang und Tanz bietet. Die Lobby-Lounge ist rund um die Uhr geöffnet und erlaubt dem Besucher vom Frühstück bis zum abendlichen Snack einen wundervollen Ausblick über die Tumon Bay und den nahen ›Two Lovers Point‹, eine 115 Meter hohe Klippe.

Das Hilton liegt nur 10 Autominuten vom Flughafen und von der Hauptstadt Agana entfernt; es hat 374 komfortable Zimmer, zwei Swimmingpools und bietet alle gängigen Wassersportarten sowie ganz in der Nähe einen Country-Club mit einer gepflegten 18-Loch-Golfanlage und zwei Tennisplätze. Wenn Sie aber mehr an Wracktauchen interessiert sein sollten, dann leihen Sie sich im Hotel Sauerstoffflasche, Maske und Schnorchel und fahren gut zehn Kilometer zum Apra Harbor. Dort, mitten im Hafenbecken, können Sie der Kaiserlichen Marine Ihre Reverenz erweisen. Auf dem Grund des geschützten Beckens liegt die ›SMS Cormoran‹, 1914 von den Amerikanern versenkt – allerdings in 130 Fuß Tiefe.

Saipan

Noch eine Perle in der 650 Kilometer langen Kette der Marianen-Inseln. Saipan liegt 200 Kilometer nördlich von Guam, ist deutlich kleiner (23 km lang und 8 km breit), ansonsten aber sehr ähnlich – Korallenfelsen mit dichtem Buschwerk, Klippen, Sandstrände. Und der Einfluß der Japaner ist auch hier unübersehbar. 1914 hatten sie die gesamten Marianen besetzt; erst mit dem Ende des Pazifischen Krieges 30 Jahre später befreiten die Amerikaner die Inselkette und wurden 1947 von den Vereinten Nationen zu Treuhändern erklärt. Englisch ist zwar heute die offizielle Sprache, aber der amerikanische Einfluß ist im täglichen Leben nicht so stark spürbar wie auf Guam – obwohl es, wie in Washington, sogar einen ›Capitol Hill‹ gibt. Die kurze japanische Vergangenheit ist unübersehbar, mehr noch die jahrhundertelange spanische bei den Ureinwohnern, den Chamorros. Acht kleine Orte gibt es auf Saipan; das ›Zentrum‹ ist in Chalan Kanoa, weiter nördlich liegt einer der schönsten Strände der Insel, der Micro Beach. Wer an jüngerer Geschichte interessiert ist, findet auf Saipan ein paar Sehenswürdigkeiten, Hier tobte die entscheidende Schlacht zwischen Amerikanern und Japanern (wieder etwas für Wracktaucher!); im Norden der Insel ist der ›Last Command Post‹ der Japaner zu besichtigen, oberhalb davon die ›Suicide Cliffs‹, von denen sich angesichts der drohenden Niederlage viele ihrer Soldaten in den Tod stürzten.

Viel gibt es ansonsten auf Saipan nicht zu sehen. Die Insel ist klein, aber schön und – genau wie Guam – eher für einen geruhsamen Südsee-Urlaub mit Wassersport-Aktivitäten geeignet als für die Befriedigung eines großen Entdekker-Ehrgeizes.

Hyatt Regency Hotel

Luxus auf amerikanisch

Auf sportliche Urlauber ist das Hyatt auf Saipan bestens eingestellt: Segeln, Tauchen, Wasserski, Motorbootverleih, eine 18-Loch-Golfanlage direkt am Hotel und zwei Flutlicht-Tennisplätze. Es ist ein modernes Hotel mit 108 Zimmern, für den Familienurlaub gut geeignet, weil auch den Kindern täglich etwas geboten wird. Hyatt liegt direkt am Micro Beach, etwa 20 Minuten vom Flughafen entfernt, hat drei Restaurants und zwei Bars – eine am Pool, die andere, die ›Trader Bar‹ lädt auf der Terrasse zum Sonnenuntergang bei einem tropischen Cocktail oder, ein paar Stunden später, zum allabendlichen Tanz zu Musik heimischer Bands.

Ein im amerikanischen Stil gehaltenes, komfortables Hotel in einer großzügig gestalteten, palmenbestandenen Anlage – nicht zu vergessen: an einem Strand vor klarem, hellgrünen Wasser.

Palau

Palau erkundet man am besten mit dem Boot – es besteht nämlich aus acht größeren und zahllosen winzigen Inseln innerhalb eines Riffs. Das Wasser dazwischen beherbergt das wahrscheinlich artenreichste Korallenrevier der Welt. Hier ist Schnorcheln ein Muß! Die Inselgruppe Palau ist der größte Distrikt der Koralinen-Inseln, ungefähr auf halber Strecke zwischen Australien und Japan. Mehr Inseln als Touristen‹ ist gelegentlich über die Koralinen zu lesen; für Palau gilt das sicher nicht mehr, seit die Japaner von Jahr zu Jahr zahlreicher kommen. Und dennoch ist Palau noch lange nicht touristisch verdorben, sondern ein Südsee-Paradies, wie es im Buche steht – mit freundlichen, aber genießerisch trägen Menschen und einer unberührten, atemberaubenden Natur unter und über Wasser. Bereits beim Anflug bietet sich einer der schönsten Anblicke im gesamten Südpazifik, ein Landschaftspanorama der großen Inseln, der kleinen, bizarren Korallenformationen und der vielen Grün- und Blautöne der unterschiedlichen Wassertiefen.

Koror ist das Verwaltungs- und Handelszentrum Palaus, ein Ort mit immerhin 8000 Einwohnern, mit Einkaufsgelegenheiten und Sehenswürdigkeiten, wie z. B. einem Nationalmuseum, das Lebensweise, Gebräuche und Sitten der Mikronesier vermittelt. Und das kann ganz besonders interessant sein, denn Mikronesien ist der wohl unverfälschteste Teil der Südsee – nicht frankophil wie Polynesien, nicht amerikanisiert wie die Hawaii-Inseln. Und dennoch verirren sich wenige Europäer hierher.

Palau Pacific Resort

Fünf Sterne am Traumstrand

Über eine Dammstraße fährt man von der Hauptstadt Koror hinüber zur Insel Arakabesan. Dort an der Westküste liegt einer der besten feinsandigen, weißen Traumstrände, die wir Ihnen in der Südsee vorstellen können – und der gehört zum Palau Resort, einem Fünf-Sterne-Hotel mit 100 Zimmern inmitten eines großen, tropischen Gartens. Angeboten werden die üblichen Wassersportmöglichkeiten vom Segeln bis zum Wasserski – die Unterwasser-Erkundungen sollte man auf keinen Fall auslassen.

Ansonsten geht es im Palau Pacific Resort eher gediegen-ruhig zu; zwei Restaurants gibt es, gelegentlich ein Barbecue, sowie eine Bar. Erwähnenswertes ›Nightlife‹ gibt es weder im Hotel noch jenseits des Dammes in der kleinen Hauptstadt. Einrichtung und Service sind dafür erstklassig – passend zur Umgebung.

Australien

›Down under‹, das ›Outback‹ – für den Fünften Kontinent gibt es viele Umschreibungen. Gerade hat er seine 200-Jahr-Feiern hinter sich, die eigentlich keines würdigen Datums gedachten. 1788 wurde nicht die Verfassung verabschiedet, keine Unabhängigkeit erfochten, keine Revolution gewonnen: Am 26. Januar landete der erste Häftlingstransport aus Großbritannien – und sogleich begann der blutige Niedergang der ›Aborigines‹, der dunkelhäutigen Ureinwohner Australiens, von denen es heute noch etwa 60000 sowie 100000 Mischlinge gibt. Als die ersten unfreiwilligen Einwanderer an Australiens Küste landeten, hatte Europa bereits eine lange Geschichte hinter sich und stand in voller kultureller Blüte. Maria Theresia regierte Österreich, Friedrich der Große Preußen; in den Schloßgärten von Versailles und Sanssouci lustwandelten Fürsten und Philosophen; Bach und Händel komponierten ihre Werke. Selbst die jungen Vereinigten Staaten hatten schon ihre Verfassung, als Englands abgeschobene Sträflinge gerade begannen, den unbekannten Kontinent am anderen Ende der Welt zu erforschen, und sich mit Alligatoren, Schlangen und Spinnen plagen mußten.

Das ›Crocodile Dundee‹-geprägte Bild vom fernen Australien unserer Tage ist denn auch kein Wunder. Das Land dort unten gilt nach wie vor als ein wenig unzivilisiert und wild, als die letzte Region dieser Welt mit großen Weiten und der großen Freiheit – wo es noch Goldwäscher gibt, die hin und wieder sogar fündig werden, wo Farmer einige Autostunden vom nächsten Nachbarn entfernt in der Einsamkeit leben. Naheliegend, daß die Australier sich gern an der ebenfalls noch jungen Nation Amerika orientieren und viel von ihr übernehmen – nicht nur die Hamburger- und Chicken-Restaurant-Ketten, die den Kontinent wie ein Spinnennetz überziehen, sondern auch eine gewisse Hemdsärmeligkeit und einen unerschütterlichen Optimismus – und deutlich mehr Interesse an Sport als an Kultur.

Australien, der Kontinent der großen Entfernungen und der wenigen Menschen. Der ›Indian Pacific‹, einer der berühmtesten Eisenbahnzüge dieser Welt, fährt von Perth an der Westküste bis Sydney an der Ostküste zweieinhalb Tage. In einem Land, das 31mal so groß ist wie die Bundesrepublik, leben gerade 16 Millionen Menschen; für die Statistiker: 1,9 Menschen pro Quadratkilometer, in Westdeutschland sind es 246.

Das Opernhaus von Sydney

Wahrhaftig ein urwüchsiges, wildes Land also, das die Europäer erst langsam zu entdecken beginnen. 1988 waren es etwas mehr als 60000 Deutsche, die den langen 20-Stunden-Flug angetreten haben.

Australien-Urlauber sollten möglichst viel Zeit mitbringen. In weniger als vier Wochen kann man den Fünften Kontinent nicht annähernd erkunden – es sei denn, man will von vornherein ausschließlich an die Traumstrände der Ostküste oder der vorgelagerten Reef-Inseln, die wir auf den nächsten Seiten beschreiben. Wer dagegen mehr vom Festland kennenlernen will, muß Mobilität beweisen. Die Wei-

Australien, der Kontinent der Kontraste. Tropisches Klima, Palmen und exotische Früchte im Norden, winterliche Schneefälle im Südosten, Wüstenlandschaft im Great Western Plateau mit dem Touristenanziehungspunkt ›Ayers Rock‹, dem größten Monolithen der Welt; Gebirgszüge mit Gipfeln jenseits der 2000-Meter-Grenze, dichte Busch- und Regenwälder in den Küstengebieten – und natürlich das spektakuläre Great Barrier Reef, das größte Korallenriff der Welt. 37000 Kilometer abwechslungsreiche Küstenlandschaft ziehen Besucher und Einheimische ans Meer.

So hat Australien jedem etwas zu bieten. Der Bade-Urlauber findet endlose feine Sandstrände, der Surfer die perfekte gleichmäßige Brandung, der Taucher ein bizarres, buntes Unterwasserparadies, der Aussteiger auf Zeit (oder für immer) sein eigenes Reich und Freunde der Tier- und Pflanzenwelt geradezu eine riesige Schatzinsel: Etwa 200000 Pflanzenarten sind in Australien bekannt, von denen mehr als vier Fünftel nirgendwo sonst auf der Welt existieren, Orchideen, Wildblumen, seltene Palmenarten und Eukalyptusbäume. Känguruhs und Koalabären sind Australiens Wahrzeichen – aber da gibt es auch noch Emus, Riesenschildkröten, Schnabeltiere, sogar Kamele und 50 verschiedene Papageienarten.

Allerdings ist auch mehr Vorsicht als anderswo angebracht. In den Buschwäldern des Nordens haust die ›Schwarze Witwe‹, eine der giftigsten Spinnenarten überhaupt, in Tümpeln und Flüssen gibt es Krokodile und sogar Haie, die während der Regenzeit in die Binnengewässer hineingeschwemmt werden. An einigen Küstenstellen sind die gefürchteten ›white pointers‹, die weißen Haie, recht verbreitet…

oben: Bizarre Natur in Australiens ›Outback‹
links: Australiens Wahrzeichen: Die Känguruhs

ten Australiens wollen erflogen oder erfahren sein. Inlandsflüge sind relativ preiswert, zeigen dafür wenig vom Land; Autofahrten wiederum kosten viel Zeit – und Reisende verschätzen sich in schöner Regelmäßigkeit in den Tagesetappen und lernen zu schätzen, daß es an jeder Ecke irgendein billiges Motel gibt.

Ideal ist eine kombinierte Reise: Mit dem Flugzeug (am besten mit einem vor der Reise gebuchten Rundreise- oder Mehrfach-Ticket) in die verschiedenen Regionen Australiens und von dort hinein in die Wildnis, mit einem Wohnmobil oder – noch besser – mit einem Geländewagen: zu Canyons und Thermalquel-

oben: Felsformationen im Pt. Campbell National Park
Mitte: Der berühmteste Monolith der Welt, der Ayers Rock
unten: Das ›lebende Museum‹, eine alte Goldgräbersiedlung

len, vorbei an riesigen Rinderfarmen, durch ausgetrocknete Salzseen und endlose Wüstenlandschaften , hinein in die Nationalparks mit ihrer faszinierenden Tier- und Pflanzenwelt, mit abendlichem Lagerfeuer und Übernachtung im Schlafsack.

Wer Australien so kennenlernen will, muß noch den Kitzel des Abenteuers in sich spüren, Unbequemlichkeiten in Kauf nehmen können – und einigermaßen Englisch sprechen, um die eigenwillige Sprachfärbung der ›Aussies‹ verstehen zu können. Das kann schon bei der Einreise nötig werden; die Grenz- und Zollbeamten sind ebenso freundlich wie gründlich, wollen vieles wissen und alles sehen, angefangen beim unerläßlichen Visumstempel im Paß.

Australien liegt auf der südlichen Erdhalbkugel, so sind die Jahreszeiten für unsere Verhältnisse auf den Kopf gestellt: Der Frühling dauert von September bis November, der Sommer von Dezember bis Februar, Herbst ist von März bis Mai, Winter von Juni bis August. Die beste Reisezeit hängt vom Zielgebiet innerhalb Australiens ab. Den tropischen Norden sollte man, wenn möglich, im dortigen Winter besuchen, den gemäßigteren Süden im australischen Sommer. Wer den ganzen Kontinent bereisen will, sollte die Übergangsmonate April oder September wählen.

Port Douglas

70 Kilometer nördlich von Cairns liegt die ehemalige Goldgräbersiedlung Port Douglas. Wer Zeit hat, sollte von Cairns aus einen kurzen Abstecher in den malerischen, fast tropisch wirkenden Ort Kuranda machen, und zwar per Schiene. Eine über 100 Jahre alte Bahn rattert spektakulär über Schluchten, durch Tunnel, neben Wasserfällen und dichtem Dschungel dahin, erbaut nur mit Schaufel und Spitzhacke.

Eine gute Stunde dauert die Fahrt mit dem Auto bis Port Douglas, durch dichten grünen Regenwald zur Linken und einsamen Strandabschnitten zur Rechten. Man kann die Strecke noch schneller und noch eindrucksvoller bewältigen – in 20 Minuten mit dem Helikopter oder in 45 Minuten in einem Luftkissenboot, das in unmittelbarer Strandnähe dahingleitet.

Port Douglas ist ein beliebter Badeort der Australier, hauptsächlich wegen seines sechs Kilometer langen, herrlichen palmenbestandenen Strandes. Den Rohstoff der hier vorherrschenden Industrie beziehen die Einwohner aus dem Meer; in Port Douglas ist das Muschel-Kunstgewerbe zu Hause. Womit auch das Problem der unvermeidlichen Mitbringsel gelöst ist…

Sheraton Mirage

Luxus in künstlicher Lagune

Was für eine Anlage: Verteilt auf mehrere flache, spitzgiebelige Gebäude inmitten einer zwei Hektar großen künstlichen Lagune liegt dieses brandneue Fünf-Sterne-Hotel direkt am ›Four-Mile-Beach‹, mit 300 exquisit eingerichteten Zimmern mit Marmorbädern und persönlichem Butler-Service rund um die Uhr. Die Zimmer sind vom Hauptgebäude aus auf überdachten Wegen durch tropische, nachts illuminierte Gärten zu erreichen.

Fünf erstklassige Restaurants, mehrere Swimmingpools und ein Einkaufszentrum gehören zum Hotel, sowie, ein paar hundert Meter entfernt und per Elektro-Auto zu erreichen, der ›Mirage Country Club‹, das Sport-Center mit Sauna, 25-Meter-Becken, Fitness-Studio, sieben Flutlicht-Tennisplätzen und einer penibel gepflegten 18-Loch-Golfanlage.

Das Wassersportangebot erfüllt alle Wünsche vom Schnorcheln bis zum Chartern einer 40-Meter-Yacht. Das Great Barrier Reef ist per Boot in 45 Minuten zu erreichen.

Das besondere Ambiente des Sheraton Mirage wird freilich nicht nur durch das luxuriöse Angebot geprägt; ein australisches Designer-Team hat dieser Anlage eine eigene, unverwechselbare Handschrift gegeben: die weißen Häuser in der hellblauen Lagune, die an den Baustil in North Queensland angelehnte Architektur, die geschmackvolle Farbgebung in den Zimmern und Suiten. Dieses Luxus-Hotel hat Klasse – und es wurde an nichts gespart, der Gast spürt es auf Schritt und Tritt.

Gold Coast

80 Kilometer südlich von Brisbane, bequem auf einem Highway oder auch wieder per Hovercraft zu erreichen, liegt die ›Gold Coast‹, ein Zusammenschluß von 18 Gemeinden an einem 32 Kilometer langen Küstenstreifen aus goldgelbem, feinem Sand. Der bekannteste Ort ist wohl ›Surfers Paradise‹, eine Wolkenkratzer-Hochburg, die nicht jedermanns Geschmack ist, aber ihrem Namen alle Ehre macht. Nirgendwo wird man eine gleichmäßigere kräftige Brandung finden, und die jungen Australier, die sich mit ihren Brettern unentwegt den meterhohen Wellen entgegenstürzen, stehen in ihren Surfkünsten den kalifornischen ›Beachboys‹ in nichts nach.

›Surfers Paradise‹ ist eine reine Touristen-Hochburg mit Shopping-Centern, Andenkenläden und viel Bar- und Restaurantbetrieb.

Aber die ›Gold Coast‹ hat auch andere, ruhigere Abschnitte zu bieten, außerdem ein reizvolles Hinterland mit ausgedehnten Wäldern, einem großen Nationalpark mit Wasserfällen und seltenen Pflanzen und einen Vogelpark mit in Mitteleuropa ungewohnten Bewohnern. Und auch Brisbane, Australiens drittgrößte Stadt, ist einen Besuch wert – mit zahlreichen alten Gebäuden aus der Gründerzeit, subtropischen Gärten und, trotz aller Großstadt-Hektik, einer typisch australischen Beschaulichkeit.

Wer Strand, Sonne und Meer pur erleben will und sich am benachbarten Touristenrummel nicht stört, wird an der ›Gold Coast‹ sein persönliches ›Surfers Paradise‹ finden.

Sheraton Mirage

Das Pendant im Süden

Dies ist das Schwesterhotel zum Sheraton Mirage in Port Douglas, in anderem Stil, aber nicht minder elegant und luxuriös. Es liegt auf einer langen Landzunge, einen Kilometer von ›Surfers Paradise‹ entfernt, in einer 15 Hektar großen, tropischen Gartenanlage, hinter der direkt der Strand beginnt, bewacht vom hoteleigenen ›Coast Guard‹. Auch das ›Sheraton Mirage Gold Coast‹ bietet einen 24-Stunden-Butler-Service, einen nahen 18-Loch-Golfplatz, Flutlicht-Tennis und alle Arten von Wassersport. Bei Hungergefühlen hat der Gast die Qual der Wahl zwischen sechs Restaurants. Kleine Snacks und abendliche Cocktails gibt es unter anderem im ›Rolls‹ – mit einem antiken Rolls Royce als Séparée. Ein modernes Exemplar steht mit Chauffeur auf Wunsch zur Verfügung…

Christopher Skase, der noch junge australische Milliardär und Eigner der beiden Mirage-Hotels an der Pazifik-Küste, soll nach Fertigstellung des Gold Coast Sheraton die Inneneinrichtung persönlich inspiziert und – abgelehnt haben. Ein teurer Entschluß: Das komplette Mobiliar in der Lobby und den Restaurants wurde noch einmal angeschafft, diesmal mit einem unübersehbaren Anteil an Antiquitäten, teils aus dem fernen Europa. Das hat dieses luxuriöse Hotel zweifellos noch eine Spur eleganter gemacht. Besser als in den beiden Sheraton Mirage Hotels kann man wohl auf dem gesamten Fünften Kontinent nicht wohnen.

Great Barrier Reef

Zählt man die größten Naturwunder dieser Erde auf, ist man neben dem Grand Canyon, der Sahara und dem Himalaya sehr schnell beim Great Barrier Reef, dem größten Korallenriff der Welt. Über 2000 Kilometer erstreckt es sich vor der Nordostküste Australiens, ein Naturparadies über und unter Wasser. Mehr als 600 Inseln ragen über den Meeresspiegel, die meisten unbewohnt, viele von ihnen Teil eines großen Nationalparks, einige wenige im Privatbesitz zurückgezogen lebender Millionäre. Fast alle sind mit Wald und dichtem tropischen Dschungel überwuchert und ideale Reservate seltener und geschützter Vogelarten und Wassertiere. Die majestätische Schönheit des Great Barrier Reef läßt sich am besten aus der Luft bewundern. Erst dann entdeckt man die gewaltige Ausdehnung und bekommt eine Vorstellung von der unschätzbaren Zahl der Inseln, Sandbänke und bizarren Korallenformationen. Die unterschiedlichen Wassertiefen im glasklaren Südpazifik bescheren spektakuläre Farbspiele beim Blick aus dem Flugzeugfenster – vom weißschimmernden Sand und dem hellen Smaragdgrün des flachen Wassers bis zum tiefen Blau des offenen Meeres.

30 Millionen Jahre ist dieses Naturschauspiel alt, die meisten Inseln sind die sichtbaren Lava-Spitzen einer vor Urzeiten im Meer versunkenen Bergkette. Längst nicht alles, was da aus dem Meer ragt, trägt einen Namen...

Nach der Totale nun die Nahaufnahme unter Wasser: Rund 400 Korallenarten und eine buntschillernde Fisch- und Pflanzenwelt gilt es zu bestaunen, in Beobachtungsstationen unter der Meeresoberfläche, bei Fahrten im Glasbodenboot oder – natürlich am besten – mit Taucherbrille und Flossen. Über hundert Jahre alte meterlange Muscheln klappen hastig zu, wenn sie den menschlichen Schatten über sich wahrnehmen, leuchtend gelbe, rote, blaue Fische nähern sich neugierig dem regungslos verharrenden Taucher. Im großen und ganzen gilt: Je weiter von der Küste und ihren Flußmündungen entfernt, desto prächtiger das Unterwasserleben; und die Distanz zum australischen Festland schwankt immerhin zwischen 25 und 400 Kilometern.

Aber auch am paradiesischen Great Barrier Reef heißt es ein wenig aufpassen – auf einige giftige Quallensorten, auf hautunverträgliche Korallen und auf den gefährlichen ›Stone Fish‹. Auf den Inseln kennt man sie alle und weiß, ob sie in der Nähe vorkommen.

So vielfältig wie Flora und Fauna sind auch die Urlaubsmöglichkeiten am Great Barrier Reef. Von der Übernachtung im Zelt auf einer unbewohnten Nationalpark-Insel bis zur Luxus-Lodge auf einer Privatinsel – alles geht; einsam und gediegen bis lebhaft-lautstark. Zwanzig Inseln sind touristisch erschlossen, bei fast allen ist es nur eine halbe bis dreiviertel Stunde Bootsfahrt zum äußeren Rand des Riffs mit den prächtigsten Korallenbänken. Die Verbindung zum Festland beschränkt sich zumeist auf einen täglichen Flug in einer kleinen, zweimotorigen ›Twin Otter‹, wegen ihres kurzen Start- und Landeweges für die Mini-Flughäfen der Reef-Inseln bestens geeignet.

Die ideale Reisezeit zum Great Barrier Reef liegt zwischen April und November – dann herrscht warmes, sonniges Wetter, aber ohne hohe Luftfeuchtigkeit.

Die schönsten Inseln inmitten dieses Naturwunders mit den besten Hotelanlagen finden Sie auf den nächsten Seiten – jede ist anders und hat ihren eigenen Stil, alle aber sind elegant und bieten ausgezeichnete Sportmöglichkeiten für einen unvergeßlichen Urlaub in paradiesischer Umgebung.

Hayman

Hayman ist die nördlichste der 74 Whitsunday-Inseln. Wie kommt man hin? Linienflug-Verbindungen gibt es zum benachbarten Hamilton Island, von dort wird man mit einer der Hotelyachten, der ›Sun Goddess‹ oder der ›Sun Paradise‹, abgeholt, mit einem Glas Champagner zur Begrüßung, versteht sich. Es geht noch schneller (wenn auch nicht unbedingt komfortabler) per Hubschrauber – oder mit einem kleinen gecharterten Wasserflugzeug der ›Air Whitsunday‹, das in der Lagune startet und landet und über die eigens dafür angelegte Rampe bis fast vor die Tür rollt. Absolut ›flugfest‹ sollte man allerdings schon sein . . .

Andere unvergeßliche Eindrücke auf dem Wasser sind zum Beispiel der wöchentliche ›Sun Paradise Dinner Cruise‹, ein Drei-Gänge-Menü an Bord der Jacht, während die Sonne rotglühend in der Südsee versinkt.

Hayman Resort

Eins der schönsten weltweit

30 Jahre lang gab es auf der Insel Hayman ein kleines Mittelklasse-Hotel, zu dem einige Gäste sogar wiedergekommen seien, wie die heutigen Manager schmunzelnd bemerken. Das muß an der Umgebung gelegen haben. Hayman ist gerade vier Kilometer lang und drei breit, außer dem Hotel unbewohnt, liegt in einer kleinen Lagune, hat einen weißen (Sand-) Kragen und hohe Granitklippen, Kokospalmen und Hibiscuspflanzen, zwischen denen hin und wieder ein Pfau einherstolziert.

Seit April 1987 hat Hayman das angemessene Hotel zu dieser paradiesischen Natur. Für rund 400 Millionen Mark wurde ein Strandhotel der absoluten Luxusklasse errichtet, das seither bei Genießern aus der ganzen Welt solchen Anklang fand, daß es jetzt schon wieder erweitert wird. Bislang gibt es 218 Zimmer, Penthouses und Suiten in verschiedenen Lagen und Preisklassen, teils längs des feinen, weißen Strandes, teils terrassenartig um die Salz- und Süßwasser-Pools gruppiert. Diese Räume haben den schönsten Ausblick und die beste Ausstattung, mit Videorecorder, vier Telefonen, einem mit sechs Digitalstellen gesicherten Safe und solch kleinen Aufmerksamkeiten wie je einer kompletten Kosmetik- und Pflegeserie für die Dame und den Herrn. Alle Räume sind in hellen, zarten Pastelltönen gehalten.

Das Hayman Resort strahlt eine großzügige, tropisch-gelassene Eleganz aus und ist ein ästhetisches Erlebnis. Das Foyer des Hauptgebäudes ist eine hohe, halboffene Halle, sonnendurchflutet und doch kühl gehalten durch große, schützende Palmen; das Frühstückscafé hat eine Terrasse direkt hinter dem Strand – und ein Buffet, das zum Sitzenbleiben bis zum Mittag verleitet. Vier Restaurants gibt es: ›La Trattoria‹ – natürlich italienisch –, ›La Fontaine‹ mit feinsten Seafood-Spezialitäten, ausgestattet mit Louis XVI-Mobiliar, ein orientalisches Restaurant mit Art-Deco-Einrichtung und das ›Wiener Café-Haus‹.

Lautes Nachtleben gibt es auf Hayman nicht, dafür eine gediegene Club-Lounge, einen Salon mit schweren Clubsesseln, ruhigen Nischen für ein Gespräch oder eine Partie Schach und einen Konzertflügel, an dem ein gesetzter Pianist bevorzugt gedämpfte Swing-Töne anschlägt. ›Hayman‹ ist eine Antiquitätensammlung und gleichzeitig ein Forum moderner Kunst, mit einigen hundert Werken von zwei Dutzend australischer Gegenwartskünstler. Die vielfältige tropische Pflanzenwelt, in einem kleinen Brevier sorgsam aufgelistet und beschrieben, wird von 15 Landschaftsgärtnern gepflegt. Und so sieht Hayman denn auch aus – wie ein gepflegter tropischer Park.

Brampton Island
Ein tropisches Sportler-Paradies

In zehn Minuten hüpft das kleine Flugzeug von der Küstenstadt Mackay hinüber nach Brampton. Das ist schon eine ausgewachsene Insel mit dichtem tropischen Buschwerk und Regenwald und strahlend weißem Sandstrand ringsum. Für den Rundgang über die unbewohnte Insel wird man an der Rezeption des Brampton-Resort vorsorglich mit einer Wasserflasche ausgestattet – zweieinhalb Stunden dauert er immerhin. 240 Gäste können an der Nordspitze der Insel wohnen, untergebracht in komfortablen, aber nicht luxuriösen Zimmern in zweistöckigen Häusern, verstreut unter Palmen, aber nie weiter als 50 Meter vom Strand entfernt gelegen.

Brampton ist etwas für Aktiv-Urlauber – obwohl man natürlich auch einfach im Sand oder am Meerwasser-Pool faulenzen oder nur Papageien und Schildkröten beobachten kann.

Irgend etwas ist immer los, vom gemeinsamen Jogging morgens um sieben über eine Schnorcheltour zum direkt vorgelagerten Korallenriff oder Cricket- und Bogenschieß-Turniere bis zu Roulette-Abenden und Jazz-Nights. Die ›Beachboys‹ sind stets behilflich, verleihen Schnorchel und Flossen, geben Tips für einsame Strände und wissen (fast) immer Rat.

Nach Brampton kommen denn auch eher jüngere Leute; Frühstücks-, Lunch- und Dinner-Buffet sind lebhafte Meetings, die sich abends oft lange an der Bar fortsetzen.

Great Keppel Island

Sport und Stimmung

Auch Great Keppel ist etwas für jüngere Leute mit Vorstellungen eines Aktiv-Urlaubs, mit viel Sport, Traumwetter, Strand und Gleichgesinnten. All das sowie Flora und Fauna sind genauso prächtig wie auf Brampton Island. Great Keppel liegt am südlichen Ende des Great Barrier Reef, 15 Flugminuten von der Stadt Rockhampton entfernt, hat 28 Kilometer Traumstrand und bietet 280 Gästen Platz. Die Wassersportbedingungen sind ideal – Katamaransegeln, Parasailing oder Tauchen, alles ist möglich. Aber auch an Land wird viel für die Fitness getan, auf drei Tennis- und zwei Squashplätzen, auf einem 6-Loch-Golf-Kurs oder beim Volleyball.

Und der Spaß endet nicht mit dem Sonnenuntergang – dann folgen Disco, Live-Musik, Shows und Wettbewerbe. Ebenfalls wie auf Brampton Island sind außer den Drinks alle Sportaktivitäten, Mahlzeiten und Veranstaltungen im Preis enthalten; auch das kann ein Stück Erholung sein, das lästige Auf- und Unterschreiben und Rechnungprüfen ist hier unbekannt. Die 140 Zimmer mit Garten- oder (gegen geringen Aufpreis) Strandblick sind in langen, doppelstöckigen Gebäuden untergebracht.

Auch hier heißt die Devise: Komfort, aber kein Luxus; also: keine Klimaanlage, aber ein Kühlschrank, Ventilator, Bad/Dusche und Kaffeezubereitungs-Gelegenheit.

Zwei Swimmingpools und 17 Badestrände laden zum Sonnenbaden und sind geeignet, alle guten sportlichen Vorsätze zu vergessen und nur noch in der australischen Sonne zu faulenzen.

Bedarra Island

Hier herrscht Ruhe

Kein Nachtclub, keine Disco, keine Musikberieselung am Pool, keine abendlichen Shows: Das oberste Gebot auf Bedarra heißt Ruhe. Wer im Berufsleben schon mehr als genug Streß und Hektik hat, kann hier seinen Seelenfrieden wiederfinden. Die kleine Privatinsel (eine von nur acht am Great Barrier Reef) bietet seit 1987 zwei kleine Luxus-Oasen der Stille an: Bedarra Bay und Bedarra Hideaway. Sie haben ein getrenntes Management und dennoch auffallend viele Gemeinsamkeiten; beide liegen in dichtem Grün versteckt direkt hinter dem weißen Strand, beide verfügen nur über je 16 Lodges, beherbergen also maximal 32 Gäste, in beiden sind Kinder unter 16 Jahren unerwünscht. Die verstreut gerade zehn Schritt vom Meer gelegenen Villen sind alle gleich groß und gleich teuer.

Das ist kein Zufall, sondern Konzept. Bedarra Bay und Bedarra Hideaway gehören wie die meisten anderen hier beschriebenen Hotels auf den Reef-Inseln einer Tochtergesellschaft der staatlichen ›Australian Airlines‹, die auf den Inseln ein fein differenziertes Angebot für unterschiedlichen Geschmack eingerichtet hat – Brampton und Great Keppel jugendlich-sportlich, Lizard und Dunk sportlich-elegant und eben Bedarra luxuriös-ruhig. Für alle gilt ein angenehm einfaches Pauschalpreis-System, das alle Mahlzeiten und Sportangebote kurzerhand einschließt. Die beiden Luxus-Herbergen auf Bedarra sind die teuersten auf dieser Liste, dafür ist bei ihnen aber wirklich alles inklusive – auch die ausgesuchten französischen Rotweine und der Champagner. Gäste, denen abends der Sinn nach einem guten Tropfen in ihrer Lodge steht, sind zur Selbstbedienung im Hauptgebäude aufgefordert; da mag bei manchem die Versuchung wachsen, endlich einmal im Champagner zu baden...

Der Unterschied zwischen Bedarra Bay und Bedarra Hideaway liegt in Architektur und Einrichtung. Was einem besser gefällt, ist Geschmackssache: Bedarra Bay ist in rustikalem Stil gestaltet, holzverkleidet und in dezenten

Erdfarben gehalten – und im tropischen Regenwald kaum auszumachen. Alle 16 Lodges haben ihren eigenen Garten und liegen in respektablem Abstand voneinander. Innen herrscht eine offene Bauweise, ohne Trennwände und Zimmertüren auf zwei Ebenen – luftig und großzügig und natürlich mit allem Komfort ausgestattet.

Auf der anderen Inselseite, mit einem kurzen, aber nicht gerade bequemen Fußmarsch durch den dichten tropischen Wald mit Eukalyptusbäumen und lautem Vogelgezwitscher oder über den eigenen Bootsanleger zu erreichen, liegt Bedarra Hideaway – ebenfalls 16 kleine verstreut gelegene Villen und doch ganz anders. Außen in Grün und Beige gehalten, finden sich im Inneren unerwartet fernöstliche Anklänge. Formen und Farben erinnern an Japan. Restaurant, Bar und Terrasse bieten dem Auge Kontraste, das Dunkelrot der Rahmen und das kräftige Grün der Palmen. Hier seien, heißt es nicht ohne Stolz, all die Farben verwendet worden, die auf Paul Gauguins berühmten Südsee-Bildern zu sehen sind.

Zwei verschiedene Stilrichtungen – und doch nur ein Name: Christine Vadasz heißt die preisgekrönte Architektin, die beide Hotelanlagen geschaffen hat.

Viel gibt es auf Bedarra nicht zu tun: eine Runde Tennis spielen, mal Segeln gehen, am Pool bei einem Cocktail ein Buch lesen und sich auf das nächste Mahl der leichten, feinen Küche freuen – und ungestört bleiben. Die Privatinsel darf kein Unbefugter betreten, wer sich Badetuch und Sonnenöl nimmt und ein paar hundert Meter den Strand entlangläuft, darf sicher sein, allein zu bleiben im weißen Sand unter Palmen.

Und wenn es doch mal zu ruhig werden sollte: Dunk Island liegt mit dem schnellen Motorboot nur acht Minuten entfernt und bietet alles, worauf man auf Bedarra bewußt verzichtet: buntes Treiben, Katamaransegeln und Hochseeangeln, Barbetrieb und abendliche Parties.

Nicht nur gestreßte Manager kommen nach Bedarra, beliebt ist das verträumte Paradies auch bei ›honeymooners‹, die für ihre Flitterwochen keinen Trubel und andere Leute brauchen; vorausgesetzt freilich, daß die frisch eingerichtete Haushaltskasse auch gut gefüllt ist . . .

Und wer ›reif für die Insel‹ ist, wird weltweit kaum eine schönere (und geschmackvollere) Gelegenheit finden, die Seele baumeln zu lassen.

Lizard Island
32 Suiten – und 24 Strände

Näher am Great Barrier Reef kann man nicht wohnen – und auch kaum gepflegter. In 30 Minuten ist das Motorboot am Reef; um spektakuläre Korallenbänke und eine farbenfrohe Unterwasserlandschaft zu sehen, muß man aber gar nicht so weit hinaus. Lizard Island bietet eines der besten Tauchreviere vor der australischen Küste – und eine der schönsten Hotelanlagen im ganzen Südpazifik. Weiträumig angelegt, mit großen, gepflegten Rasenflächen, erinnert sie ein wenig an eine englische Cottage-Siedlung – wären da nicht die Kokospalmen und der ewig blaue Himmel. 32 Bungalows gibt es, ansonsten ist die Insel unbewohnt. 24 Strände liegen ringsum, und da kaum alle Gäste gleichzeitig den Versuchungen des glasklaren Wassers erliegen werden, hat man auf Lizard Island eine selten anzutreffende Garantie: einen Strand für sich allein.

Auch auf Lizard geht es gediegen-ruhig zu, wenn auch nicht ganz so abgeschieden wie auf Bedarra. Kleine Kinder werden auch hier nicht so gern gesehen, und um auf die Insel zu gelangen, muß man erst den einmal täglich erfolgenden einstündigen Flug ab Cairns antreten.

Auf einer leichten Anhöhe liegt das Hauptgebäude mit der Rezeption, einer kleinen Boutique, der gemütlichen Bar und dem Restaurant, auf dessen Terrasse beim Aperitif vor dem Vier-Gang-Dinner ein unvergeßlich schöner Sonnenuntergang zu sehen ist – und mit etwas Glück ein scheuer Lizard, jene einen Meter großen Echsen, die wie Miniatur-Saurier aussehen.

Das 47-köpfige freundliche Personal kümmert sich um die höchstens 64 Gäste, darunter ein paar ›Beachboys‹, die Boote, Brille und Flossen herausgeben, das Motorboot starten, wenn einem nach Wasserski der Sinn steht, oder mit traumwandlerischer Sicherheit das Glasbodenboot zu den prächtigsten Korallen und den größten Muscheln steuern.

Die 32 Suiten sind geschmackvoll und luxuriös eingerichtet – wie überhaupt die ganze Anlage auf Lizard Island einen feinen und stilvollen Eindruck macht. So kann man sich entspannen: 27 Kilometer vom nächsten Auto, Telefon und Fernseher entfernt, ohne Zeitung und ohne Lärm – übrigens auch ohne Türschlösser, auch das geht!

Dunk Island

Immergrün und lebhaft

Die Landebahn ist kaum länger als der Parkplatz eines Supermarktes; die Twin Otter bremst hart ab und rollt direkt vor die ›Ankunftshalle‹ – ein winziger überdachter Unterstand, in dessen Schatten ein freundlicher bronzefarbener Helfer die Ankömmlinge erst mal mit einem tropischen Fruchtcocktail begrüßt. Dunk Island ist sechs Kilometer lang und zwei Kilometer breit, und so dauert es keine drei Minuten, bis der Kleinbus vor dem reservierten Bungalow hält. Durch die Palmen schimmert der Strand, die Einrichtung ist hell und freundlich, die Klimaanlage surrt bereits. Auf den schmalen Plattenwegen unter den schattenspendenden Baumwipfeln kommen alle paar Minuten braungebrannte Gäste vorbei, vom Pool, auf dem Weg zum Lunch oder zu irgendeiner der Aktivitäten, die jeden Morgen in einem ›Newsletter‹ aufgelistet werden und vor der Tür liegen. Aquarobics am Pool, Ausflüge zu Pferd, Tauchkurse oder Touren über die immergrüne Insel Dunk – es passiert jeden Tag eine ganze Menge.

Fast die gesamte Insel gehört zu einem Nationalpark, und der ist mehr als einen Ausflug wert – wegen seiner Orchideen und Vogelstimmen und wegen ›Papillio Ulysses Joesa‹, einem leuchtendblauen, großen Schmetterling, der das Wahrzeichen der Insel ist.

Die Anlage auf Dunk Island bietet eine angenehme Kombination; sie ist jugendlich-lebhaft, hat einen veritablen Nightclub mit allabendlich belagerter Bar und Live-Musik sowie eine lichtzuckende Disco bis in die frühen Morgenstunden, und sie ist gleichzeitig elegant mit ausgezeichnetem Service; 180 Angestellte kümmern sich um maximal 300 Gäste aus aller Welt. Im Beachcomber Restaurant, morgens und mittags mit Buffet und abends mit Tischbedienung, wird nicht ›Haute Cuisine‹, wohl aber sehr ordentliches Essen geboten, bei lockerer Stimmung im Saal. Die exquisite Küche gibt es auch – im kleinen, aber feinen Banfields Restaurant.

Auf Dunk Island ist schon recht viel Betrieb, ohne daß aber der Eindruck von Massentourismus erweckt würde. Obwohl auch das süße Nichtstun, das Sonnenbaden am Strand oder einem der Pools verlockend ist, sind die Besucher auf Dunk recht unternehmungslustig, und so gibt es ein ›Activity Centre‹, in dem man seinen Tennis- oder Squash-Platz reservieren kann, sich zu Ausflügen anmeldet, Picknicks bestellt oder auch nur Golfbälle und Badetücher ausleiht. Die Organisation klappt bestens und stets in freundlichem Tonfall – und fast gibt es alles ohne Extrakosten.

Neuseeland

Das zweite Frühstück, die fünfte aufgewärmte Mahlzeit, der vierte Spielfilm: Nach 27 Flugstunden ist Neuseeland eine weiche Landung. Der weiteste Flug, den man von Deutschland aus buchen kann, ist zugleich einer der lohnendsten. Nur etwa so groß wie die Bundesrepublik, bietet Neuseeland, 2500 Kilometer südöstlich von Australien gelegen, alle landschaftlichen Reize Europas: Gletscher und Geysire, subtropische Urwälder und feinsandige Strände, idyllisches Farmland und städtische Betriebsamkeit, aber keine industriellen Ballungszentren, kein Gedränge, keine Hektik. Ein Paradies zum Anfassen mit ganzjährig milden Temperaturen auf der Nordinsel und schneetreibenden Wintern in den Gebirgsregionen der Südinsel. Keine Seuchen, keine gefährlichen Tiere. Wer ist da nicht reif für die Insel, für einen 96 Kilometer langen Sandstrand, für eine Fjordlandschaft, aus der Trinkwasser nach Amerika exportiert wird? Die bevölkerungsschwache Südinsel ist die landschaftliche Schatztruhe, auf der Nordinsel wird das Geld verdient. Doch trotz der Metropole Auckland mit seinen 800000 Einwohnern (knapp ein Drittel der Gesamtbevölkerung) – Nachtschwärmer mit dem Hang zu ausgedehnten Kneipentouren sollten das Inselreich im Südpazifik meiden. Selbst die längste Theke ist – wie im angelsächsischen Raum nun einmal üblich – meist schon um 23 Uhr dicht.

Neuseeländer sind gern häuslich. Allenfalls tagsüber, wenn Mittagspause oder Stadtbummel in eine der unzähligen Snack Bars locken, wo bei originell zubereiteten Sandwiches, Pies und Cakes der Imbiß zum preiswerten Gourmet-Schmaus ausartet, sind die Kneipen voll. Spätestens um 17.30 Uhr heißt es ›closed‹ – das Schlüsselwort, mit dem Neuseeland, Pionier der 40-Stunden-Woche, dichtmacht. Die wenigen Ausfallstraßen der drei größten Städte Auckland, Wellington (Hauptstadt) und Christchurch füllen sich mit Blechlawinen, die heimwärts rollen.

Auf der linken Straßenseite geht es lang. Merry old England hat überall seine Spuren hinterlassen – in denen die Japaner mehr und mehr Fuß fassen. Sie haben zumindest auf dem neuseeländischen Automarkt mit seinen hohen Preisen europäische Marken verdrängt.

Neuseelandtouristen, die per Mietwagen oder Wohnmobil das Land auf den guten, aber kurvenreichen Straßen erobern wollen (die

Neuseeland: faszinierende Natur am anderen Ende der Welt.

Mietpreise liegen unter denen in der Bundesrepublik), sollten Japaner mögen. Was wörtlich zu nehmen ist. Japaner sind überall, und als Touristen treten sie in der Regel gehäuft auf. Die Nachbarn aus Fernost haben Neuseeland als Urlaubsparadies und Absatzmarkt entdeckt. Zum Leidwesen der Engländer, deren Einfluß stetig schwindet und die mit Wehmut an alte Tage zurückdenken mögen, als im Jahre 1769 Captain Cook den Union Jack auf neuseeländischem Boden hißte und damit das frischgewonnene Land für die Queen als Kolonie einheimste.

Dabei gilt als eigentlicher Entdecker Neuseelands der holländische Seefahrer Abel Tasman. Als er im Jahre 1642 die Küste umschiffte, ging er nicht an Land. Was ihm erspart blieb, waren blutrünstige Auseinandersetzungen mit den Maori, Einwanderern aus Polynesien, die sich sieben Jahrhunderte vor den Europäern aufgemacht hatten, Aotearoa (›das Land der langen weißen Wolke‹) zu besiedeln.

Heute sind die Maori Stolz und Schmach des Landes zugleich. Ihr Anteil an der Gesamtbevölkerung beträgt knapp zehn Prozent. Das Bildungsniveau der Maori liegt weit unter dem

links oben: Mit dem Jetboot durch die Natur; Mitte oben: Felsküste der Südinsel; rechts oben: Wohin? Wegweiser auf dem Flughafen; links unten: Auf Neuseeland gibt es mehr Schafe als Menschen; Mitte unten: Wer es ruhig mag, fährt mit dem alten Queenstown Dampfer; rechts unten: Eine Oase der Ruhe, die Puka Park Lodge

neuseeländischen Durchschnitt. Zunehmende Arbeitslosigkeit und Kriminalität vor allem in den Städten sind die Folge.

Neuseeländer sind sportlich: Rugby, Laufen, Fischen, Segeln, Tennis und Golf, Golf, Golf... Golfplätze – preiswert auch für Nichtmitglieder – wohin man kommt, manchmal mit Schafen, die vor keinem Ball mehr Reißaus nehmen und mit ihrem Riesenappetit den Rasen kurz halten. In Rotorua auf der Nordinsel beleben brodelnde Geysire das eintönige Golfplatz-Grün. Wehe dem Ball, der daneben geht. . .

Wer es sich nur eben leisten kann, macht am Wochenende die eigenen Leinen los. Eine Seefahrernation macht mobil. Richtig ernst wird's regelmäßig beim American Cup. Dann geht es um internationalen Ruhm für die 3,2 Millionen Menschen am ›schönsten Ende der Welt‹.

Im neuseeländischen Sommer, wenn in Europa wohltemperierte Heizkörper die Winterkälte vertreiben, ist die Landschaft Attraktion Nummer eins. Wanderungen durch den subtropischen Busch der Südinsel, Barbecues mit gegrillten Lambchops, Sonnenbaden auf feinsandigen Südseestränden – und das am besten im Dezember. Noch etwas Extravagantes gefällig? Heliskiing im Winter auf den Dutzenden von Dreitausendern oder Übernachtungen in der Lodge auf Stewart Island, in dem von Deutschland aus am weitesten entfernt liegenden Hotel. Es hat nur vier Zimmer...

Puka Park Lodge

Luxus in der Einsamkeit

Manche müssen über den Wolken schweben, um Boden unter die Füße zu bekommen. Das erfuhren die Deutschen Angie und Rainer Höhn, als sie, vom Auswanderungsbazillus gepackt, die Küsten Neuseelands auf der Suche nach einer neuen Heimat abflogen. Fündig wurden sie auf der Coromandel, einer Halbinsel auf der Nordinsel, die wie ein nach oben zeigender Daumen in den Pazifik ragt. Pauanui heißt der verträumte Ort an der Ostküste, knapp 90 Minuten Autofahrt oder rund 20 Minuten mit dem hoteleigenen Hubschrauber von Auckland entfernt. Eingebettet in die Natur entstand dort die Puka Park Lodge, ein Luxushotel oberster Kategorie. 32 komfortable, in polynesischem Stil eingerichtete Chalets (darunter zwei Suiten) gruppieren sich in weitem Rund um das hölzerne Hauptgebäude mit Rezeption, einem ausgezeichneten Restaurant, Kaminbar, Swimmingpool im Garten und Konferenzräumen. Der Architekt wußte mit der Natur umzugehen. Er hat den Komplex dem vorhandenen Urwald untergeordnet. Gerodet wurde dort nur, wo es an wenigen Stellen unvermeidlich war. Der Lohn: ein Preis der Regierung für umweltgerechtes Bauen. Das Hotel bietet unter anderem Hochseefischen, Segeln und Tauchen an.

Land/Ort	Hotel	Seite	Anzahl F.e. Sterne	Entfernung Flughafen	Entfernung nächster Ort	Anzahl Zimmer	Zimmer-service	Anzahl Restaurants	Anzahl Bars	Disco Nightclub
Polynesien Tahiti	Tahara'a	151	4	13 km 20 min.	5 km	200	7–22 h	2	2	jeden Abend Folkloreshow
Polynesien Tahiti	Beachcomber	151	4	2 km 5 min.	5 km 10 min.	183 Zimm. 17 Bung.	24 Std.	2	2	jeden Abend Disco/ Nightclub sowie tägl. Live-Musik/Tanz
Polynesien Moorea	Kia Ora	155	4	5 Automin.	2 km	Bungal.	–	1	1	gelegentl. Folkloreshows
Polynesien Moorea	Club Med	155	3	30 km	3 km	350 Bungal.	–	2	2	jeden Abend Nightcl. Disco sowie dauernd div. Abendveranstalt.
Polynesien Bora Bora	Bora Bora	159	3	20 min per Boot dann 7 km per Auto	7 km	83 Bungal.	–	1	1	Bar sowie häufig Live-Musik/Tanz
Polynesien Bora Bora	Marara	159	4	40 min. p. Boot, dann 7 km per Auto	7 km	64 Bungal.	–	–	1	abends Bar mit Tanz sowie Live-Musik/ Tanz
Polynesien Huahine	Bali Hai	161	3	5 Automin.	2 km		–	1	1	Abendunterhaltung
Polynesien Raiatea	Bali Hai	163	3	5 Automin.	0,5 km	36 Bungal.	–	1	1	jeden Abend Live-Musik/Tanz, Bar
Polynesien Rangiroa	Kia Ora Village	165	3	1 Flugstd. v. Papeete	0,5 km	25 Bung. 5 Suiten	–	1	1	Abendunterhaltung
Polynesien Manihi	Kaina Village	167	3	5 min.	90 Flugmin. v. Papeete	16 Bung. (Kalt-wasser-duschen	–	1	1	–
Cook Inseln Rarotonga	Rarotongan	169	4	15 min.	20 min.	151	–	4	2	abendl. Barbetrieb mit Tanz, zahlreiche Festivals
Fiji Nadi	Sheraton Fiji	176	5	12 km 20 min.	8 km 10 min.	321	24 Std.	4	3	Di. + Sa. Folklore-show abends Barbe-trieb, keine Disco
Fiji Yanuca Island	The Fijian	176	4	50 km 45 min.	60 km 1 h	360	24 Std.	5	3	abends Barbetrieb mit gelegent. Shows
Fiji Korolevu	Hyatt Regency	177	4	92 km	94 km	300	24 Std.	4	4	Nightclub, gelegentl. Shows
Fiji Nadi	The Regent of Fiji	177	5	12 km 20 min.	8 km 10 min.	300	24 Std.	4	4	abends Barbetrieb mit Tanz u. häufig Shows
Neukaledonien Noumea	Club Med	177	4	60 km	4 km	272	–	2	3	Disco Abendshows, Folklore, Stereokonzerte
Salomon Inseln Honiara	Mendana	179	3	7 km 15 min.	in der Stadt	101	tagsüber	2	2	abends Barbetrieb 2x wöchentl. Tanz

Entfernung Golfplatz Anzahl der Löcher	Anzahl der Tennisplätze	Strand Information	Wassersport Möglichkeiten	Pools	Hotel Charakter
35 min. v. Hotel 18 Loch	2	dunkler Sand-strand, 3 Min. entfernt	Wasserski, Hochseeangeln, Segeln, Tauchen	2	elegant, lebhaft
20 km 9 Loch	2	breiter, heller Sandstrand	Wasserski, Windsurfen Baden, Tauchen	1	sportlich, elegant
–	1	weißer, breiter Strand m. Palmen	Katamaransegeln, Wasserski, Schnorcheln, Tauchen, Rudern, Hochseeangl.	1	sehr elegant, ruhig
–	5	weiß, breit Palmen	Segeln, Windsurfen, Schnorcheln, Tauchen, Aquarobics, Wasserski	1	lebhaft, sportlich, Clubatmosphäre
–	2	schmaler, aber feiner weißer Palmenstrand	Schnorcheln, Tauchen, Kanu-Segeln, Hochseeangeln	1	komfortabel, sportlich
–	1	500 m feiner weißer Strand	Schnorcheln, Tauchen, Windsurfing, Hochseeangeln	1	komfortabel, sportlich, in ausgezeichneter Lage und Umgebung
–	1	feinsandig	Fischen, Schnorcheln,	1	polynes. Stil, großer trop. Garten
–	1	kein Strand	Kanu, Tauchen, Fischen, Boot-Land-Ausflüge	1	ruhig, sportlich, Glasboden-fenster im Schlafzimmer, Pfahlbauweise über der Lagune
–	–	weißer Strand	Schnorcheln, Tauchen, Surfen, Segeln	–	geruhsam, komfortabel, polynes. Stil
–	–	weißer Sandstrand	Tauchen, Bootsausflüge	–	leger, familiär sehr ruhig

–	–	fein, breit, hell	Schnorcheln, Angel-Touren, Aquarobics, Kanu, Windsurfing, Riffwanderungen	2	komfortabel, lebhaft, kinderfreundlich

8 km 18 Loch	4	6 km heller Strand in tropischer Umgebung	Schnorcheln, Tauchen, Wasserski, Segeln, Windsurfing, Hochseeangeln moderner Stil	1	großzügig angelegtes Luxushotel mit viel Grün,
direkt am Hotel 9 Loch	2	breit, weiß, flache Lagune	Wasserski, Windsurfen, Katamaranseg., Hochseeangeln, Tauchen, Schnorcheln	1	großzügig, palmenbestandene Anlage auf einer malerischen vorgelagerten Insel (Halb)
direkt am Hotel 9 Loch	4	heller, nicht sehr breiter Strand	Schnorcheln, Tauchen, Windsurfen, Segeln	1	ruhige, gepflegte Anlage mitten in der Natur, tägl. Kinderprogramm
Nadi Golfclub i. d. Nähe 18 Loch	10	netter Strand in trop. Umgebung	Segeln, Paddeln, Windsurfing, Wasserski, Hochseeangeln, Tauchen,		schönste Anlage auf Fiji, großzügig, viel Grün, elegante Einrichtung mit viel Lokalkolorit

15 km 9 Loch	11	weißer Sand	Hochseeangeln, Segeln, Windsurfen Schnorcheln	1	Clubatmosphäre sportlich

direkt 18 Loch	–	relativ klein steinig	Tauchen, Schnorcheln, Rudern Tretboot	1	nicht für hohe Ansprüche, aber sehr empfehlenswert f. Taucher, die Salomon Ins. bieten die meisten Wracks der Südsee

Land/Ort	Hotel	Seite	Anzahl F.e. Sterne	Entfernung Flughafen	Entfernung nächster Ort	Anzahl Zimmer	Zimmer-service	Anzahl Restaurants	Anzahl Bars	Disco Nightclub
Neuguinea Kieta	Arovo Island Resort	183	4	20 min. p. Auto plus 10 min. p. Boot	10 min. per Boot	25	–	1	1	–
Guam Agana	Hilton International	187	4	10 min. Pkw	10 min	374	24 Std.	4	3	Disco, Nightclub
Guam Tamuning	Pacific Island Club	187	4	1 km	3 km 10 min	274	–	2	3	Disco m. Musik-Videos, zahlreiche Shows
Marianen Saipan	Hyatt Regency	189	4	6 km	im Ort	108	7–24 h	3	2	Bar und Nachtclub
Palau Koror	Palau Pacific Resort	191	5	7 km	7 km	100	7-24h	2	1	Unterhaltung Tanz (Barbecue)
Australien Port Douglas	Sheraton Mirage	196	5	62 km 50 min. Pkw, 20 min. Helic.	1,5 km	138	24 Std. Butler-service	3	3	Nightclub, Disco
Australian Gold Coast	Sheraton Mirage	197	5	1 h Pkw, 30 min. Hovercraft	1 h 80 km	300	24 Std. Butler-service	7	5	„Rolls" Nachtclub
Australien Hayman Island	Hayman	200	5	20 Seemeilen 50 min. (auf Hamilton Isl.)	–	218	24 Std.	5	4	Pianobar, gelegentl. Modenschauen
Australian Brampton Isl.	Brampton	202	3	½ km 5 min	–	120	–	1	5	jeden Abend Disco u. Nightclub, versch. abendl. Show
Australien Great Keppel Isl.	Great Keppel	203	4	50 Meter	–	140	–	1	4	Nightclub, gelegentl. Veranstaltungen
Australien Bedarra Island	Bedarra Bay + Hideaway	204	5	6,5 km per Motor-boot nach Dunk Island (Airport)	–	je 16 Bunga-lows	–	je 1	je 1	–
Australien Lizard Island	Lizard	206	5	1 km	–	32	–	1	1	1x wöchentl. „foolnight"
Australien Dunk Island	Dunk	207	4	direkt am Airport (2 min)	–	16 Bung.	–	2	4	jeden Abend div. Shows, Disco, Nachtclub
Neuseeland Pauanui Beach	Puka Park Lodge	211	4	Auckland 120 km	20 min.	32	7-22h	1	1	–

	Entfernung Golfplatz Anzahl der Löcher	Anzahl der Tennisplätze	Strand Information	Wassersport Möglichkeiten	Pools	Hotel Charakter
	–	1	weißer, naturbelassener Strand rund um die Insel	Schnorcheln, Tauchen Windsurfing, Motorbootverein	1	ruhiges Hotel auf unbewohnter Insel in elegantem Design
	Countryclub i. d. Nähe 18 Loch	4	weiß, breit, Palmenstrand	Schnorcheln, Tauchen, Segeln, Paddeln, Windsurfen, Wasserski, Surfing	2	geschmackvolles Luxushotel in tropischer Umgebung
	–	4	riffgeschützte Bay m. weißem Palmenstrand	Schnorcheln, Tauchen, Segeln, Windsurfen	3	legere Clubatmosphäre auf amerikanisch
	direkt 18 Loch	2	hell, palmenbestanden	Schnorcheln, Tauchen, Wasserski, Motorbootverleih, Segeln, Windsurf., Hochseeangeln	1	modern, komfortabel, kinderfreundlich, tropische Umgebung
	–	2	flach, feinsandig, weiß (Badeschuhe!)	Tauchen, Wasserski, Surfen, Boote, Fischen	1	bestes Hotel Palaus (super) großer trop. Garten
	½ km 18 Loch	7	5 km, mit Palmen weiß, breit	Schnorcheln, Tauchen, Katamaransegeln, Windsurfen, Hochseeangeln	2	modernes, großes Luxushotel in künstl. Lagune, mit erstklassigem separaten Sport-Club
	nahe am Hotel 18 Loch	4	breit, weiß mit Bewachung	Schnorcheln, Tauchen, Katamaranseg., Windsurfen, Hochseeang., Surfen	1	absolutes Luxushotel mit allen Möglichkeiten, sehr elegante Einrichtung, erstklass. Gastronomie
	–	4	500 m, weiß, leer mit Kellnerservice	Schnorcheln, Tauchen, Wasserski, Segeln, Windsurfen, Rudern, Hochseeangeln	3	Luxushotel auf unbewohnter Insel, sehr stilvoll, ruhig, gediegen, modern mit vielen Antiquitäten
	direkt 6 Loch	3	1 km relativ schmal, aber ausgezeichnet	Tauchen, Wasserski, Schnorcheln, Segeln, Windsurfen, Hochseeangeln, Aquarobics	2	etwas einfacher als die anderen Inseln, aber gute Sportmögl., lebhaft, für jüngere Leute
	direkt a. Hotel	3	28 km feiner Sand palmenbestanden	Schnorcheln, Tauchen (1 km), Wasserski, Windsurfen, Aqua-Bike, Hochseeangeln.	4	sportlich, ideal für Wassersport, Schnorcheln im Great Barrier Reef
	auf Dunk Island 6 Loch	1	feiner, heller, leerer Strand m. Palmen	Katamaran-Segeln, Windsurfen, Rudern, Hochseeangeln	je 1	luxuriöse, versteckte Privatinsel, sehr ruhig u. gediegen, vom Katamaran bis zum Champagner ist alles im Preis inbegriffen
	–	2	breiter, weißer Strand, abs. sauber	Schnorcheln, Tauchen, Wasserski, Motorboot, Katamaran-Segeln, Hochseeangeln	1	luxuriös, ruhig, (außer Hotelgästen keine Inselbewohner), ideal für Wassersport, nur 20 Bootsminuten bis zum Great Barrier Reef
	100 Meter 6 Loch	4	1 km feiner Sand, bei Ebbe keine Bademöglichkeit	Schnorcheln, Tauchen, Wasserski, Segeln nahebei, Windsurfen, Hochseeangeln	3	lebhaft, jugendlich, sportlich, exzellente Umgebung (40 min. zum Great Barrier Reef)
	½ Std. 18 Loch	–	20 min. zu Fuß lang, sauber	Hochseefischen, Surfen, Segeln, Wasserski	1	gediegen, eine Oase der Ruhe

Mitarbeiter

Wir bedanken uns für die Mitarbeit und Hilfe, ohne die dieses Buch nicht zustande gekommen wäre, bei:

den Mitarbeitern unseres Reisebüros
Petra Danier
Anja Geue
Christine Grün
Klaus Papczyk
Gabriele Rimböck
Gabriele Stary
Gabriele Stuhrmann

den Reiseveranstaltern
Airtours International, Frankfurt
Feria Reisen, München
Sub Aqua Reisen, München

den Fluggesellschaften
Air France
Air India
Garuda
Japan Airlines
Lufthansa
Malaysian Airline
Pan Am
Quantas
Singapore Airline
SAA
Thai International
UTA

den Hotelgesellschaften
Club Méditerranée, Düsseldorf & Paris
Hyatt, Frankfurt
Meridien, Frankfurt & Paris
Regent, Frankfurt
Sheraton, Frankfurt
Westin, Frankfurt
sowie alle im Buch genannten Hotels

den Fremdenverkehrsbüros
Australien, Frankfurt
Frankreich, Frankfurt
Gambia, Kronberg
Indien, Frankfurt
Indonesien, Frankfurt
Japan, Frankfurt
Kenia, Frankfurt
Malaysia, Frankfurt
Malediven, Bad Homburg
Mauritius, Frankfurt
Neuseeland, Frankfurt
Philippinen, Frankfurt
Senegal, Frankfurt
Seychellen, Frankfurt
Sri Lanka, Frankfurt
Südafrika, Frankfurt
Taiwan, Frankfurt
Thailand, Frankfurt
Togo, Lomé
USA, Frankfurt

den Mitarbeitern und Firmen des technischen Bereiches
Beratung & Koordination:
Karl-Fred Aurich, Weilheim
Gesamtgestaltung:
Anton Walter, Gundelfingen
Offsetreproduktion:
Lithscan GmbH, Braunschweig
Satzherstellung:
Edelgard Bähr, Braunschweig
Druck und Bindung:
Oldenbourg Graph. Betriebe, Kirchheim

Mein besonderer Dank für unermüdlichen Einsatz und freiwillige Hilfe gilt Anton Walter und Wolfgang Wölz

›Fernweh exclusiv‹ Redaktionsservice

›Fernweh exclusiv‹ kann und soll nicht Ihr Reisebüro ersetzen, lediglich Sie und Ihr Reisebüro bei der Urlaubsplanung unterstützen, damit Sie gut informiert Ihren Traumurlaub buchen und antreten können.

Als unsere Autoren von ihren Reisen rund um den Globus zurückgekommen sind, haben sie so viele Informationen bei ihren Recherchen gesammelt, daß wir eine Buchreihe mit über 10000 Seiten veröffentlichen könnten. Allein über jedes Hotel haben wir ein Dossier von 40 Seiten.

Diese wohl einmalige Datensammlung steht Ihnen als Buchkäufer kostenlos für Ihre persönliche Urlaubsplanung zur Verfügung. Gerne senden wir Ihnen eine Liste der Reisebüros, welche Zugriff auf die Fernweh exclusiv Datensammlung haben.

Die regelmäßige Überprüfung und Überarbeitung dieser Datensammlung ist für uns sehr zeit- und kostenintensiv und trägt sich nur aus dem Buchverkauf. Aus diesem Grund bitten wir um Ihr Verständnis, daß wir uns absichern müssen. Jedes Buch enthält eine numerierte Rückantwortkarte, die Sie als Buchkäufer ausweist. Bitte senden Sie uns die Karte zurück. Bei Anfragen bei unserem Redaktionsservice nennen Sie bitte diese Kontrollnummer.

Sie sparen viel Zeit und viele Wege, wenn Sie in Ihrem Reisebüro nach der Reiseveranstalterübersicht aus dem Buch ›Was buche ich wo?‹ vom RSB-Verlag fragen. Somit haben Sie alle Angebote auf dem Tisch, können u.U. schnell ein paar hundert Mark sparen, ohne von einem Reisebüro zum andern hetzen zu müssen. Sollte Ihr Reisebüro diese Informationen nicht besitzen, gibt Ihnen unser Redaktionsservice auch gerne diese Auskunft.

IPD Tours GmbH
Fernweh exclusiv Redaktionsservice
Hauptstraße 1
8031 Wessling
Tel. 08153/1001

Der Fernweh exclusiv Redaktionsservice steht ausschließlich für Ihre persönliche Urlaubsplanung und den von IPD Tours GmbH autorisierten Reisebüros zur Verfügung. Die erhaltenen Informationen dürfen nicht für gewerbliche Zwecke verwendet werden.

Fotonachweis

Titelbild, Eduard Hartl
1 Thailändisches Tourist Board Thailand Verkehrsbüro
2 Club Med
4 Thail. Tourist Board Thailand Fremdenverkehrsbüro
6 Peter Jamin
8 Ernst Meier
10 Sheraton Mirage
12 Fred Aurich
14 Wenschow-Franzis
16 Lufthansa/Condor
18 Friedrich Schmidt
21 v. l. n. r. Helene Hartl, 1–2 Helene Hartl, 2–4 Peter Jamin, Peter Jamin, SA Tourist Board, Helene Hartl, 1–2 Helene Hartl, Peter Jamin, 1–2 H. Hörnicke, Helene Hartl
22 IFA-Bilderteam/Rölle
23 Peter Jamin
24 o. Senegal Touristb., u. Peter Jamin
25 Club Med
26 gr. IFA-Bilderteam/Renz, kl. IFA-Bilderteam/W. Rudolph
27 H. Hörnicke
28 Peter Jamin
29 H. Hörnicke
30 IFA-Bilderteam/Schüller
31 Peter Jamin
32 Peter Jamin
33 Club Med
34/35 IFA-Bilderteam/Rölle
36 o. H. Hörnicke, u. Sofitel
37 Peter Jamin
38 Helene Hartl
40 l. o. Helene Hartl, r. o. u. Peter Jamin
41 o. und u. Helene Hartl, M. Peter Jamin
42 o. und m. Peter Jamin, u. Airtours
43 o. Airtours, u. Peter Jamin
44 Bird Isl. Lodge/David James
46/47 Air France
48 Hotel Meridien/ o. Andre Berg, u. F. Dardelet
49 Dennis Isl. Lodge
50/51 Peter Jamin
52/53 Peter Jamin, eingekl. Bird Island Lodge/David James
54 Club Med
55 gr. IFA-Bilderteam, kl. Fred Aurich
56/57 l. Fred Aurich, M. Peter Jamin, r. Fred Aurich und l. Eduard Hartl, u. r. Fred Aurich
58 l. Meridien, r. Peter Jamin
59 H. Hörnicke
60 l. u. Club Med, l. o. und r. u. Air France
61 o. Air France, u. Club Med
62/63 IFA-Bilderteam/Dr. Thiele
64/65 o. l. IFA-Bilderteam/Archiv, Rest Peter Jamin
66 SA Tourist Board
68/69 l. o. SA Touristb. l. u. und M. Eduard Hartl, SA Touristb.
70 o. Eduard Hartl, u. SA Tourist Board
71 o. Souther Sun Hotels, u. Protea Hotels
72 o. und m. Eduard Hartl, u. SA Tourist Board
73 Southern Sun Hotels
74 o. Hans-Horst Skupy, SA Tourist Board
75 o. Hans-Horst Skupy, l. Eduard Hartl, r. m. und r. u. Southern Sun Hotels
80 Club Med
83 v. l. n. r., Ind. Touristb., Jap. Touristb. Ind. Touristb.
Jap. Tourist Board von Indien, Japan, Sri Lanka, Eduard Hartl, Ind. Touristb., Indon. Touristb., Ind. Touristb., Helene Hartl, Sri Lanka Touristb., Helene Hartl, Taiwan Tourist Board, Helene Hartl, R. Brylla, Jap. Tourist Board
84 R. Brylla/Sub Aqua Reisen
88 o. und u. Airtours, l. u. R. Brylla/Sub Aqua Reisen
86 Airtours
87 Club Med
89 o. und M. Airtours, u. Ernst Meier
90 Hotel Cocoa
91 Airtours
92 Peter Jamin
93 r. o. Air France
94 Peter Jamin
95 Peter Jamin
96 Airtours
97 o. und M. Hotel Oberoi, u. Hotel Taj Holiday Village
98 Sri Lanka Tourist Board
100 Bilder Sri Lanka Tourist Board
101 o. Friedrich Schmidt, u. Sri Lanka Tourist Board
102/103 Airtours
104/107 Tourist Board Thailand
108 Hotel Royal Cliff
109 o. Hotel Regent, u. Uwe Streitferdt
110 Hotel Imperial
111 Hotel Tongsai
112 Hotel Meridien
113 v. o. 1. und 2. Bild Club Med, 3. und 4. Bild Uwe Streitferdt
114 gr. Malaysia Tourist Board, kl. Uwe Streitferdt
116/117 Malaysia Tourist Board
118 Hotel Rasa Sayang
118 Hotel Golden Sands
120 Hotel Pan Pacific
121 Hyatt Hotel
122/123 Club Med.
124 Club Med
126/127 Eduard Hartl
128 o. Feria Reisen, u. Hotel Hyatt
129 o. Feria Reisen, M. und u. Club Med
130 o. Philipp. Touristb., u. Roland Dusik, gr. Bild Helene Hartl
132 o. Helene Hartl, u. Philippinen Tourist Board
133 Hotel Interconti
134 Airtours
135 Hotel Badian Island
136 Taiwan Tourist Board
137 Hotel Caesar Park
138/139 Japan Tourist Board
144 IFA-Bilderteam/v. Stroheim
147 v. l. n. r. Air France, Franz. Fremdenverkehrsbüro, Lizard Isl. Lutz Wolfgramm, IFA-Bilderteam/Digue, Hayman, Franz. Fremdenverkehrsbüro, Eduard Hartl, Sheraton Fiji, Lutz Wolfgramm, Hayman, Air France, Eduard Hartl, Lutz Wolfgramm, Sheraton, Club Med
148 IFA Bilderteam
149 Franz. Fremdenverkehrsbüro
150 o. Franz Fremdenverkehrsbüro, u. Air France
151 o. Hyatt, u. Airtours
152 Franz. Fremdenverkehrsbüro
153 Club Med
154 l. Franz. Fremdenverkehrsbüro r. Lutz Wolfgramm, u. Club Med
155 Lutz Wolfgramm
156/157 gr. IFA-Bilderteam/Rölle, kl. Club Med
158 Franz. Fremdenverkehrsbüro
159 o. Lutz Wolfgramm, u. Sofitel
160 l. und M. Air France, r. Airtours
162/163 Airtours
164/165 Airtours
166/167 Kaina Village
168/169 l. Airtours, M. Air France, r. Airtours
170/171 IFA Bilderteam/F. Prenzel
172/173 IFA Bilderteam/F. Prenzel, M. Renz, r. o. v. Stroheim, r. u. F. Prenzel
174 o. Sheraton, u. Airtours
175 Airtours
176/177 Club Med, r. Lutz Wolfgramm
178 gr. Lutz Wolfgramm, kl. Wolfgang Ippen
179 Lutz Wolfgramm
180 IFA-Bilderteam
182 IFA-Bilderteam/p. Prenzel, u. Dr. Thiele
183 Lutz Wolfgramm
184/185 gr. Airtours, kl. Pacific Club
186 Airtours
187 o. Hilton Hotel, u. Pacific Club
188/189 Airtours
190/191 Airtours
192 IFA-Bilderteam/F. Prenzel
194/195 l. o. IFA-Bilderteam/Gottschalk, l. u. Eduard Hartl, M. IFA-Bilderteam/ Gottschalk, r. o. und r. u. Eduard Hartl
196 o. Lutz Wolfgramm, M. und u. Sheraton Mirage
197 o. und u. Sheraton Mirage, M. Lutz Wolfgramm
198/199 Hayman
200/201 Hayman, r. o. Lutz Wolfgramm
202/203 Australian Airline
204/205 Australian Airline
206/207 Australian Airline, M. o. Lutz Wolfgramm
208 Eduard Hartl
210/211 Eduard Hartl, r. u. Puka Park Lodge

Erst wer die Übersicht hat, kann nichts übersehen.

›Fernweh exclusiv‹ –
Karibik, USA, Mittel- und Südamerika
erscheint im Frühjahr 1989.

Albert Krogmann berichtet seit vielen Jahren in seiner TV-Sendung ›Bitte umblättern‹ über Stars und die schönsten Urlaubsplätze der Welt. In Fernweh exclusiv möchte er in die USA ent- und verführen. Er stellt die schönsten Ecken an den Küsten der Vereinigten Staaten inclusiv Hawaii vor.

Hans-Horst Skupy brachte 1985 ›Unter der Sonne Mexikos‹ ein illustriertes Reisebegleitbuch heraus, 1988 erschien ein Ungarn-Bildband. Zusammen mit Helene Hartl war er in der Karibik unterwegs, um die schönsten Strände und Hotels zu suchen. Und er hat sie gefunden – die Plätze zum Träumen.

Dem Fernweh verfallen ist auch Angelika Hermann-Meier. Sie weiß nicht, ob sie mehr von den alten Kulturen Mittel- und Südamerikas oder den Traumhotels an traumhaften Küstenregionen schwärmen soll. Sie hat einen Kompromiß gefunden: Kultur, verbunden mit dem Ambiente des Luxus.